Felicitas Schmieder

Die mittelalterliche Stadt

Geschichte kompakt

Herausgegeben von
Kai Brodersen, Martin Kintzinger, Uwe Puschner, Volker Reinhardt

Herausgeber für den Bereich *Mittelalter:*
Martin Kintzinger

Berater für den Bereich *Mittelalter:*
Heribert Müller, Bernd Schneidmüller, Stefan Weinfurter

Felicitas Schmieder

Die mittelalterliche Stadt

2. Auflage

Einbandgestaltung: schreiberVIS, Seeheim

Die Deutsche Nationalbibliothek verzeichnet diese Publikation
in der Deutschen Nationalbibliografie;
detaillierte bibliografische Daten sind im Internet über
http://dnb.d-nb.de abrufbar.

2., bibliographisch aktualisierte Ausgabe 2009

1. Auflage 2005
Die Herausgabe des Werkes wurde durch
die Vereinsmitglieder der WBG ermöglicht.
Gedruckt auf säurefreiem und alterungsbeständigem Papier
Satz: Lichtsatz Michael Glaese GmbH, Hemsbach
Printed in Germany

Besuchen Sie uns im Internet: www.wbg-wissenverbindet.de

ISBN 978-3-534-23021-1

Inhaltsverzeichnis

Geschichte kompakt

In der Geschichte, wie auch sonst,
dürfen Ursachen nicht postuliert werden,
man muss sie suchen. (Marc Bloch)

Das Interesse an Geschichte wächst in der Gesellschaft unserer Zeit. Historische Themen in Literatur, Ausstellungen und Filmen finden breiten Zuspruch. Immer mehr junge Menschen entschließen sich zu einem Studium der Geschichte, und auch für Erfahrene bietet die Begegnung mit der Geschichte stets vielfältige, neue Anreize. Die Fülle dessen, was wir über die Vergangenheit wissen, wächst allerdings ebenfalls: Neue Entdeckungen kommen hinzu, veränderte Fragestellungen führen zu neuen Interpretationen bereits bekannter Sachverhalte. Geschichte wird heute nicht mehr nur als Ereignisfolge verstanden, Herrschaft und Politik stehen nicht mehr allein im Mittelpunkt, und die Konzentration auf eine Nationalgeschichte ist zugunsten offenerer, vergleichender Perspektiven überwunden.

Interessierte, Lehrende und Lernende fragen deshalb nach verlässlicher Information, die komplexe und komplizierte Inhalte konzentriert, übersichtlich konzipiert und gut lesbar darstellt. Die Bände der Reihe „Geschichte kompakt" bieten solche Information. Sie stellen Ereignisse und Zusammenhänge der historischen Epochen der Antike, des Mittelalters, der Neuzeit und der Globalgeschichte verständlich und auf dem Kenntnisstand der heutigen Forschung vor. Hauptthemen des universitären Studiums wie der schulischen Oberstufen und zentrale Themenfelder der Wissenschaft zur deutschen und europäischen Geschichte werden in Einzelbänden erschlossen. Beigefügte Erläuterungen, Register sowie Literatur- und Quellenangaben zum Weiterlesen ergänzen den Text. Die Lektüre eines Bandes erlaubt, sich mit dem behandelten Gegenstand umfassend vertraut zu machen. „Geschichte kompakt" ist daher ebenso für eine erste Begegnung mit dem Thema wie für eine Prüfungsvorbereitung geeignet, als Arbeitsgrundlage für Lehrende und Studierende ebenso wie als anregende Lektüre für historisch Interessierte.

Die Autorinnen und Autoren sind in Forschung und Lehre erfahrene Wissenschaftlerinnen und Wissenschaftler. Jeder Band ist, trotz der allen gemeinsamen Absicht, ein abgeschlossenes, eigenständiges Werk. Die Reihe „Geschichte kompakt" soll durch ihre Einzelbände insgesamt den heutigen Wissenstand zur deutschen und europäischen Geschichte repräsentieren. Sie ist in der thematischen Akzentuierung wie in der Anzahl der Bände nicht festgelegt und wird künftig um weitere Themen der aktuellen historischen Arbeit erweitert werden.

Kai Brodersen
Martin Kintzinger
Uwe Puschner
Volker Reinhardt

Einleitung: Städte in der Menschheitsgeschichte

Was ist eine Stadt? Wohl jeder von uns weiß die Antwort, hat eine bestimmte Vorstellung, und allzu sehr werden sich unsere Vorstellungen auch nicht voneinander unterscheiden. Ebenso werden wir aber auch darin übereinstimmen, dass sich eine altbabylonische, eine römische und eine mittelalterliche Stadt voneinander unterschieden haben. Aber wir nennen sie alle Stadt.

Eine umfassende Definition findet sich in jedem ordentlichen Konversationslexikon. „Stadt [zu althochdeutsch *stat*, ‚Ort, Stelle'], Siedlung mit meist nichtlandwirtschaftlichen Funktionen (Ausnahme *Ackerbürgerstadt*), gekennzeichnet u. a. durch eine gewisse Größe, Geschlossenheit der Ortsform, hohe Bebauungsdichte, zentrale Funktionen in Handel, Kultur und Verwaltung; in größeren Städten führt die Differenzierung des Ortsbildes zur Bildung von *Stadtvierteln*." (Meyers Großes Taschenlexikon 1992) Auf die moderne statistische Definition (aufgrund der Einwohnerzahl) folgt ein historischer Abriss von den frühesten Stadtkulturen über die Epochen europäischer Geschichte – griechisch, hellenistisch, römisch, schließlich mittelalterlich und neuzeitlich –, der mit einer vertiefenden Definition beginnt: „... Die alten Stadtkulturen waren (häufig befestigte) Zentren großer Gebietsherrschaften mit straffer Verwaltungs- und Militärorganisation, Hof-, Tempel-, Handels- und Gewerbezentralen mit Schriftsystem, Geld- und Planwirtschaft."

Verbesserungen im Landbau sorgten für Überschüsse und ermöglichten sowohl die Versorgung von Siedlungen mit höherer Bebauungsdichte als auch deren Entwicklung zu Zentren von regionalem und überregionalem Handel und einer differenzierteren Arbeitsteilung, von spezialisiertem Handwerk und entsprechend komplexeren Gesellschaftsstrukturen. Politisch-administrative, militärische und kultische Zentralfunktionen scheinen häufig die Folge gewesen zu sein – wenn sie nicht umgekehrt erst die Grundlage für die ökonomische Entwicklung an einer bestimmten Stelle legten.

älteste Stadtkulturen

Als Wiege der ältesten Stadtkultur scheint der Alte Orient festzustehen. Doch welches genau die „erste Stadt der Menschheit" war, ist wohl nicht entscheidbar. Die Neigung, eine besonders alte Siedlung als „älteste Stadt" zu bezeichnen, ist nichtsdestoweniger groß und oft ohne besonderen definitorischen Anspruch. Als zeitlicher Rahmen für die ältesten Städte der Welt wird üblicherweise das 5./4. vorchristliche Jahrtausend genannt. Manche der Namen klingen uns bekannt und uralt: Uruk, Ur, Nippur, Babylon, Ninive in Mesopotamien, Jericho, Palmyra, Megiddo, Arad, dann Tyros und Byblos und auch Aleppo in Syrien und der Levante, wohl auch in Anatolien Catal Hüyük. Und sind jene alten zentralen Siedlungen, die in Ägypten, Indien oder gar China gegründet wurden, im Tal des Nil, Indus oder Yangtse-kiang, unabhängig von den bislang aufgeführten Entwicklungen entstanden oder sind sie alle Ableitungen einer ältesten Stadt oder Stadtkultur – sind sie überhaupt alle Städte zu nennen? Denn welche Merkmale all diese Städte zu Städten machen, ist äußerst umstritten: Wie sie beschrieben werden müssen, was genau sie über die Kulturen hinweg vergleichbar mit einem von allen akzeptierten Konzept Stadt erscheinen lässt – ob man all diese von Menschen gänzlich unterschiedlicher Kulturen erbauten und bewohnten Siedlungen weitgehend unwidersprochen Stadt nennen kann. Zu unterschiedlich sind die Forschungsstände und -traditionen, die die archäologisch-historischen Siedlungs- und Stadtgeschichten praktisch aller Kulturen über „Städte" ausgebildet haben, nicht selten in Konkurrenz zueinander.

Die alten Städte sind uns nur in ihren archäologischen Resten erhalten, die es zu interpretieren gilt. Daran, was hinreicht, um von einer Stadt zu sprechen, scheiden sich in der Forschung die Geister. Ist es die Mauer, die die Stadt zur Stadt macht? Ummauert können auch gefährdete Dörfer sein. Eine an den Resten erkennbare soziale Differenzierung und Arbeitsteilung findet sich – wie auch im deutschen Spätmittelalter allenthalben belegbar – in ihren Anfängen gewiss ebenfalls in dörflichen Strukturen und geht in mancher Stadt kaum über solche hinaus. Deutet ein von Besiedlung umgebener zentraler Tempel mit Keilschriftarchiv, das offensichtlich zentralen Verwaltungsfunktionen diente, die auch auf das Umland übergriffen, auf eine Stadt oder nur auf einen riesigen Tempelbezirk, der landwirtschaftlichen Großgrundbesitz verwaltete, vergleichbar mit einem frühmittelalterlichen europäischen Kloster? Kann eine Siedlung, die sich dienend um eine Palastanlage schart, überhaupt eine Stadt sein, oder gehört zu dieser die Dominanz des Kaufmännischen, ein Markt und Hafen sowie die handwerkliche Produktion für diese, ganz abgesehen von einem gewissen Maß an politischer Autonomie der Bewohner? Ob man nun ein sehr – nicht selten ideologisch – eng begrenztes Stadtbild hat oder bereit ist, unterschiedliche Phänomene mit gemeinsamem Nenner unter dem Begriff zu subsumieren: Festzuhalten ist gewiss, dass immer mehrere der genannten Faktoren zusammentreffen müssen, um eine Stadt zur Stadt zu machen, und dass es sehr unterschiedliche Städte gibt, bei denen die verschiedenen Faktoren unterschiedlich stark ausgeprägt sein können bis hin zum gänzlichen Fehlen.

Eines allerdings scheint sich wie ein roter Faden durch die Weltgeschichte der Städte zu ziehen: Als verantwortlich für die Entstehung oder Gründung von Städten sowie deren Erfolg, ihr Wachsen und ihren Ausbau sind offenbar fast immer wirtschaftstopographische und strategische Gründe auszumachen. Es gab „natürlich bevorzugte Stadtlagen", die zum einen eine günstige Lage zu den großen Verkehrswegen, zum anderen militärische Gesichtspunkte berücksichtigten. Beides schloss sich oft genug gegenseitig ein, denn nur selten bedeutet der Wunsch nach guter Verteidigbarkeit auch generelle Ferne von den Wegen der Menschen. Ein berühmtes und seltenes Beispiel für das Gegenteil ist Jerusalem, das offenbar gezielt fern der Durchgangsstraßen angelegt worden war – Rückzugsort einer exklusiven und bedrängten Religionsgemeinschaft. Die meisten erfolgreichen Städte lagen dagegen an schiffbaren Flüssen, geschützten natürlichen Häfen, Passstraßen oder Furten und wurden gerne wie Burgen strategisch günstig und an schwer einnehmbaren Hängen, auf Spornlagen, Inseln oder Halbinseln errichtet.

Vergleichbarkeit von „Städten"

Offenbar ist die von der einheitlichen Bezeichnung Stadt für Siedlungen überall auf der Welt und zu fast allen Zeiten suggerierte Vergleichbarkeit durchaus gegeben, hat aber ihre Grenzen. Sie betrifft Elemente des äußeren

Erscheinungsbildes und der grundsätzlichen Funktionalität sowie einer in erster Linie an Äußerlichkeiten feststellbaren komplexeren Sozialstruktur. Sie muss jedoch auf jegliche speziellere Charakterisierung von sozialen Verhältnissen, wirtschaftlichen Organisationsformen oder politischer Verfasstheit verzichten – und beispielsweise rechtliche Bedingungen bleiben unberücksichtigt. Doch bieten diese Vergleichbarkeiten Eckdaten für eine Definition, die im Wesentlichen, wenn auch nicht alle zugleich, zutreffen müssen, damit von einer Stadt gesprochen werden kann.

Eine Stadt ist eine relativ große und dichte Anhäufung von Menschen, deren Leben nicht- oder nur partiell landwirtschaftlich geprägt ist, und das heißt zugleich: die auf Versorgung aus dem Umland angewiesen ist. Die bereits dadurch bedingte enge Verknüpfung mit umgebenden Wirtschafts- und Sozialstrukturen wird verstärkt durch gewisse Zentralfunktionen, die der Stadt in Handel, Kultur, Verwaltung und Verteidigung, also für den Umschlag von Waren, den Markt, für den kultisch-religiösen sowie den administrativ-politischen Bereich zuwachsen. Die Befähigung zu solcher Zentralfunktion geht einher mit der geographischen Situation der Stadt: Sie hat die Auswahl der Lage bestimmt, oder aber die Lage hat den Erfolg der städtischen Entwicklung mitverantwortet. Im Inneren kommt zu diesen Eigenschaften einer Stadt oft eine Ausdifferenzierung von Stadtvierteln aus unterschiedlichen Gründen – neben dem der bloßen Stadtgröße und des Wachstums über die Zeit zum Beispiel jener der Separierung unterschiedlicher Ethnien, Kulte oder auch sozialer Gruppen. Schließlich findet sich in der Stadt eine besonders starke Ausprägung der nicht ohne weiteres stadt-spezifischen, sondern auch in ländlichen Kulturen bereits beginnenden hierarchischen Gesellschaftsgliederung und Arbeitsteilung.

In diesem Rahmen bewegen sich alle Städte dieser Welt, auch die mittelalterlichen deutschen – auf die sich dieser Band trotz seines umfassend scheinenden Titels konzentriert. Mehr als diesen Rahmen jedoch bringt der Vergleich zunächst nicht ein: Er lässt keinerlei Rückschlüsse auf die inneren Verhältnisse der Städte der einzelnen Kulturen oder noch mehr jeder einzelnen Stadt zu. Der reflektierte Vergleich ist notwendig, denn er dient der Begriffsklärung und zugleich der Warnung vor übertriebener Generalisierung, vor übersteigerter Hoffnung auf Übertragbarkeit. Darüber hinaus kann der Vergleich auch den Kontext für mögliche Traditionen, Kontinuitäten oder Nachahmung offen legen.

Daher ist diese Darstellung zu Anfang kulturkomparatistisch angelegt und beginnt mit einer kurzen Betrachtung des alten Mittelmeerraumes. Hier nämlich sind – wenigstens betrifft dies die Lage, Topographie und äußere Erscheinungsform – die Wurzeln der europäisch-mittelalterlichen und somit auch der deutschen mittelalterlichen Stadt; von hier aus entwickeln sich auch andere Stadtkulturen parallel zur europäischen und können hin und wieder Einflüsse ausgeübt haben.

mittelalterliche Stadt im Vergleich

Der Vergleich soll mit all seinen Möglichkeiten und Grenzen, mit dem Hinweis auf Gemeinsamkeiten und Unterschiede zudem eine notwendige Reflexionsstufe vor die eigentliche Darstellung der mittelalterlichen deutschen Stadt schalten. Denn der Wunsch zu vergleichen und die Überzeugung, dass das, was gleich heißt, auch vergleichbar sei, hat für die mittelalterliche Stadtgeschichtsforschung maßgebliche Bedeutung gewonnen. „Die" mittelalterliche Stadt ist ein zutiefst komparatistisches Konstrukt – je weiter man die Vergleiche von den Äußerlichkeiten weg hin zu den Einzelheiten treibt, desto weniger gab es sie überhaupt. Es ist heutzutage ein Gemeinplatz der Stadtgeschichtsforschung, dass alle (vor allem die größeren) Städte untereinander völlig verschieden waren. Die geradezu grundsätzlich ungleichen Verhältnisse waren Teil jener ungeheuren Dynamik und Produktivität von Ideen und Konzepten, die aus den deutschen mittelalterlichen Städten hervorgingen. Trotzdem ist es auch nicht unberechtigt, von „der" deutschen Stadt des Mittelalters zu sprechen, ein unserem wissenschaftlichen Denken gemäßes Modell zu bilden. Betrachtet man nämlich die mittelalterlichen Städte eingebettet in andere, sie umgebende soziale Gruppen und Herrschaftsstrukturen – zu nennen seien hier vor allem Bauern und Adel –, so haben sie zahlreiche Gemeinsamkeiten im Gegensatz zur Außenwelt, die den analytischen Vergleich zum Verständnis der einzelnen Strukturen und Entwicklungen geradezu aufdrängen. Die Typusbildung ist erkenntnisnotwendig – solange man das Modell so offen wie nur möglich hält.

Zum Beispiel sind eine alte rheinische Bischofsstadt wie Mainz und eine Königsstadt wie Frankfurt am Main, sieht man sie nebeneinander, eigentlich völlig unvergleichbar: Sie sind zu ganz unterschiedlichen Zeiten entstanden, haben sich unter unterschiedlichen herrschaftlichen, politischen und sozialen Einflüssen entwickelt, unterschieden sich in Größe, Topographie und militärischer wie wirtschaftsgeographischer Lage ebenso wie in Sozial- und Rechtsstruktur ihrer Einwohnerschaft, hatten unterschiedliche Verhältnisse zu ihren Stadtherren, die wiederum ganz unterschiedlichen Möglichkeiten der Präsenz in ihrer Stadt besaßen. Erst durch den Vergleich jedoch, der angestellt wird, weil man beide Städte als Exponenten ein und derselben historischen Erscheinungsform betrachtet, werden ihre Besonderheiten deutlich und schärft sich das Auge für einen Erklärungsbedarf.

In den folgenden Kapiteln wird also stets ebenso von stadttypischen Erscheinungen die Rede sein wie von dem, was für bestimmte Städte typisch ist. Aus dem Zusammenspiel von Verallgemeinerung und Individualität soll ein differenziertes Bild der deutschen Stadt des Mittelalters entstehen. Dabei fällt dann auf, was bereits anhand des Vergleiches der Städte anderer Kulturen zu beobachten war: Immer wieder gibt es Städte, die sich essentiellen Bestandteilen des Gesamtbildes entziehen und anscheinend unverzichtbare Bedingungen nicht erfüllen (Wir haben unter den zeitgenössisch als Städte bezeichneten und berechteten Siedlungen eine hohe, ja überwiegende Anzahl zu verzeichnen, von denen die Stadtgeschichte immer wieder festgestellt hat, dass sie – betrachtet man ihre wirtschaftliche, gesellschaftliche und kulturelle Entwicklung und Bedeutung – eigentlich gar keine Städte waren). Ein ganzes Bündel von Kriterien für das, was eine Stadt ausmacht (das äußere Erscheinungsbild, die innere Struktur und die Funktion betreffend), muss deshalb zusammenkommen, von denen aber nie alle auf jede Stadt zutreffen: Es wird für jedes Kriterium wichtige Ausnahmen geben, die dennoch unter das Gesamtphänomen „Stadt" zu subsumieren sind.

Nach der Stadtentwicklung des alten Mittelmeerraumes wird die frühe Entstehungsgeschichte städtischer Siedlungen im späteren Deutschland in den Blick kommen – wo immer nötig, eingebettet in die begleitenden europäischen Entwicklungen –: Stadtbildung vor allem unter topographischem wie wirtschafts- und sozialgeschichtlichem Aspekt. Die Darstellung verfolgt chronologisch die Entwicklung des Kriterienbündels „deutsche Stadt des Mittelalters", doch fächert sich diese Betrachtung im Zeitraum des Spätmittelalters grundsätzlich strukturell auf. Der angesichts des Themas, seiner geographischen Weite und Vielfalt der anzusprechenden Facetten eng bemessene Raum verlangt die Auswahl und Setzung von Schwerpunkten, die notwendigerweise auch anders hätte ausfallen können. Doch sollen wenigstens die wichtigsten Felder moderner Stadtgeschichtsforschung aufgezeigt werden. Ich konzentriere mich auf die Leitgedanken von Herrschaft und Genossenschaft sowie Rechts- und Verfassungsentwicklung (in Auseinandersetzung mit konkurrierenden Größen, vor allem der Kirche), die als die wichtigsten roten Fäden der Entwicklungsgeschichte des Phänomens „mittelalterliche deutsche Stadt" betrachtet werden.

Ist die Frühgeschichte der Stadt geprägt von der Entstehung eines neuen sozialen Phänomens aus der hochmittelalterlichen grundherrschaftlichen Organisationsstruktur, so treten bald genossenschaftliche Züge innerhalb der Stadt einem Herrn gegenüber. Die herrschaftlichen Züge gehen innerhalb dieser sich ausbildenden Gemeinde nie verloren. Herrschaftsrechte werden verwaltet und übernommen von einer wohl von Anbeginn vorhandenen und sich immer mehr herrschaftlich verfestigenden Führungsschicht und leben fort über Kämpfe um die Führung oder Anteile an ihnen bis hin zur Ausbildung einer innerstädtischen Obrigkeit. Die mittelalterliche deutsche Stadt war geprägt von Rechtsungleichheiten auf engstem Raum: Zu keinem Zeitpunkt lebten in der mittelalterlichen deutschen Stadt ausschließlich Bewohner gleichen Rechts. Die Idee der Rechtsgleichheit wird formuliert, aber in ihrem Aussehen oder wenigstens in ihren Durchsetzungschancen (angesichts der mittelalterlichen Selbstverständlichkeit von Rechtsunterschieden und -konkurrenz, von frei und unfrei, von Privilegien und Schutzstellungen) anders als von uns verstanden.

Diese Zugangsweise lässt – wie jegliche andere – zahlreiche Aspekte beiseite oder doch am Rande stehen; zudem kommt ein Anteil des Umfangs dem Früh- und Hochmittelalter zu, der manchem wohl übertrieben erscheinen mag. Vor allem werden vielen Lesern nach der Lektüre die zahllosen Ausdifferenzierungen des sozialen Lebens, des Wirtschaftslebens und sogar von Verfassung und Recht der spätmittelalterlichen deutschen Städte zu kurz gekommen sein. Doch ist diese Entscheidung nicht zuletzt auch gefallen, weil die Autorin eines Bandes, der eine handbuchartige, vollständige Erfassung von Fragen und Ergebnissen der Stadtgeschichtsforschung mit allem Für und Wider und unter Berücksichtigung wenigstens der wichtigsten Ausnahmen ohnehin nicht zulässt, dankbar ist, dass mit Eberhard Isenmanns „Deutsche Stadt im Spätmittelalter 1250–1500. Stadtgestalt, Recht, Stadtregiment, Kirche, Gesellschaft, Wirtschaft" (1988) ein vorbildliches Handbuch vorliegt. Mit ihm im vorliegenden Zusammenhang in Konkurrenz zu treten wäre ohnehin vermessen – es sollte stattdessen als Ergänzung herangezogen werden.

Zuletzt ein Wort des Dankes: Vor allem um die Vergleichsbasis herzustellen, habe ich die Hilfe zahlreicher Kollegen in Anspruch genommen, darunter vor allem Wolfram Brandes/Frankfurt am Main, Gundula Grebner/Frankfurt am Main, Johannes Heil/Heidelberg, Hartmut Leppin/Frankfurt am Main, Peter Scholz/Frankfurt am Main und Dietrich Sürenhagen/Konstanz. Beim Korrekturlesen von großer Hilfe war Alexandra Bramsiepe/Hagen. Schließlich gilt mein besonderer Dank Daniel Zimmermann für die Lektoratsarbeit.

I. Die Vorgeschichte der mittelalterlichen Stadt

1. Städte im Mittelmeerraum: Griechen, Phönizier, Etrusker (Hellenismus und Kaiserzeit)

Nach den ältesten Städten in verschiedenen Regionen Asiens entstanden nach 2500 v. Chr. auch in Europa befestigte Siedlungen, denen man nach und nach Stadtcharakter zusprechen kann. Es ist hier nicht der Ort, die einzelnen Stadtentwicklungen verschiedener Kulturen nachzuzeichnen. Nur einige wichtige Punkte und Linien seien markiert, die auf das eigentliche Thema dieses Bandes hindeuten. Denn die direkten Ahnen der mittelalterlichen europäischen Stadt standen in erster Linie im Mittelmeerraum: In Anlage und Baugestalt stammen viele deutsche mittelalterliche Städte von römischen Gründungen ab. Auch in anderen Bereichen sind sie immer wieder von in der Antike wurzelnden Traditionen beeinflusst worden.

Zwischen 800 und 300 v. Chr. haben Phönizier, Griechen und Etrusker Kulturen von Stadtstaaten ausgebildet. Durch die Gründung von Frühformen von Städten (Apoikien, das heißt autonomen Kolonien von Polis-Charakter, unter anderem auch zu Handelszwecken) an den Küsten des Mittelmeeres, vor allem durch Phönizier und Griechen, wurden bestimmte Elemente der Stadtanlage überall verbreitet und konnten sich verschiedene Traditionen – darunter nicht zuletzt die altorientalische – vermischen und gegenseitig beeinflussen. Die anschließenden Großreichbildungen Alexanders des Großen und der Römer sorgten in repräsentativer wie pragmatischer Absicht für zunehmende Vereinheitlichung des Städtebaus und trugen ihn in weitere Gegenden. Zunächst sorgte der Hellenismus der alexandrinischen Nachfolgereiche – Sammelbecken für die vielen, gewiss auch untereinander zusammenhängenden Einflüsse aus altorientalischer, ägyptischer, kleinasiatischer, mykenisch-frühgriechischer Wurzel – mit seiner bewussten Urbanistik im Osten des Raumes für eine Überformung bestehender Städte und für Neugründungen im hellenistischen Geiste. Die Römer, die der etruskisch-altitalischen Städtelandschaft entstammten, verbanden anschließend bodenständige Elemente wohl mit altorientalisch-phönizisch-karthagischen und jenen der Apoikien Süditaliens und sicher mit hellenistischen zur kaiserzeitlichen imperialen Bautradition.

Es ist im Einzelnen und gerade bei den auffälligsten und verbreitetsten Elementen oft schwierig festzustellen, welche Formen der Stadtanlage wann vorhanden waren, ob ein Anlageelement der altgriechischen Polis, der altorientalischen Stadt oder den Städten des westlichen Mittelmeeres entstammt – sind doch die meisten Städte immer wieder (auch in späteren Jahrhunderten) überformt worden. In unserem Zusammenhang gilt es festzuhalten, dass es in der Spätantike im gesamten Mittelmeerraum eine aus verschiedensten Elementen zusammengewachsene, aber in ihren Grundzügen verhältnismäßig einheitliche, hellenistisch-kaiserzeitliche Stadtanlage-Tradition gab. Festmachbare Ursprünge und Überformungen werden daher im Folgenden zusammenfließen.

griechische Poleis

Von Anlage und Aussehen her glichen die griechischen Poleis in vielem den altorientalischen Städten, von denen sie in ihrer Entwicklung wahrscheinlich schon früh zumindest angeregt wurden. In der Regel waren sie ummauert. Tempel dominierten in alter Zeit das Bild der Städte schon durch ihre bloße Höhe – auf einer Akropolis offenbar absichtsvoll auf Fernwirkung angelegt. Aber noch wichtiger war der Hauptplatz, die Agora, als politisches, religiöses und auch wirtschaftliches Zentrum, das architektonisch schon früh hervorgehoben wurde. Die Lage der Agora und der Tempel war zentral (daneben gab es allerdings auch außerstädtische Heiligtümer, die das Umland erfassen sollten). Vielfach dienten die Tempel neben dem Kult auch noch der Verwaltung. In diesen oft einzigen Steingebäuden konnten die Archive aufbewahrt werden (wie in den sumerischen, assyrischen, babylonischen Städten die Keilschriftarchive) oder auch andere Verwaltungseinrichtungen angesiedelt sein – eine Kombination, die sich, grundsätzlich und mutatis mutandis, durch die Römerzeit auch bis in die mittelalterliche deutsche Stadt ziehen wird. Wenngleich in den geplanten Stadtanlagen hellenistischer Neugründungen die großen Säulentempel meist fehlten, herrschte doch auch im Hellenismus die Tendenz, „öffentliche" Gebäude und Heiligtümer zumindest in enger Nachbarschaft zu gruppieren.

Allerdings besaßen die altgriechischen Poleis vielfach keine Herrschersitze, wie sie in der orientalischen Stadt gang und gäbe waren. Und obgleich wir über die politische Organisation der altorientalischen Städte viel zu wenig wissen, gilt die griechische Polis nicht zuletzt deshalb als wichtig für die spätere Entwicklung, weil sie eine an die Agora gebundene besondere Verfassung ausbildete, die mit jenen verglichen worden ist, die später vielfach in europäischen Städten entstand. Das Bewusstsein von dieser besonderen Verfassung scheint neben den kulturellen und wirtschaftlichen Funktionen das Wichtigste an einer Stadt zu sein, zumindest in der berühmten negativen Stadtdefinition, die wir der „Beschreibung Griechenlands" des hellenistisch-kaiserzeitlichen Reisenden des 2. nachchristlichen Jahrhunderts, Pausanias, verdanken: „… wenn man auch einen solchen Ort ‚Stadt' nennen darf, der weder Amtsgebäude, noch ein Gymnasion, noch ein Theater, noch einen Markt besitzt, nicht einmal Wasser, das in einen Brunnen fließt, sondern wo man in Behausungen etwa wie den Hütten in den Bergen an einer Schlucht wohnt."

Phönizier

Vor allem griechische Kolonialstädte lagen günstig zu den Wirtschaftsadern und hatten geschützte Häfen, was auch für die phönizischen Städte gilt. Typisch für die systematisch angelegten phönizischen Kolonien waren bestimmte Aspekte der Stadt-Topographie: Man suchte nach Vorgebirgen oder küstennahen Inseln, die am besten mit seichten, lagunenartigen Wasserzügen für die Schiffe kombiniert waren, denn das ergab einen guten, geschützten Hafen, der nicht nur gut zu verteidigen war, sondern auch als Dock geeignet.

„Hippodamisches System"

Den Griechen wiederum ist eine besondere Weiterentwicklung der Stadtplanung zu verdanken, besonders früh zu beobachten beim Neuaufbau Milets nach der Perserzerstörung um 500 – „Hippodamos von Milet" galt den späteren Griechen als Erfinder des schachbrettartigen Stadtgrundrisses. Vorgänger des späteren Städteplanungs-Konzepts der sich rechtwinklig kreuzenden Straßen reichen in den Kolonialstädten bis weit in archaische Zeit zurück. Die vollkommene Regelmäßigkeit der Anfänge – oft wurden Straßen unabhängig vom Gelände gerade gezogen – blieb das Ideal: Aristoteles (4. Jahrhundert v. Chr.) erklärte das nach Hippodamos von Milet benannte System für schöner und praktischer als unregelmäßige Stadtformen – mit der politischen Begründung, dass deren Verwinkelung Vorteile nur bei Straßenkämpfen bringe. Im Hellenismus kam es zu immer stärkerer Hierarchisierung von Haupt- und Nebenstraßen, spätestens in der hellenistisch-kaiserzeitlichen Anlage dominiert von einem zentralen Hauptstraßenkreuz. In zentraler Lage wurden zwei oder mehr Blöcke für die Agora ausgespart, die möglichst hafennah liegen konnte und zugleich Markt und Handelszentrum, Verwaltungs- und ggf. politisches Zentrum war. Außerdem standen hier meist Heiligtümer.

Etrusker

Das hippodamische System scheinen auch die Etrusker bei späteren Gründungsstädten (wie Capua südlich Neapels und Marzabotto im nördlichen Apennin) wahrscheinlich aus dem griechischen Unteritalien und Sizilien übernommen zu haben. Ursprünglich vollzog sich eine etruskische Stadtgründung (jedenfalls nach den überlieferten Vorschriften) stark kultisch-rituell und die Achsen wurden nach Ackerfurchen ausgerichtet. Die etrurische Stadtlandschaft lässt sich in einen südlichen und einen nördlichen Kreis einteilen. In Südetrurien – und damit im unmittelbaren Einzugsbereich des späteren Rom – wurden die Städte auf natürlich befestigten Tuffrücken errichtet, meist Nachfolgesiedlungen der früheren Villanova-Kultur mit großen Stadtflächen, die wohl kaum vollständig besiedelt waren, sondern teilweise agrarisch genutzt wurden. Die Städte, die im 7.–5. Jahrhundert v. Chr. eine kulturelle Blüte durch See- und Binnenhandel erlebten, lagen dicht beieinander und zum Meer hin orientiert, allerdings mit einer einzigen Ausnahme alle mehrere Kilometer landeinwärts gelegen und mit befestigten externen Häfen. Nordetrurien dagegen lag ungünstiger sowohl aus strategischer als auch aus wirtschaftstopographischer Perspektive. Die deutlich kleineren Städte lagen auf Anhöhen, die mit Mauern befestigt werden mussten, und waren vorwiegend landwirtschaftlich orientiert. Dem politischen Charakter nach waren die etrurischen Städte stark regional geprägte Stadtstaaten mit Polis-Charakter (Einfluss der griechischen Kolonien ist möglich), deren relativ enge Territoriengrenzen mancherorts bis in die Spätantike erhalten geblieben sind und noch für die diokletianischen, dann mittelalterlichen italienischen Diözesangrenzen maßgeblich geworden sind beziehungsweise in ihnen erhalten geblieben zu sein scheinen.

E

***Civitas*, römisch**
Meint als *civitas Romana* das römische Bürgerrecht und die Bürgerschaft, bezeichnet seltener die Gesamtheit eines fremden Volkes. In administrativem Sinne bezeichnet *civitas* eine Gebietskörperschaft mit Territorium und Zentralort, wie sie seit dem 3. Jahrhundert zur wichtigsten Organisationseinheit des Reiches wurden. Von ihr aus verwalteten römische Beamte das umliegende Land. Die *civitates* wurden von einer senatorisch-ritterlichen Oberschicht dominiert; besonders topographisch waren die civitates vielfach an die Verhältnisse der Stadt Rom angeglichen.

Römer

Auch für die römischen Stadtgründungen waren die immer ausgefeiltere Verteidigung und die Wirtschaftslage maßgebliche Gründe für die Platzwahl. Für die Neugründungen ihrer Städte aber haben die Römer viel mehr als Etrusker und Griechen die Höhen gemieden und Flachlagen bevorzugt. Das römische Reich blieb lange Zeit eine ausgeprägte Stadtkultur mit der Stadt Rom als Zentrum. Diese Kultur breitete sich – über zahllose *Civitates* mit römischem Bürgerrecht – über das gesamte Reichsgebiet auch in Gegenden aus, wo es vorher keine oder nur selten Städte gegeben hatte. So verbreitete sich das dominante Straßenkreuz der hellenistisch-römischen Stadt, *cardo* und *decumanus*, nicht zuletzt durch seine Nutzung auch im Kastellbau, an dem viele Städte gerade im Kolonialland und damit in den später deutschen Regionen orientiert waren. Die Hauptstraßen führten auf die zentralen Bauten hin, besonders auf das aus dem Straßennetz durch Säulenhallen ausgegrenzte Forum als Hauptplatz der ***Colonia*** mit der Tempelanlage des *Capitolium* und oft der *Curia*. In den römischen wie in früheren Städten waren Forum und Tempel, später Kirche und Versammlungs-, Gerichts- und Marktplatz kombiniert und die Tempel wurden als weltliche öffentliche Gebäude mitbenutzt (so enthielt der Tempel der *Iuno Moneta* auf dem Capitol den Staatsschatz).

E

Colonia
In der römischen Antike Siedlung, die von (potentiellen) Bürgern einer Stadt an einer anderen Stelle angelegt wurde. Die Römer gründeten solche Coloniae von römischen Bürgern und von Latinern oft als militärische Stützpunkte zur Beherrschung neu eroberten Landes und zur Versorgung der eigenen Bevölkerung mit Land. Meist waren solche Gründungen auch mit Handelsinteressen verknüpft. Es gab mindestens über 400 Gründungen, die Ausgangspunkte der Latinisierung des Reiches wurden. Seit Caesars Zeiten kam es über Italien hinaus zu Anlagen in den Provinzen, seit dem späten Prinzipat entstanden nur noch Veteranen-Kolonien, oder der Name wurde als Ehrentitel verliehen.

Alle aufgeführten Traditionen bildeten die spätantike Stadtkultur des römischen Imperiums und wurden prägend für diejenige seiner sämtlichen Nachfolgegebiete. Bevor jedoch endlich der Westen des alten römischen Reiches, die nordalpinen Gebiete der Spätantike und des Frühmittelalters und endlich die deutschen Städte des Mittelalters in den Blick genommen werden, seien noch zwei weitere Nachfolger der hellenistisch-kaiserzeitlichen Stadtkultur betrachtet – weil sie alternative Entwicklungsmöglichkeiten unter weitgehend anderen historischen Bedingungen zeigen und weil sie hier und da zu Vorbildern für manche Neuerung im Gebiet des späteren deutschen Reiches geworden sein mögen.

2. Die Erben der hellenistisch-kaiserzeitlichen Stadtkultur: Die islamische und die byzantinische Stadt

islamische Stadt

Die hellenistisch-kaiserzeitliche Stadt des Vorderen Orients mit ihrem regelmäßigen Grundriss und dem Hauptstraßenkreuz überformte auch das Stadtbild zahlreicher altorientalischer Städte – von Damaskus und Aleppo in Syrien bis Herat im heutigen Afghanistan –, und ebenso dominierte sie Neugründungen. Aus ihr entwickelte sich die so genannte islamische Stadtkultur, die sich ihrerseits fast im gesamten Mittelmeerraum verbreitete: Die muslimischen Araber kannten als nomadisches Wüstenvolk keine Städte und übernahmen die vorgefundenen Traditionen einer mittelmeerischen Stadtkultur mit leichten Modifikationen aufgrund des mitgebrachten neuen Glaubens. Nun lag, häufig an der Stelle früherer Tempel, die Große Moschee – in enger Nachbarschaft zu den wichtigsten Medresen (gelehrte Schulen) – in der Nähe oder im Schnittpunkt der Hauptstraßen und nahe der in die Stadtmauern miteingeschlossenen Zitadelle. Die Hauptachsen der Stadt waren von langgezogenen, meist überdachten Suqs oder Basaren gesäumt, in denen die zentrale Markt- ebenso wie gewerbliche und Dienstleistungsfunktion der Städte repräsentiert waren. Die freien Plätze (*agorai, fora*) wurden überbaut.

Von den Hauptstraßen ab gingen kleinere Straßen und ein Gewirr von Sackgassen hinein in die vom öffentlichen Bereich deutlich abgetrennten Wohnviertel, die durch Mauern und Tore voneinander abgeschlossen waren. Dies vereinfachte nicht zuletzt das in den orientalischen Städten ganz übliche, in Mitteleuropa aber praktisch unbekannte Zusammenleben verschiedener Ethnien und Religionen. Möglicherweise stammt auch dieses System bereits aus dem Hellenismus (hätte sich dann allerdings nicht in der Römerzeit in den Westen fortgesetzt): So scheinen in Antiochia und Alexandria schon in vor-islamischer Zeit die Stadtviertel einzeln ummauert gewesen zu sein. Auch für die islamische Stadt ist typisch die nicht-agarische Produktion, die Funktion als Handelsplatz, Sitz der Regierungsgewalt und Dienstleistungszentrum (was Funktionen wie die von Schule, Universität und Kultzentrum und damit Dienste wie die von Gelehrten und Priestern einschloss).

Im Laufe des Mittelalters hatten Europäer manche Berührung mit diesen islamischen Städten und mögen manche Anregung über Befestigungsanlagen hinaus mit zurück nach Europa genommen haben: Italienische Händler, die ihre Fondacchi in einem der ummauerten Stadtviertel einrichten durften, ebenso wie Kreuzfahrer, die das Stadtbild des ersehnten Jerusalem – das den europäischen Christen als Stadt Jesu und nicht als hellenistische oder gar islamische Stadt erschien (es aber dennoch war) – in sich aufnahmen und die ihre Viertel in Städten wie Akkon innerhalb vorhandener Strukturen oder in deren Nachahmung einrichteten. In Süditalien hielten sich Stadtviertelbildungen aus islamischer Zeit, und auch die islamischen Städte in Spanien überdauerten die christliche Reconquista und konnten zu Vorbildern werden. Möglicherweise ist zum Beispiel die Idee der abgeschlossenen Siedlungen für Juden – die sich zwar erst im 15. Jahrhundert durchsetzte, aber um 1200 vermutlich aus Süditalien in die kirchliche Gesetzgebung eindrang –

aus islamischem Vorbild abgeleitet. Dafür allerdings, dass sich die Basarstraßen und die mehr oder weniger festen Marktbudenreihen entlang der Hauptstraßen der mitteleuropäischen Städte ähneln, braucht man wohl nicht über das Praktische hinaus einen transkulturellen Austausch verantwortlich zu machen.

Byzanz

Fortsetzer der spätantiken Kultur war nicht zuletzt das oströmische, später byzantinische Reich auf hellenistischem Boden. Während alle Ansätze von Stadtkultur im Raum Ostalpen-Pannonien, im nordwestlichen inneren Balkan und nördlich des Schwarzen Meeres mit der römischen Herrschaft verschwanden und es erst Jahrhunderte später zu einem Neuanfang kommen konnte, lebten im Süden wenigstens Reste fort.

Gerade Konstantinopel selbst war eine Stadt, der an Größe und Pracht der Westen nichts Vergleichbares an die Seite stellen konnte. Direkte Kontakte der westlichen Nachfolgereiche der Römer zu diesem christlichen Reich im Osten hat es immer gegeben. Vor allem im Laufe der Kreuzzüge wurden sie zunehmend häufiger. Kontinuierlich bestand die Möglichkeit der gegenseitigen Beeinflussung auch mittelbar durch zahllose Kontakte über das byzantinische Süditalien bis hin zu Venedig. Daneben besteht hier wie im islamischen Bereich die Möglichkeit, im transkulturellen Vergleich die Parallelentwicklung einer Stadtkultur unter anderen Bedingungen zu beobachten.

Auch im Byzantinischen Reich gab es keine echte Kontinuität einer Stadtkultur. Das lag nicht so sehr an der übermächtigen Hauptstadt, die nach dem ausgehenden 6. Jahrhundert das Städtewesen und die Landesorganisation durch Poleis mit Landgebiet weitgehend erdrückt hätte. Sondern zwischen dem 4. und 7. Jahrhundert erlitt das Reich insgesamt infolge von Pest und vor allem der Perserkriege und Arabereinfälle einen immensen Bevölkerungsverlust. So verfiel die Kultur auch der Großstädte, die mit Bädern, Theatern, Hippodromen und öffentlichen Gebäuden Zentren eines regen geistigen Lebens und auch von Handel und Gewerbe gewesen waren, immer mehr. Da jede Stadt Bischofsstadt wurde, griff nicht zuletzt die Christianisierung nachhaltig in das Stadtbild ein, vor allem durch Kirchen-, Kloster- und Hospitalbauten und sogar die in der Antike undenkbare Anlage von Friedhöfen innerhalb der Mauern. Die Bevölkerungsverluste führten zur Aufgabe ganzer Stadtviertel und in Kombination mit der häufigen militärischen Unsicherheit nicht nur in Randgebieten des Reiches zu Verlagerungen der ganzen Siedlung auf die Akropolis. Die Poleis wurden zu Castra mit vornehmlich militärischen Bedürfnissen.

Doch seit dem späten 8. Jahrhundert begann allmählich ein erneuter Aufschwung im Städtewesen. Vorstädte traten zu den Castra hinzu und im 10./11. Jahrhundert blühte die städtische Wirtschaft wieder auf. Kaiserliche Förderung leitete einen deutlichen Reurbanisierungsprozess ein; vor allem auf dem Balkan und in Anatolien prosperierten viele Städte erneut. Topographisch unterschieden sich diese Städte allerdings deutlich von ihren spätantiken Vorgängern: Große offene Plätze und repräsentative Straßen waren verschwunden, während die Zahl der Kirchen und Klöster wuchs. Die dominante Präsenz des Staates verhinderte andererseits auch jegliche kommunale Entwicklung, die für den Westen Europas so prägend werden sollte. Ein letzter Aufschwung für die Städte der byzantinischen Provinzen wurde durch den Verlust der Hauptstadt 1204 eingeleitet; infolgedessen mussten viele Handelsströme auf andere Städte umgelenkt werden. Die letzten Jahrhunderte sahen auf dem immer reduzierteren Territorium des Reiches blühende Handelsstädte, nicht zuletzt dank dem Engagement der italienischen Seestädte.

II. Siedlungs- und Stadtentstehung im deutschen Reich: funktionale und rechtliche Faktoren der Stadttopographie

1. Kontinuitäten? – Städte südlich und östlich von Donau und Rhein

Während sich das Oströmische Reich bei allen Veränderungen bis ins 15. Jahrhundert hielt, zerfiel der westliche Reichsteil des *Imperium Romanum* unter den Anstürmen vor allem der Germanen bereits im 4. und 5. Jahrhundert n. Chr. Schon seit dem 3. Jahrhundert war die Stadtkultur in die Krise geraten, in verschiedenen Regionen unterschiedlich früh. Man kann hierbei zwei Großregionen unterscheiden: Während sich im Süden, auf der Iberischen Halbinsel und in Italien, die Städte verhältnismäßig unbeschadet hielten, waren vor allem Nordgallien und die Rhein- und Donaulande von besonders starken Verfallserscheinungen betroffen, wenngleich manch eine römische Stadt in irgendeiner Form überlebte. Zwischen Rhein und Donau aber ging all das, was es an Ansätzen gegeben hatte, gänzlich zugrunde.

Kelten

Bevor wir jedoch zu möglichen Kontinuitäten oder Neuanfängen vor allem im Gebiet des späteren Deutschland kommen, muss noch mit einem kurzen Seitenblick eine andere Tradition gestreift werden. Denn auch in manchen Gebieten des nordalpinen Raumes hatte es eine Siedlungskultur gegeben, die stadtähnliche Anlagen schon ausbildete, bevor die Römer kamen, und von der möglicherweise Einflüsse auf spätere Siedlungsformen ausgegangen sein könnten: die der Kelten.

Schon in den Vorgängerkulturen, der Urnenfelderkultur und älteren Eisenzeit, die vom 14. bis zum 7. Jahrhundert v. Chr. datiert werden, sind sehr frühe befestigte Höhen greifbar. Deren Funktion ist allerdings insgesamt unklar und ihr Siedlungscharakter fraglich – mit einiger Wahrscheinlichkeit hat es sich bei ihnen zumindest zunächst um bloße Fluchtburgen gehandelt.

Vom 5. bis 3. Jahrhundert v. Chr. (die Epoche der so genannten Latène-Kultur datiert man von 480–15 v. Chr.) drangen Stämme der indoeuropäischen Kelten nach Europa vor, verdrängten offenbar zahlreiche frühere Völker und kamen bei ihren Wanderungen bekanntlich auch mit mittelmeerischen Kulturen in Berührung – berühmt sind vor allem die Belagerung Roms 387 und der Angriff auf Delphi 279. Auch sie siedelten vorerst ländlich und besaßen Fluchtburgen. An manchen Stellen hat man nachweisen können, dass es irgendwann zu einer Siedlungskonzentration kam, die Dörfer verlassen wurden und sich deren Bevölkerung in den befestigten Höhensiedlungen zusammenzog. Möglicherweise erklärt sich aus dieser allmählichen Umsiedlung das hier auffällige Fehlen administrativer Gebäude (falls das nicht ein Problem der Fundinterpretation ist) sowie großer Tempel. Die Kelten, über deren religiöse Vorstellungen wir nur wenig wissen, scheinen weiterhin ihre ländlichen Heiligtümer beibehalten zu haben.

Jedenfalls errichteten sie spätestens um 150 v. Chr. große Oppida, wie sie zur Zeit Caesars im keltischen Gallien bestanden. Dort übernahmen die römischen Eroberer sie und bewahrten sie und ihre von den Kelten ausgewählte Lage, statt an Stellen, die ihren eigenen Vorstellungen mehr entsprachen, eine neue Stadt zu gründen. Denn da die Hauptfunktion der Oppida weiterhin die Verteidigungsfähigkeit blieb, lagen sie in der Regel auf Bergrücken oder Inseln (wie Paris) und Halbinseln (wie Bern). Zugleich jedoch wurde bei ihrer Anlage auf leichte Zugänglichkeit und günstige Entfernung zu den Verkehrswegen geachtet. Beispiele für heute französische Städte mit keltischem Ursprung, an denen Siedlungskontinuität festgestellt wurde, sind neben Paris z. B. Reims und Orléans. Das älteste bekannte sicher kontinuierlich besiedelte ***Oppidum*** liegt allerdings weit östlich des Rheins und knapp südlich der Donau in Manching. Die Siedlungsstruktur des lange Zeit offenbar nicht einmal ummauerten Platzes weist einen grundsätzlich landwirtschaftlichen Charakter bei gleichzeitig offensichtlich vorhandener arbeitsteiliger Sozialstruktur auf: Seit dem 3. Jahrhundert v. Chr. darf man sicher von einer städtischen Siedlung sprechen.

Aus Manching wurde keine Römerstadt – die städtischen Strukturen brachen hier schon vor der römischen Eroberung wohl mit dem durch die eindringenden Germanen zerstörten Handelsnetz zusammen –, und nicht zuletzt deshalb lebte Manching auch im Mittelalter nur als extrem verkleinerte dörfliche Siedlung weiter.

***Oppidum*, römisch und mittelalterlich**

Die Römer bezeichneten als *oppidum* jeden fest umgrenzten (vor allem einen befestigten) Raum. Seine Einwohner waren die *oppidani*, Einwohner von Städten. Die Bezeichnung einer keltischen Stadt als *oppidum* findet ihren Ursprung in der Fremdbenennung durch die Römer. Im biblischen und frühmittelalterlichen Latein treten ausdrücklich als unbefestigt bezeichnete *oppida* auf. Generell wird die Terminologie weniger konsequent – wie auch im Falle von *civitas*, vgl. unten. Auch Dörfer können *oppidum* heißen. Da *oppidum* zeitgenössisch auch mit volkssprachig *koufstat* übersetzt wird, haben die Historiker *oppidum* je nach der Stadt, an der sie ihre Einschätzung gewannen, als befestigte Siedlung oder als Marktsiedlung zu deuten versucht. Keine Bedeutung ist jedoch verallgemeinerungsfähig; vor allem ist es unmöglich, aus einer Quellenbenennung als *oppidum* auf irgendwelche konkreten Eigenschaften der Siedlung, wie Ummauerung oder Markt, zu schließen.

Die Lage einer Stadt im Gelände, strategisch und in Relation zu den Verkehrswegen, ist das Vordergründigste, was bei ungebrochener Siedlungskontinuität von den Nachkommenden übernommen wird. Weiterhin kann die Stadtanlage, ihr Mauerring, ihr Wegenetz oder ihre Gebäude, sogar gegebenenfalls technische und wirtschaftliche Einrichtungen weiterbenutzt oder umgestaltet werden. Solche zunächst rein äußerlichen Merkmale von Städten – die aber meist erste Rückschlüsse auf Funktion, herrschaftliche Gestaltung und Sozialstruktur zulassen und damit in weiten Teilen bereits dem entsprechen, was im interkulturellen Vergleich darüber entscheidet, ob man es mit einer Stadt zu tun habe – sind es in erster Linie, die wir verfolgen können, wenn wir das Weiterleben römischer Städte vornehmlich im mittelalterlichen Deutschland betrachten.

E

Civitas, mittelalterlich
Mittelalterliche lateinische Benennungen für Städte als *civitas, oppidum* oder ganz selten auch einmal *urbs* haben sich als nur begrenzt aussagekräftig erwiesen, da die Zeitgenossen anscheinend keine objektiven Kriterien besaßen. Die Bezeichnung *civitas* variiert im Verlauf des Mittelalters stark in Bezug auf damit verbundene inhaltliche Vorstellungen sowie Benutzungsfrequenz und -konsequenz. So bedeutet seit dem Frühmittelalter *civitas* grundsätzlich(-kirchenrechtlich) eine Bischofsstadt, wird aber weder für eine *jede* solche benutzt noch *nur* für solche. Auch die Übersetzung von *civitas* mit dem volkssprachigen *burg* ist nicht aussagekräftig, da damit auch *arx, castellum* oder *urbs* übersetzt werden können. Sicher ist eine früh- und hochmittelalterliche *civitas* noch keine Stadt im Sinne des Rechtssubjekts des Spätmittelalters. Eine solche entsteht nämlich überhaupt erst um die Wende des 11. zum 12. Jahrhundert allmählich – und diesem Befund entspricht, dass bei den volkssprachigen Bezeichnungen auch erst zu dieser Zeit *stat* allmählich *burg* für rechtlich besonders auftretender Siedlungen ersetzt. Vgl. *civis*, S. 70.

Eine Bemerkung ist hier notwendig, da es um eine Geschichte der *Stadt* geht. Wir beobachten Siedlungskontinuitäten und -abbrüche in römischen Stadtanlagen – doch ist fraglich, inwieweit wir wirklich von Städten sprechen können, wenn wir auf winzige Ansiedlungen meist offenbar rein bäuerlichen Charakters innerhalb der viel zu groß gewordenen spätantiken Mauerringe blicken. Die Zeitgenossen haben keinen klaren Begriff, wechseln die Bezeichnungen für solche Siedlungen und sprechen von ***Civitas***, von ***Castrum*** oder von *Oppidum* und deutsch meist von **Burg**. Allerdings rechtfertigt sich die Behandlung dieser Siedlungen schon deshalb, weil es sich um Übergangsformen handelt, die wieder in echte Städte einmünden werden. Weiterhin hatten sie die meiste Zeit – jedenfalls solange es in ihnen einen Bischof gab – grundsätzlich das Recht, als *Civitas* bezeichnet zu werden: Und das ist keine reine Wortklauberei, ist doch die Kirche die für unsere Fragestellung wohl wichtigste Trägerin der Kontinuität. Schließlich sind es vielfach die alten Römerstädte, wie heruntergekommen sie auch gewesen sein mögen, die den früh- und hochmittelalterlichen Menschen im eigenen Land – nicht erst, wenn sie nach Italien oder in andere Gebiete mit stärkerer Stadtkontinuität reisten, – gewisse Zielvorstellungen vor Augen führten, die bei manch einer der frühen Gründungen, zunächst von neuen Bischofsstädten, Folgen gehabt haben mögen.

E

Burg, _castrum_
Die Bezeichnung konnte in der mittelalterlichen Benutzung sehr viele verschiedene Formen von Wehranlagen vom festen Haus und der umwallten Turmburg bis zur ummauerten Großstadt umfassen. Ebenso vielfältig sind die Wörter, die zu verschiedenen Zeiten ohne alle Konsequenz oder sicheren Rückschluss auf Funktion, Aussehen und Größe synonym benutzt werden konnten, wie lateinisch *arx, burgus, castellum* oder *munitio/ munimentum, fortia*, auch *civitas, oppidum, urbs*, schließlich *palatium* oder schlicht *turris* oder *domus* und viele andere mehr. Erst im 12. Jahrhundert setzte sich die Bezeichnung *stat* für Stadt durch und Burg, lat. jetzt meist nur noch *castrum*, wurde auf die Burgen der Ritter konzentriert.

Kontinuitäten aus der Römerzeit

Nun zu römischen städtischen Kontinuitäten im mittelalterlichen Deutschland. In Frage kommen Betrachtungen nur für die Regionen links des Rhein und rechts der Donau. Was von den Römern jenseits der beiden

Flüsse erschlossen und aufgebaut und vom Limes beschützt worden war, brach nach den Alemanneneinfällen im 3. Jahrhundert so gründlich zusammen, dass nur noch in Einzelfällen wenigstens das Wissen um die Namen der *civitates* die Zeiten überdauert hat. Auf dem linken Rhein- und dem rechten Donauufer herrschten die Römer lange genug, dass ihre Siedlungsformen dauerhafter etabliert wurden und eine grundsätzliche Überlebenschance hatten – auf Legionslager folgten befestigte Lagerdörfer und oft genug der Ausbau zur *Civitas*, und in mancher davon etablierte sich mit dem Vordringen des Christentums ein Bischof.

Auch in die Gebiete links des Rheins und rechts der Donau drangen germanische Stämme ein, die keine Städte kannten (in den erhaltenen germanischen Höhenburgen fanden sich keine auf Dauerhaftigkeit deutenden Siedlungsspuren, so dass es sich wohl um reine Fluchtburgen gehandelt haben dürfte). So erhielten die ehemals von der römischen Stadtkultur berührten Regionen durch die germanische Übersiedlung im Frühmittelalter eine weitgehend agrarische Prägung. Bauern ebenso wie Herren lebten im gesamten deutschen Mittelalter grundsätzlich auf dem Land; die Stadtkultur blieb diesen Schichten und damit mehr als 90% der Bevölkerung stets fremd. Dennoch blieben auch schon in der Frühzeit städtische Siedlungen erhalten. Und während die Anzeichen darauf hindeuten, dass sich die römisch geprägte Bevölkerung aus den östlichen Gebieten beim Germaneneinfall über die schützenden Flüsse Rhein und Donau ins weiterhin römische Herrschaftsgebiet zurückgezogen hatte, blieben offenbar viele dort, als auch dieses in die Hand germanischer Herren fiel. Das dürfte nicht zuletzt damit zusammenhängen, dass die Germanen inzwischen römischen Lebensstil ausreichend schätzen gelernt hatten, um ihm weiterhin eine Grundlage zu bieten. Andererseits gibt es ehemals römische Stadtanlagen, bei denen die neuen Siedler die alte Siedlungsfläche geradezu gemieden zu haben scheinen. Berühmtestes Beispiel dafür ist wohl die Colonia Ulpia Trajana, die heute ein weitgehend ungestörtes Ausgrabungsfeld bietet, weil sich die spätere mittelalterliche Stadt Xanten an neuem Ort daneben angesiedelt hat. Zudem ging die Bevölkerung insgesamt in den kriegerischen Jahrhunderten stark zurück, so dass sich städtischem Leben keine Grundlage mehr bot.

Trier

Anhand einiger Beispiele soll aufgezeigt werden, welche Entwicklungsmöglichkeiten von (Römer-)Stadt zu (mittelalterlicher) Stadt (oder auch von Stadt zu Dorf oder gar Wüstung) während des Früh- und Hochmittelalters bestanden – mit einzelnen Ausblicken in die topographischen Verhältnisse der jeweiligen spätmittelalterlichen Stadt.

Das römische Trier (Colonia Augusta Treverorum) war um 300 eine Zeitlang Kaiserresidenz und damit eine der Hauptstädte des römischen Gesamtreiches noch vor der Teilung gewesen. Seine weiten Mauern umfassten 285 ha Fläche und beherbergten etwa 60000 Einwohner. Im gleichen Mauerring lebten im 6./7. Jahrhundert wohl nur noch einige tausend Personen um die christlichen Kultstätten in der Stadt und auf den Gräberfeldern draußen. Es gab also nur einige wenige und punktuelle bäuerliche Ansiedlungen, der Rest des ehemaligen Stadtgebietes wurde weitgehend als landwirtschaftliche Anbaufläche genutzt. Diese Schrumpfung der Siedlung innerhalb weiter Mauern ist im Übrigen kein Problem allein nordalpiner Städte, denkt man nur an das Rom des Mittelalters und noch späterer Zeiten. Die römischen Mauern konnten in solchen Fällen längst nicht mehr verteidigt werden, hatten also keinerlei Schutzwert mehr – nicht selten hat man sie als Steinbrüche benutzt und bei Gelegenheit die innerhalb neuentstandenen Siedlungskerne eigens umwallt. Wann das geschah, ist im Einzelnen schwer festzustellen. Für die Rhein- und Mosellande dürfte die Notwendigkeit dafür vor allem im Zusammenhang mit den zerstörerischen Zügen der normannischen Schiffe die großen europäischen Flüsse hinauf im 9. Jahrhundert entstanden sein.

In Trier bildete sich das neue Zentrum um Dom und Liebfrauenkirche herum, in dessen Nähe auch der Markt mit dem bis heute erhaltenen herrschaftlichen Marktkreuz (errichtet 958 von Bischof Heinrich I.) und der seit 1066 belegten Judensiedlung lag. Erst im 12./13. Jahrhundert bauten die Trierer eine neue Stadtmauer, die nur in Teilen den antiken Verlauf aufnahm, in anderen weit hinter diesem zurückblieb: Das Stadtgebiet war von 285 ha auf 138 ha geschrumpft und bot mehr als genug Platz für die in der ersten Hälfte des 14. Jahrhunderts wohl an die 10000 Einwohner.

Kirche als Träger von Kontinuität

An der hier geschilderten Entwicklung deutete sich bereits an, welche Kraft in Trier wie andernorts nicht nur nördlich der Alpen für eine gewisse Kontinuität sorgen konnte: Die christliche Kirche, die selbst ihre Ausprägung in der städtischen Welt des hellenistisch-römischen Mittelmeeres gefunden hatte und deshalb ihre erste Flächen deckende Organisationsform auf der Grundlage der *Civitas* als städtisches Zentrum einer Region ausgebildet hatte, dem ein Bischof vorstand. In vielen der römischen Städte nördlich der Alpen, die weiter lebten, hatte sich rechtzeitig in der Spätantike eine christliche Gemeinde mit einem Bischof an der Spitze etabliert. Zwar sind die Bischofslisten, die wir besitzen, größtenteils lückenhaft oder fiktiv, und in vielen Städten im uns hier interessierenden heidnisch-germanischen Grenzland hat es mit großer Gewissheit keine echte Kontinuität gegeben. Aber die Erinnerung blieb bestehen oder wurde gar neu gestiftet bei der Neuerrichtung der später alten deutschen Bistümer, die wir zumeist in die Merowingerzeit nach der Taufe Chlodwigs um 500 verlegen dürfen.

E

Spätantike Bistümer im Reich

Bis um 600 waren erhalten geblieben, erneuert oder neu eingerichtet worden: Trier (314), Mainz (4. Jahrhundert/Mitte 6. Jahrhundert) und Köln (313; Lücke 397–565/67), Worms (seit 614 sichere Kontinuität), Speyer (343?/frühes 7. Jahrhundert), Straßburg (343, Listen ohne größere Unterbrechung) und Konstanz (um 600 eingerichtet). Problematisch bleiben die alten Römerstädte Basel (343/46/Anfang 7. Jahrhundert/Mitte 8. Jahrhundert) und Augsburg (wohl 4. Jahrhundert/ev. um 600/sicher Mitte 8. Jahrhundert) sowie Chur (5. Jahrhundert/9. Jahrhundert). Erst im 8. Jahrhundert traten dann Orte hinzu, die nicht oder nur bedingt auf römische Siedlungen zurückgingen: Salzburg und Eichstätt, Freising und Regensburg, Passau, und Würzburg.

Köln

Ein wenig anders als in Trier verlief die Entwicklung der Colonia Claudia Ara Agrippinensium zur mittelalterlichen Stadt Köln, günstig gelegen für ein die Zeiten überdauerndes Handels- und Verkehrszentrum. Die Bischofskirche der Colonia (Bistum 313) stand bereits an der Stelle des heutigen Doms, das Prätorium übernahmen die fränkischen Könige. Früh gab es eine Kaufmannssiedlung in der Rheinvorstadt auf einer ehemaligen ufernahen Insel, die durch Verlandung des trennenden Rheinarmes zum Teil der Stadt, mehrfach erweitert und ummauert wurde. Weitere Siedlungskerne entstanden um die an Märtyrergräbern meist auf römischen Friedhöfen errichteten Kirchen im Umkreis der römischen Stadt. Diese Stadt wuchs also schon früh über ihre römischen Mauern hinaus, auch wenn man sich das Innere des römischen Ringes bei weitem nicht flächig besiedelt vorstellen darf. Die Ummauerung all der Siedlungsbereiche erfolgte 1106, um bereits 1180 erweitert zu werden; die größte Ausdehnung erreichte 400 ha.

Regensburg

Wieder eine andere Entwicklung nahm das viel weiter im Osten gelegene römische Castra Regina, das mittelalterliche Regensburg. Es geht nicht auf eine römische Stadt, sondern eine Legionsfestung von 24 ha mit Lagerdorf zurück, an geeignetem Ort für einen nach Süden ausgerichteten Handelsknotenpunkt gelegen. Die Legionen räumten den Platz nach 400, doch noch 770 und später gab es Berichte über das Weiterbestehen der römischen Mauer. Die steinernen Lagertore eigneten sich zum Umbau zu Festungen, in deren Schutz ein Wirtschaftshof gesetzt wurde. Nach 500 lag ein bajuwarischer Herzogshof auf dem Gelände, später der Hof des Bischofs des im 8. Jahrhundert eingerichteten Bistums, dazu kamen weitere Höfe und Stifte. Alt sind auch Ansiedlungen wie das Kloster St. Emmeram außerhalb des alten Lagerbereichs. 788 fiel der herzogliche Hof von den Agilolfinger an die neuen karolingischen Herren, doch schon im 9. Jahrhundert verlegte König Arnulf (der zugleich bayerischer Herzog war) die Königspfalz in den Bereich von St. Emmeram. Auch das topographische Zentrum der Stadt, das ehemalige Prätorium, dürfte kontinuierlich in herrschaftlicher Hand gewesen sein: Zumindest hatte hier im 10. Jahrhundert der königliche Burggraf seinen Sitz. Regensburg war im 9. Jahrhundert zusammen mit Frankfurt und Aachen einer der Hauptorte des fränkischen Ostreiches, bezeichnet als *civitas regia*. Die stadtherrliche Trias König – Herzog – Bischof blieb im Spätmittelalter von Bedeutung für die Stadt Regensburg.

Die städtische Siedlung nahm ihren Ausgangspunkt wohl im Westteil des Lagergebietes, wo die Pfarrkirche (vgl. S. 44) entstand, sowie in einer westlich außerhalb entstandenen, 920 ummauerten Kaufmannssiedlung. Der alte Markt des aufblühenden Fernhandelszentrums, in dem sich früh Juden ansiedelten, lag wohl zwischen den beiden Siedlungen an der Stelle der alten römischen Lagerwestmauer, wo die alte, später vom Rathaus überbaute Marktkirche gestanden hatte.

Augsburg

Dieses Nebeneinander deutet schon auf Beispiele voraus, bei denen erste mögliche Bruchstellen in der bislang so klar zu verzeichnenden Siedlungskontinuität deutlich werden. Die römische Stadt Augusta Vindelicorum, das mittelalterliche Augsburg, lag im Schnittpunkt der Fernhandelswege von Reschen- und Fernpass zu Rhein, Rhône und Donau und bewahrte sich den römischen Namen über die dunklen Zeiten hinweg. Möglicherweise trug ihn jedoch eine Siedlung außerhalb der römischen Stadt, bei der Märtyrerkirche St. Afra, weiter. Der Dom des erst Mitte des 8. Jahrhunderts sicher belegten Bistums wurde allerdings im römischen Bereich errichtet. Nach den Ungarneinfällen und der Lechfeldschlacht im 10. Jahrhundert ließ Bischof Ulrich die Mauer um die Domstadt (wohl die erweiterte Domimmunität) errichten und nahm dazu den Südteil der römischen Befestigung auf. Die Siedlung erweiterte sich in der ersten Hälfte des 11. Jahrhunderts um eine neue Kaufmannssiedlung zwischen Dom und neugegründetem Moritzstift (Perlach), und bis 1200 wurde auch der älteste Siedlungskern bei St. Ulrich und Afra mit der Stadt in eine Gesamtmauer einbezogen.

Straßburg

An einem wichtigen Knotenpunkt des römischen Straßennetzes lag das Kastell Argentorate, dessen Lagervorstadt sich zu einer römischen Stadt von wohl 20000 Einwohnern zwischen den beiden Armen der Ill entwickelte, wo sich im Frühmittelalter die Stadt Straßburg – mit Straßenmarkt am Hauptverkehrsweg, der „langen Straße" – ausbreiten sollte. Als die Römerherrschaft hier Mitte des 5. Jahrhunderts zusammenbrach, bestand wohl kontinuierlich bereits seit 343 das Bistum des *episcopus Argentinensis*. Nirgendwo ist wohl so deutlich wie hier, dass der Kirchenorganisation ein Hauptverdienst an der Kontinuität zukommt, denn der römische Name lebte nur in der Bistumstitulatur fort. Dagegen wurde für die zunächst geschrumpfte, doch bereits im 11. Jahrhundert wieder fast die gesamte Insel umfassende umwallte Stadt der Name *Strateburg* (der allerdings auch schon in Quellen aus der römischen Spätzeit aufgekommen zu sein scheint) bald allgemein üblich.

Speyer

Bei allen bisher aufgeführten Fällen zeigte bereits der Erhalt des römischen Namens ein gewisses Maß an Kontinuität an. Der Ort *Civitas Novimagus* (keltisch) oder *Nemetum* bietet dagegen ein Beispiel, bei dem trotz Bistum – die für die Frühzeit überlieferte Bischofsliste reißt im 4. Jahrhundert ab – der Name aufgegeben wurde und die fränkische Ansiedlung, Speyer, ähnlich wie in Xanten fern von der römischen entstand. Die römische Siedlung hatte auf einem Sporn über dem linken Rheinufer gelegen, Rastpunkt auf der wichtigsten Römerstraße von Italien über Basel und Straßburg nach Mainz und Köln. Während sie offenbar weitgehend wüst fiel, entstand Alt-Speyer mehr als einen Kilometer vom heutigen Dom entfernt. Die Siedlung wanderte zwar wieder zurück, doch im Stadtplan der werdenden Stadt Speyer – die vielleicht bereits im 10. Jahrhundert ummauert wurde – sind römische Reste nicht zu erkennen. Und die zurückkehrende Siedlung brachte den neuen Namen mit. Er ging in diesem Fall auch auf das Bistum über, als es im 7. Jahrhundert (wieder) eingerichtet wurde.

An diesen wenigen Beispielen sollte deutlich werden, wie verschieden sich aus römischen Wurzeln entstammende Städte trotz ähnlicher Anlagebedingungen aufgrund unterschiedlicher Machtverhältnisse in ihrer Umgebung entwickeln konnten. Der Vergleich zeigt die große Spannbreite der Möglichkeiten und lässt gleichzeitig zu, aufgrund immer wiederkehrender genetischer Elemente die Hauptfaktoren einer erfolgreichen Entwicklung von der Siedlung zur Stadt zu analysieren.

Betont sei bereits an dieser Stelle, dass sich die vorliegende Darstellung zunächst bewusst auf die äußerliche und funktionale Entwicklung der Siedlung, ihrer Anlagegründe und Topographie beschränkt. Soviel von Herrschaft über die Siedlung/Stadt gesprochen werden muss, wird doch die rechtliche Komponente jeder Stadtentwicklung, das Recht und die Rechte ihrer Bewohner, erst in einem zweiten Schritt betrachtet werden, wenn es um die innere rechtliche und soziale Entwicklung der Einwohnerschaft geht – so schwierig es sein mag, dies stets zu trennen (ist doch auch die topographische Entwicklung vielfach rechtlich bedingt), und so sehr der breite Aspekt des Rechts die deutsche Stadt des Mittelalters eigentlich erst zur Stadt komplettieren wird.

Zweifellos war die Wirtschaftslage bedeutsam. Als besonders wichtig für die Beibehaltung eines Siedlungsplatzes erweist sich weiterhin die Einrichtung eines spätantiken Bistums, selbst wenn dessen Kontinuität nicht durch alle Jahrhunderte gesichert ist oder es gar zu einer Wiedereinrichtung kommen musste. Doch auch die militärisch-politische Funktion eines Platzes konnte ihren Teil zum Erfolg beitragen: Weltliche Herren, die eine alte Siedlung zu ihrem Zentralort machten, konnten deren Überleben und ihr Wachstum verursachen, wie am Beispiel von Regensburg zu sehen war. Dieses erste Bündel von Kriterien, die zur Entstehung einer Stadt führen oder dazu beitragen können, eine Stadt zum Erfolg zu führen – die aber nicht alle zugleich zutreffen müssen noch den Erfolg garantieren – gilt grundsätzlich auch für die Entwicklungschancen von Neusiedlungen auf niemals römisch beherrschtem Boden, mit also gänzlich anderer Ausgangssituation: Betrachtet man die neu entstandenen Städte ohne römerzeitliche Stadtvergangenheit systematisch, so treten in den Blick die schon bekannten wirtschaftstopographischen Faktoren sowie die militärisch-politische Komponente, wobei die der kirchlichen, der Bistumsfunktion, weiterhin relevant bleibt. All diese Faktoren aber weisen über die eigentliche Siedlung hinaus in ein Umland und machen sie dadurch zum Ort mit Zentralfunktion.

2. Neuanfänge? Burg – Markt – Kirche

So prägend die römische Vergangenheit für die meisten der bisher beispielhaft betrachteten Städte auch gewesen war, so wenig konnten solche direkten Traditionen weiter östlich Frucht tragen. Durch die unterschiedliche Entwicklung in der Spätantike entstanden in Deutschland sehr unterschiedliche Kulturzonen. Im Osten hatte es nie vorher Städte gegeben und keltische Anfänge waren schon lange vor dem Frühmittelalter untergegangen. Es setzten hier städtische Entwicklungen erst später ein, und es entstanden insgesamt wenige Städte, die vielfach anderen Charakter hatten.

Wenigstens in einem Punkt aber wurden hier städtische Siedlungen aus römischer Wurzel in gewisser Weise vorbildhaft: Viele der neuen Städte östlich des Rheins und nördlich der Donau entstanden als Bischofssitze oder auch an Bischofssitzen. Eine Domkirche als Zentrum einer Stadt, mit kultischen, aber auch herrschaftlichen Funktionen und solchen der die Stadt und ihr Umland betreffenden Verwaltung haben wir als eine wichtige Erscheinung vieler Stadtkulturen dieser Welt bereits festhalten können. Hier stoßen wir nun auf die spezifisch mittelalterlich-christliche Ausprägung dieses weit verbreiteten Phänomens: Schon in der Entstehungsphase kann das Kultzentrum, die Kirche, die Siedlung maßgeblich befördern.

Würzburg

Gegenüber einer altbesiedelten Bergfestung mit früher Kirche gründete der angelsächsische Kirchenorganisator Bonifatius 741 beim thüringischen

Herzogshof auf dem rechten Mainufer das Bistum Würzburg. Auf hochwassersicherem Platz nahe einem wichtigen Mainübergang stand schon bald der Dom, in den die Reliquien des irischen Märtyrers Kilian (Ende des 7. Jahrhunderts) überführt wurden. Die Verkehrslage, das herrschaftliche Zentrum und die beginnende Kulttradition begünstigen die Bistumsneugründung – und diese half dann mit zum erfolgreichen Stadtwachstum. Denn wie es (nach zeitgenössischer Wahrnehmung) mit der Siedlungssituation in diesen Gegenden aussah, dürfte deutlich aus dem Brief des Papstes Zacharias 743 an Bonifatius hervorgehen. Doch im Dienste der Mission mussten Kompromisse geschlossen werden, und immerhin suchte sich Bonifatius stets die herrschaftlichen Zentralorte der Region aus, in Würzburg ebenso wie in seinen beiden weiteren Neugründungen Erfurt und Büraburg.

Q

Papst Zacharias an Bonifatius 743
in: Die Briefe des Heiligen Bonifatius und Lullus, ed. Michael Tangl, Berlin [2]1955 (MGH.Epistolae selectae 1), Nr. 51 S. 87

Wir haben auch aus deinem Brief zur Kenntnis genommen, dass du drei Bischöfe an verschiedenen Orten eingesetzt hast, die dem Volk vorstehen sollen, das unser Herr Gott durch deine Heiligkeit gewürdigt hat sich ihm anzuschließen. Und du hast gebeten, dass wir dort die Bischofsstühle durch die Autorität unseres Stuhles bestätigen. Doch deine heilige Brüderlichkeit möge reiflich bedenken und erst nach genauer Überlegung entscheiden, ob es nützlich ist oder ob die Orte oder die Menschenzahl derartig seien, dass sie Bischöfe zu haben verdienen. Erinnere dich nämlich, mein Lieber, dass uns die heiligen Kanones vorschreiben, dass wir nicht in Dörfchen oder Kleinstädten Bischöfe weihen, damit der Name des Bischofsamtes nicht beschmutzt werde. Aber wir genehmigen ohne Verzug, was du vorgeschlagen hast, veranlasst von deinem ernsthaften und uns angenehmen Schreiben. Und wir befehlen kraft apostolischer Autorität, dass dort bischöfliche Sitze sein sollen [...] nämlich im Kastell, das *Wirzaburg* genannt wird, und einer im *Oppidum* namens *Buraburg*, ein dritter am Ort, der *Erpfesfurt* heißt [...]

Nicht immer half das, denn erfolgreich war nur die Gründung Würzburg, immerhin als Castellum bezeichnet. Aus dem karolingischen Dombezirk entwickelte sich das Zentrum der hochmittelalterlichen Stadt. Wohl schon im 9. Jahrhundert siedelten die späteren Bürger um den langgezogenen Straßenmarkt zum Flussübergang, der seit dem frühen 12. Jahrhundert von einer Brücke erleichtert wurde. Ein jüdisches Viertel ist um 1150 belegt; auf eine erste Mauer 1057 folgte schon im 12. Jahrhundert eine weitere. Büraburg scheiterte gänzlich, während sich das auch wirtschaftlich zentral gelegene Erfurt immerhin – auch ohne fortbestehendes Bistum – zur großen Stadt entwickelte.

Ulm

Solches, die günstige wirtschaftliche Lage in Kombination mit herrschaftlicher Unterstützung, konnte auch anderwärts zur bedeutenden Stadt führen – auch gänzlich ohne kirchlichen Nukleus. So geschehen in Ulm, dessen Pfarrkirche bis 1395 auf dem Lande außerhalb der Stadt lag, bis sie schließlich hineinverlegt wurde. Im Gebiet von Ulm hatte es geringfügige römische Siedlungstätigkeit zur Sicherung des Donauüberganges gegeben. Wahrscheinlich aus der Eigenkirche eines frühmittelalterlichen Herrenhofes entwickelte sich die Pfarrkirche. Vielerorts dienten solche Stiftungen christlich gewordener Adelsherren auf eigenem Land der eigenen gottesdienstlichen Versorgung im noch weitgehend heidnischen Gebiet. Eine königliche Pfalz als herrschaftlicher Nukleus an der wirtschaftlich bedeutsamen Stelle ist relativ spät (erst 854) belegt, eine Münzstätte spätestens im 11. Jahrhundert wohl im Zusammenhang mit einer Marktsiedlung bei der Pfalz. Eine Mauer besaß die entstehende Stadt sicher 1247, bevor sie zu einer der mächtigsten spätmittelalterlichen Städte Schwabens mit einem großen Landgebiet aufstieg.

Funktionale Hauptentwicklungsfaktoren

Grundsätzlich konnten bei einem Siedlungsanlass wie der Entwicklung zur Stadt nur einige oder sämtliche genannten, vergleichend gefundenen funktionalen Hauptfaktoren (wirtschaftlich, militärisch-herrschaftlich, kirchlich und je über die Siedlung hinaus in einen Raum weisend) zusammenkommen, mit genetisch betrachtet unterschiedlicher Priorität. Was am Anfang stand, ist oft kaum zu sagen: Wir sehen die erfolgreichen Siedlungen als voll ausgebildete Städte, die immer multifunktional geworden sind, bei denen jedoch nicht gewiss ist, ob ein später zentraler Faktor dies von Anfang an gewesen sein muss – eine Ausnahme bilden am ehesten solche Städte, die im Zusammenhang mit besonderen ortsgebundenen natürlichen, wirtschaftlich nutzbaren Ressourcen, wie Metallvorkommen oder Salz, entstanden und aufgestiegen sind.

Die Faktoren griffen rasch ineinander. Burgen bedurften der Versorgung, aber keiner Siedlung, zogen sie jedoch meist an, aber Befestigungen, die völlig zurückgezogen lagen, haben sich selten zu Städten entwickelt. Handel bedurfte der Straßen, auch der Pässe über Berge oder der Furten über Flüsse, die man aber ebenso aus strategischen Gründen gerne befestigte. Einen sicheren Hafen braucht der Seehandel ebenso, wie er in Kriegszeiten nützlich ist. Handelssiedlungen wiederum konnten nur über lange Zeit erfolgreich sein und sich gegen Überfälle wehren, wenn sie ordentlich befestigt und geschützt waren. Der städtische Markt – sei er nun nur der Wochenmarkt für die umliegenden Dörfer, ein regionaler Jahrmarkt oder gar eine überregionale Messe – bildete fast immer eine wichtige Funktion jeder Stadt, auch der alten Römerstädte, eine jener für die Stadt per definitionem wichtigen Zentralfunktionen. Dennoch ist es nicht selbstverständlich, dass alle späteren Städte vorrangig aus wirtschaftlichen Gründen, an existierenden Handelswegen und um Märkte herum entstanden sind und erst nachträglich befestigt wurden. Manch eine Burg, deren Platz aus rein herrschaftlich-strategischen Gründen ausgewählt wurde, hat zur eigenen Versorgung und in ihrem Schutz einen Markt ausgebildet oder gar Handelsrouten an sich gezogen.

Schließlich wohnte diesen Initial- und Entwicklungskomponenten keine Automatik inne, sondern sie wurden durch gezielte herrschaftliche Steuerungsversuche beeinflusst: Adelige Herren versahen ihre Befestigungen mit Märkten oder schützten und förderten Handelsplätze – zum Teil auch durch die Beeinträchtigung oder gar Vernichtung anderer, fremder Siedlungen im gleichen Raum. Und später, als der Erfolg des Konzepts Stadt offensichtlich geworden war, gründeten Herren Städte als Kombination aus allen zentralen Faktoren zur bewussten herrschaftlichen ebenso wie wirtschaftlichen Erschließung von Räumen.

Die kirchliche Funktion, die in manchen der alten Römerplätze ausschlaggebend für Neubeginn und Entwicklung einer Stadt war, dürfte im neu erschlossenen Land stets genetisch sekundär gewesen sein. Eine Kirche, gar ein Missionsbistum, wurde üblicherweise an einem Handelsplatz oder in einem Herrenhof oder einer Burg gegründet (wie auch an einen Ort, an dem bereits beide Faktoren existierten). Solche kirchlichen Gründungen konnten dann aber andere Siedler nach sich ziehen. Neue Siedler brachten meist ihren eigenen Heiligen für eine eigene Pfarrkirche mit (vgl. S. 44), die Nukleus der Konsolidierung von topographischen (wie rechtlichen – zu ihnen, wie gesagt, später) Unterschieden wurde. Und die weltlichen Herren betrachteten im Frühmittelalter oft die Einrichtung eines ja per definitionem den Raum erfassenden Bistums an einer strategisch und wirtschaftlich bedeutsamen Stelle zu Recht als herrschaftssichernd. Königtum und Kirche arbeiteten normalerweise in den Anfangsphasen solcher festen Zentralorte eng zusammen – nicht selten nahmen die Bischöfe (wie auch in den alten Bischofsstädten) Grafenrechte wahr.

Doch ist bei all dem zu bedenken, dass bis jetzt nur die vergleichend erschlossenen funktionalen Hauptfaktoren zur Sprache gekommen sind – Siedlungs- und Stadtentstehungen liefen tatsächlich multikausal und sehr viel facettenreicher ab. Der Vergleich ist nur ein Hilfsmittel zum Verständnis der tatsächlichen Entwicklungsgeschichte jeder einzelnen Stadt. Weder war einer der genannten Hauptfaktoren unbedingt notwendig, noch waren sie alle zusammen hinreichend. Sie waren bei jeder einzelnen Siedlung und Stadt unterschiedlich stark vertreten und bei jeder kamen zahllose individuelle Einflüsse zu ihrer Entwicklung hinzu – hier muss allein schon die Tatsache warnen, dass aus anscheinend hervorragenden Startchancen durch unglückliche Begleitbedingungen oder -entwicklungen Geschichten des Scheiterns (im Sinne der Nicht-Ausbildung städtischer Strukturen oder sogar des völligen Niedergangs einer Siedlung) wurden. Nicht jede Burg wurde zur Stadt, Bistumsgründungen konnten verschwinden, und selbst wirtschaftlich erfolgreiche Zentrallagen konnten sich ändern oder durch menschlichen Eingriff vernichtet werden.

Typologien

Die von der Stadtgeschichtsforschung gebildeten **Stadttypen** greifen stets auf einen (oder implizit mehrere) der genannten Faktoren zurück. Neben die beiden bereits vorgestellten oder genannten Typen der altüberkommenen oder neubegründeten Bischofsstadt und der aus einem Herren- oder gar Königshof (beziehungsweise aus einer Burg oder Pfalz) entstehenden Stadt treten der in Deutschland relativ seltene Typus der Kloster-, besser Abtei- oder Stiftsstadt, der – hierin der Bischofsstadt verwandt – den kirchlichen Faktor mit dem des Herrschaftsschwerpunkts kombiniert. Sodann finden wir die um einen Handelsplatz an der Küste oder im Binnenland entstandene Stadt und als jenen Spezialfall, in dem man das eine initiative Kriterium tatsächlich festmachen kann, die Salinen- oder Bergstadt.

Wieder sollen konkrete Beispiele die Typologie ebenso wie ihre Probleme verdeutlichen. (Kaum eine Stadt lässt sich aber ganz eindeutig nur einem Typus zuordnen.) Zugleich sei versucht, die vielfältigen Bedingungen und Möglichkeiten aufzufächern, ein breites Spektrum von Erfolgskonstituenten, aber auch fördernden oder retardierenden Rahmenbedingungen deutlich zu machen, unter denen die vielen verschiedenen deutschen Städte sich ausgebildet haben und gewachsen sind – nicht zuletzt als erste Verdeutlichung der Aussage, dass grundsätzlich keine Stadt der anderen gleiche.

Stadttypen
Typologien erwachsen dem komparatistischen Ansatz und wollen stets solche Städte zusammenstellen, die unter einem bestimmten Gesichtspunkt möglichst nah miteinander verwandt sind, um den Vergleich zu ermöglichen. Jede einzelne Stadt gehört notwendigerweise einer Vielzahl von Typen an, je nachdem, mit welchen anderen Städten und mithilfe welches gemeinsamen Faktors verglichen werden soll. Im folgenden die wichtigsten Beispiele:
1. besteht die Möglichkeit, Städte nach ihrer Entstehung und dabei einer ins Auge springenden Hauptdeterminante der Ansiedlung einzuteilen: Bischofs- und Abteistädte, Burg- oder Pfalzstädte, See- oder Hafenstädte, Salinen- und Bergstätte.
2. Einige dieser Bezeichnungen tragen auch Städte, die unter dem Aspekt der Herrschaft beschrieben werden: Königs- und dann Reichsstädte (vgl. S. 87), Bischofs- und Freie Städte (vgl. S. 82), schließlich landesherrliche Territorial- oder Landstädte und Amtsstädte (vgl. S. 90 ff.).
3. Heinz Stoob hat in den 1970er Jahren eine Typologie aufgestellt, die vorrangig an chronologischen Faktoren festgemacht ist, in die jedoch auch die (oft zeitabhängigen, vgl. S. 26) Entwicklungschancen hineinspielen: Bis 1150 entstandene Städte bezeichnet er als Mutterstädte, zwischen 1150 und 1250 entstanden Gründungsstädte, Kleinstädte von 1250 bis 1300 und schließlich Minderstädte von 1300 bis 1450.
4. Die wirtschaftliche Funktion der ausgebildeten Stadt wird ins Auge gefasst, wenn man z. B. von Gewerbe- oder Messestädten spricht oder den Begriff der „Ackerbürgerstadt" pflegt (vgl. S. 94). Letztlich gehen die meisten Kategorisierungen dieser Art auf Max Weber (1864–1920) zurück, der im Zuge der Definition von Stadtwerdung verschiedene Typen definierte: Vor allem unterschied er die Konsumentenstadt (die große Haushaltungen wie die eines Fürstenhofes unterhielt und durch sie existieren konnte) und die Produzentenstadt, die – aufgeteilt wiederum in Gewerbe- und Händlerstadt – von der Versorgung auswärtiger Gebiete lebte.
5. Ebenfalls von einer wichtigen Funktion her leiten sich Bezeichnungen wie Residenz- oder Festungsstadt und Universitätsstadt.
6. Der voll ausgebildeten Stadt des Spätmittelalters schließlich liegt auch die Einteilung nach Einwohnerzahl zu Grunde: in Großstadt, Mittelstadt, Kleinstadt und Minderstadt oder ähnliches.

Königsstädte – Frankfurt am Main

Eine der wichtigsten Städte, die aus einer königlichen Pfalz erwuchsen, war Frankfurt am Main. Ihre hervorragende Lage zu den Handelswegen an einem von der Natur besonders begünstigten Mainübergang machte die Stadt außerdem zur hervorragenden deutschen Messestadt des Spätmittelalters. Schon um 700 Herrensitz, konnte der spätere Pfalzort um 794 ein als ökumenisch gedachtes Konzil beherbergen und monatelang große Mengen von Menschen versorgen. Frankfurt wurde nach der Reichsteilung neben Regensburg zum Hauptort des Ostreiches. Doch war es ausgerechnet das 11./12. Jahrhundert als einer Zeit der scheinbaren „Königsferne", in dem sich der günstige Wirtschaftsknotenpunkt zum Fernhandelsmarkt und die Pfalzsiedlung zur Grundlage der späteren Stadt entwickelten. Die Rückkehr der Könige, die von den Messen profitierten und sie förderten, und der endgültige Aufstieg zur Wahlstadt des Reiches sorgten dann für jene Rahmenbedingungen, unter denen sich die nun ummauerte Stadt im 13. Jahrhundert als rechtliche und politische Einheit etablieren konnte, die um 1400 etwa 10 000 Einwohner zählte.

Gelnhausen

Wie Frankfurt entstand in der zentral gelegenen und früher besiedelten *terra imperii* der Wetterau die Königspfalz, aus der sich rasch, mit Sicherheit profitierend von den Entwicklungen der Nachbarschaft, die Stadt Gelnhausen entwickeln sollte. Sie entstand jedoch viel später, erst in staufischer Zeit. Die Pfalzstadt (vom Typ her mit Hagenau im Elsass oder Wimpfen am Neckar vergleichbar) wurde offenbar – um zwei Märkte als bestimmende Elemente – geplant angelegt als enge Verbindung einer Markt- und Fernhandelsstadt mit einer Königspfalz. Die späte Gründung blieb allerdings trotz aller herrschaftlichen Förderung deutlich kleiner als zum Beispiel Frankfurt.

Friedberg

Klein blieb auch das städtische Ergebnis eines anderen Versuches in der gleichen Region, die staufisch-königliche Burgstadt Friedberg in der Wetterau. Siedlungsanlass war wohl die 1216 ersterwähnte Reichsburg (in Spornlage, am Ort eines viel früher verschwundenen römischen Kastells); man hat eine Gründung des Doppelgebildes Reichsburg-Stadt als herausragenden Stützpunkt der Territorialpolitik Barbarossas für die 70er Jahre des 12. Jahrhunderts angenommen. Die Kombination erwies sich als zu konfliktreich, um wirklich erfolgreich zu sein. Trotz der günstigen Verkehrslage und zeitweiliger wirtschaftlicher Blüte als Messeplatz im 14. Jahrhundert konnte sich die Stadt (die um diese Zeit etwa 3000 Einwohner zählte) nie gegenüber der Burg behaupten. Burg und Stadt, Burgmannschaft und Bürger blieben rechtlich wie personell stets getrennt und es gelang dem städtischen Rat hier nie wie andernorts, das Amt des Burggrafen, der dem Burg- wie dem städtischen Schöffengericht vorsaß und dem städtischen Schultheiß übergeordnet war, unter die eigene Kontrolle zu bekommen.

Friedberg entstand ebenso wie Gelnhausen zu einem relativ späten Zeitpunkt in der Wetterau und damit in einer Region, die (gemessen an den Verhältnissen östlich des Rheins) sehr früh bereits dicht besiedelt und herrschaftlich ausgestaltet war. Besiedlungsdichte und herrschaftliche Organisation der Region sowie in Abhängigkeit davon die Gründungszeit waren wichtige Rahmenfaktoren, die für das Verständnis der einzelnen Stadtgeschichten von maßgeblicher Bedeutung sind. Wesentlich bessere Entwicklungschancen besaß demnach eine königliche Burg samt Siedlung, die zu einem für die regionale Siedlungsgeschichte relativ frühen Zeitpunkt errichtet wurde.

Nürnberg

Eine solche königliche Burg in günstigerem Umfeld (im weiter östlichen, noch lockerer besiedelten und beherrschten fränkischen Ausbaugebiet) war Nürnberg, zum ersten Mal 1050 erwähnt. Stadt und Burg entstanden aus zwei Höfen, denen die Organisation des Königsgutes der Region oblag. In staufischer Zeit wurde ein Hof mit der älteren Burgsiedlung zur Verwaltung der jungen Kongregation der Schottenmönche übergeben, während auf dem anderen Ufer der nicht schiffbaren Pegnitz um den anderen Königshof, der 1209 dem im Landesausbau erfahrenen Deutschen Orden übergeben wurde, eine offenbar geplant angelegte zweite Siedlung entstand. Somit übergaben die Könige hier in neubesiedeltem Land an moderne kirchliche Kräfte zur Stärkung und Förderung einen Platz, der an sich nicht über einen kirchlichen Nukleus verfügte, denn die Kirchen der werdenden Stadt besaßen noch lange keine unabhängigen Pfarreirechte. Das krankenheilende Grab des Heiligen Sebald machte den Ort zum Pilgerzentrum und begünstigte so den Zuzug und auch den entstehenden und bald prosperierenden Markt. Die überaus erfolgreiche, aus den beiden verbundenen Siedlungen entstandene Stadt hatte im 15. Jahrhundert zwischen 20000 und 30000 Einwohner.

Missionsbistum und Stadt

Deutlicher noch war die fördernde Rolle der Kirche im sächsischen Ausbaugebiet, denn hier stand die Entstehung vieler Städte im Zusammenhang mit einer sich entwickelnden Kirchenorganisation. So begründete Kaiser Ludwig der Fromme 814 in Halberstadt ein Missionsbistum. Es entstand aus drei Siedlungskernen mit je eigener Rechtsstellung der Bewohner und eigener Pfarrkirche (vgl. S. 44) und war mit mehreren Siedlungskernen unterschiedlichen Rechts strukturell typisch für das sächsische Ausbaugebiet. Die Stadt entstand bis ins 13. Jahrhundert aus einem älteren agrarisch geprägten Dorf, der auf dem Burgberg neu angelegten Domsiedlung und einem auf die Verleihung von **Markt-, Münz- und Zollrecht** an den Bischof 989 gestützten Markt, um den sich bald eine Kaufmannssiedlung bildete. Scheinen hier vorrangig herrschaftliche Gründe zur Bistumsanlage geführt zu haben, so mögen bei der Anlage des zur gleichen Zeit (815) in der Region begründeten Bistums Hildesheim die wirtschaftstopographischen Gründe mehr Einfluss gehabt haben. Hildesheim lag an einem der großen europäischen Verkehrswege, an einer Furt des Hellweges durch die Innerste. Auch hier entstanden unterschiedliche Siedlungskerne mit eigener Pfarrei und eigenem Recht nebeneinander: um 1000 die ummauerte Domsiedlung auf einem Hügel, zu ihren Füßen und mit ihr zusammen vor 1167 ummauert eine Marktsiedlung, vor diesen Mauern 1196 eine Niederlassung flämischer Siedler, schließlich eine bischöfliche Neustadt. All das wurde rechtlich betrachtet erst 1583 zu einer einzigen Stadt mit etwa 10 000 Einwohnern. In beiden Fällen verdankt das Siedlungskonglomerat – bei aller Gunst der Lage – sowohl seine diversifizierte Entstehung (auf deren positive wie negative Folgen für die Stadtentwicklung zurückzukommen sein wird, vgl. S. 42) als auch wichtige Impulse seines Aufstiegs vor allem bischöflichem Agieren.

E

Markt, Zoll und Münze
Während das Münzrecht seit alters als königliches Vorrecht (Regal) galt, stand bis in die Karolingerzeit hinein faktisch die Einrichtung eines Marktes in der Hoheit der Grundherren. Neue Zölle zu verleihen beanspruchten wiederum seit Karl dem Großen die Könige für sich. Im Laufe des 9. Jahrhunderts verschmolzen diese Rechte zu einer Trias, die stets gemeinsam austrat und die zu verleihen insgesamt den Königen zustand (vgl. beispielhafte Privilegien S. 49 und 50).

Abtei- und Stiftsstädte

Eine ganz andere Art kirchlichen Nukleus hatten ausgeprägte Abtei- und Stiftsstädte: Während die Bischofssitze als *civitates* die Idee der Stadt rechtlich ebenso wie von der Erfahrung der Zeitgenossen her in sich trugen, wohnte der Idee des Mönchtums die des Rückzugs in die Einsamkeit inne und entstanden Klöster sehr oft auf dem flachen Land. Dabei bildeten sie allerdings den Mittelpunkt von Grundherrschaften, versammelten, wie andere Herrenhöfe auch, dörfliche Ansiedlungen um sich und wurden so oft zum Kern späterer Städte. Vor allem im Falle einer günstigen Lage zu den Handelswegen konnten Städte aufblühen, zu deren bedeutendsten Essen, das elsässische Weißenburg und Fulda zählen.

Das im 9. Jahrhundert gegründete Kanonissenstift Essen erfreute sich vor allem in ottonischer Zeit königlicher Förderung, die in reichen Landschenkungen, aber auch in einem Marktrechtsprivileg bestanden. Die Marktsiedlung profitierte von ihrer Lage zum Hellweg, wurde im 13. Jahrhundert ummauert und konnte im 14. und 15. Jahrhundert kurzzeitig den Status einer Reichsstadt erreichen – wie das dauerhaft der Stadt beim alten und reichen Elsässer Kloster Weißenburg (aus dem 7. Jahrhundert) gelang und wonach auch die Stadt Fulda (vergeblich) streben sollte. Die bonifatianische Klostergründung Fulda war von den Königen ebenfalls mit Markt, Münze und Zoll sowie den gräflichen Bannrechten ausgestattet worden, und die Klostersiedlung an der Fernstraße Frankfurt am Main – Leipzig gedieh.

Handelsstädte

All diese Orte entwickelten sich zu Städten weiter, gewiss nicht zuletzt wegen ihrer wirtschaftlichen Möglichkeiten. Es gibt jedoch andere, bei denen vor allem die Entstehung vorrangig wirtschaftliche Gründe hatte. Handelssiedlungen, die zu Städten werden konnten, entstanden zum einen an der slawischen Grenze, vor allem aber an den Küsten von Nord- und Ostsee. Die wenigsten von ihnen überdauerten die Phase der bloßen Handelsniederlassung, andere entwickelten sich immerhin zu festen Ansiedlungen, die sich auch als kirchliches Zentrum ihrer Umgebung etablieren konnten. Die bedeutendsten unter den frühen internationalen Handelspunkten des Raumes waren gewiss Dorestad an der Gabelung von Rhein und Lek, das den Normannenüberfällen zum Opfer fiel, das schwedische Birka im Mälarsee, schließlich von Stockholm abgelöst, und Haitabu, geschützt am innersten Ende der Schlei gelegen, einer weit ins Landesinnere reichenden Ostseeförde.

Haitabu

Haitabu ist im 9. und 10. Jahrhundert lange als Münzstätte belegt, wurde oft von Kaufleuten besucht und wuchs zum blühenden Handelsumschlagplatz heran. Vor 948 war der Ort zum Bischofssitz erhoben worden. Die unsichere Lage im zwischen Dänen und Sachsen umstrittenen Grenzgebiet konnte das prosperierende Handelszentrum offenbar nicht dauerhaft beeinträchtigen, obwohl der Ort im 10. Jahrhundert mindestens einmal niedergebrannt wurde. Doch als im 11. Jahrhundert der Hafen versandete, verlor Haitabu, dessen Bedeutung allein auf den Handel gegründet war, ganz rasch an Boden gegenüber dem glücklicheren Schleswig, wo größere Schiffe landen konnten, und später gegenüber dem landesherrlich geförderten Lübeck.

Hamburg

Ganz anders erging es trotz mancher Ähnlichkeit der Rahmenbedingungen Hamburg. Die Siedlung lag ebenfalls an für den Handel geeignetem Ort auf erhöhtem Ufer am Übergang des Elbhöhenweges über die Alstermündung in die Elbe, wo sie sich als natürlicher Hafen eignet, und an dem günstigen Punkt zwischen Nord- und Ostesee. Der 831 auf der Hammaburg installierte Bischof musste schon 848 vor den Dänen nach Bremen weichen, doch der Ort wurde nicht aufgegeben, obwohl er im Slawenkrieg (983) noch einmal zerstört und auch im 11. Jahrhundert wiederholt überfallen wurde. Die Wende brachte das 12. Jahrhundert, als im Zuge der Ostkolonisation auch in Hamburg eine privilegierte Siedlung der Grafen von Holstein als Neustadt neben der alten bischöflichen Domsiedlung entstand. Die wachsende Wirtschaftskraft der Stadt (nicht zuletzt ihre zunehmende Einbindung in die Hanse, vgl. S. 138) sorgte seit dem 12./13. Jahrhundert für ihren unaufhaltsamen Aufstieg, der Widrigkeiten wie die geteilte Stadtherrschaft nichts anhaben konnten.

Im Falle Hamburgs wie Haitabus war es offensichtlich das Maß an Wirtschaftskraft, die das Überleben sicherte oder aber den Untergang bedeutete. Doch wenn mächtige Herren und Fürsten wollten, so konnten sie sogar einen prosperierenden Handelsplatz in seiner Entwicklung zur Stadt hindern.

E

Diedenhofener Kapitular
Eines der wichtigsten Kapitularien (in Kapitel eingeteilte Verordnungen der fränkischen Herrscher) Karls des Großen wurde im Jahre 805 in der Pfalz Thionville (Diedenhofen) an der Mosel in Lothringen verkündet. Es enthält vor allem Anweisungen an die im gesamten Reich umherreisenden Königsboten, darunter über den Handel mit den Slawen. Die wichtigsten Anordnungen betreffen das Verbot des Waffenhandels sowie die Konzentration des Handels mit den Slawen auf bestimmte genannte Grenzhandelsplätze, darunter Bardowick und Erfurt, unter der Aufsicht fränkischer Grafen.

Bardowick

Fünf Kilometer nördlich von Lüneburg am Westufer der Ilmenau und nahe der Elbmarsch lag Bardowick. Schon 805 im **Diedenhofener Kapitular** als Grenzhandelsplatz mit den Slawen genannt, wurden in dem Ort, der stets in der Hand höchstrangiger sächsischer Adelsherren war, Mitte des 10. Jahrhunderts Münzen geprägt. Erbstreitigkeiten zwischen den bedeutendsten Herren Norddeutschlands, Albrecht dem Bär (um 1100–1170), dem ersten Markgrafen von Brandenburg, und Heinrich dem Löwen (um 1129/30–1195), Herzog von Sachsen, betrafen nicht zuletzt Bardowick und schwächten seine wirtschaftliche Position. Das Ende des Handelsplatzes auf dem Weg zur Stadt kam, als Heinrich ihn nach seiner Rückkehr aus der Verbannung (1189) zerstörte – und stattdessen die direkten Konkurrenten, Lübeck und Lüneburg, förderte.

Q

Diedenhofener Kapitular
ed. MGH Capitularia I, Nr. 44, S. 123

c. 7 Über die Kaufleute, die in die Länder der Slawen und Awaren reisen, und wohin sie mit ihren Waren gehen müssen: Im Land Sachsen nach Bardowick (*Bardaenowic*), wo Hredi zuständig sei, und nach *Schezla*, wo Madalgaudus zuständig sei, und nach Magdeburg (*Magadoburg*), wo Aito zuständig sei, und nach Erfurt (*Erpesfurt*), wo Madalgaudus zuständig sei, und nach *Halazstat* [evtl. Hallstadt nördlich von Bamberg], wo ebenfalls Madalgaudus zuständig sei, und nach Forchheim (*Foracheim*) und nach Pfreimd (*Breemberga*) und nach Regensburg (*Ragenisburg*), wo Audulfus zuständig sei, und nach Lorch (*Lauriacum*): Warnarius.
Und sie dürfen keine Waffen und Brünnen (Brustpanzer) zum Verkauf mit sich führen. Wenn sie aber dabei ergriffen werden, soll ihnen all ihre Habe abgenommen werden und die Hälfte an den Palast, die andere Hälfte aber unter die genannten Königsboten und den Ergreifer aufgeteilt werden.

Möglicherweise ist übrigens auch in Bardowick von Karl dem Großen ein (nicht überdauerndes) Missionsbistum begründet worden, das dann wie die Gründungen des Bonifatius am Vorort der Region (dem Bardengau) entstanden wäre und ebenso wie zwei der drei Gründungen des Bonifatius dennoch nicht erfolgreich gewesen wäre. Und wie eine der Bonifatius-Gründungen hätte sich der wirtschaftlich bedeutsame Platz auch ohne die Hilfe der Kirche (im Falle Bardowicks: beinahe) zur Stadt entwickelt.

Erfurt

Denn in Erfurt, an einer seichten Furt der Erph/Erphesa oder Gera gelegen, die früh durch eine Brücke ersetzt wurde, kreuzten sich drei wichtige Fernverbindungen mitten im fruchtbaren Thüringer Becken. Wiederum ist der Handelsplatz bereits im Diedenhofener Kapitular erwähnt. Der zentrale Ort um den Petersberg hatte bereits in vorfränkischer Zeit eine Burg angezogen, dann einen fränkischen Königshof und ein Königskloster. Wohl zur Rechtfertigung gegenüber dem Papst behauptete Bonifatius (vgl. S. 22), der Ort sei ehemals eine *urbs paganorum rusticorum*, eine Stadt/ ein Zentrum bäuerlicher Heiden gewesen, und sicher hatte er schon lange regionale Zentralfunktionen innegehabt. Zahlreiche Faktoren griffen offenbar ineinander, dass sich die wachsende Siedlung – mit wohl mehreren Siedlungskernen um mehrere alte Märkte, die 1066 erstmals ummauert wurden, – trotz des Scheiterns der Bistumsgründung zu einer der größten Städte des deutschen Mittelalters mit gegen Ende des 15. Jahrhunderts fast 20000 Einwohnern entwickelte.

Lübeck

Ähnlich erfolgreich, aber deutlich später erst gefördert war ein ursprünglich slawischer Handelsplatz, von dem schon mehrfach die Rede war, weil er vom Niedergang anderer profitierte: Lübeck. Hier kamen nun, in wieder leicht verschobener Reihenfolge und Gewichtung gegenüber anderen Städten, sämtliche Faktoren zusammen, die eine Siedlung zur erfolgreichen Stadt machen konnten. 1143 hatten es die Holsteiner Grafen in natürlich geschützter Lage gegründet, wobei Name und Funktion als Fernhandelsplatz vom älteren und flussabwärts, also küstennäher gelegenen slawischen Liubice weg verlegt wurden. Heinrich der Löwe, dessen Einkünfte in Bardowick (das er später zugunsten unter anderem Lübecks vernichtete) durch den Ort geschmälert wurden, nahm es 1156/59 den Grafen weitgehend ab, obgleich ihre Burg im späteren Stadtgebiet verblieb. Von nun an förderte der Herzog Lübeck und seine Besiedlung mit allen Mitteln. Auch die kirchliche Gewichtung, die Verlegung des Missionsbistums Oldenburg 1160, war gewiss siedlungsfördernd gemeint. Schon 1181/82 gelangte die Siedlung um den Dom unter das Recht der herzoglichen Siedlung, wie auch die Gegenstadt um die gräfliche Burg nur wenige Jahrzehnte später rechtlich in die Stadt einbezogen wurde: Die Rechtsungleichheit der Bewohner verschiedener Siedlungskerne (fünf frühe Pfarreien dürften davon zeugen; vgl. S. 44) – die wir schon bei anderen Städten angedeutet sahen und deren Problematik wir noch näherkommen werden – wurde hier durch herrschaftlichen Willen von Anfang an egalisiert. Die Stadt prosperierte, hatte schon um 1300 etwa 15000 Einwohner und entwickelte sich in der Folgezeit zum Vorort der Hanse.

So sehr es zutrifft, dass in den ausgebildeten deutschen Städten grundsätzlich die wirtschaftliche Funktion überwiegt und besonders typisch für den Stadtcharakter ist, mag sich die Stadt auch in ihrer Entstehung an eine Burg angelehnt haben und im gesamten Mittelalter ihren Burg- und Verteidigungscharakter gewahrt haben (Dilcher). Betrachtet man verschiedene Entstehungsgeschichten nebeneinander, selbst so stark verkürzt, wie es in diesem Rahmen nur möglich ist, so ist erneut die Multikausalität der Ursprünge und die Polyfunktionalität der Genese zu betonen. Doch gab es gewiss auch spätere Städte, bei denen der erstrangig oder sogar ausschließlich wirtschaftliche Anlass ihrer ursprünglichen Anlage unbestreitbar ist.

Bergstädte: Goslar

Goslar am Nordhang des Harzes kann seine Anfänge in die karolingische und ottonische Zeit zurückverfolgen. Seinen Aufstieg verdankt es dem Rammelsberg und seinen Silbererzvorkommen. Um diese abzubauen, wurden die ersten Bergmannen angesiedelt. Zu deren Versorgung trat eine planvoll angelegte königliche Marktsiedlung hinzu, deren Kaufleute und ihre Rechte bereits im 11. Jahrhundert vorbildhaft für andere wurden. Aus wirtschaftlichen Gründen wurde um 1000 auch die königliche Pfalz von Werla nach Goslar verlegt und es entstanden weitere Siedlungsgebiete mit eigenen Pfarreien. Und wenngleich Goslar keinen Bischof erhielt, so förderten vor allem die salischen Könige es doch durch das kaiserliche Stift St. Simon und Juda – schon 1131 wurde die nicht-bischöfliche Stadt als *Civitas* (vgl. S. 16) bezeichnet. Als der Bergbau wegen Wassereinbrüchen dramatisch zurückging, waren es die Bürger, die ihn wieder in Gang brachten und 1356 die Bergrechte erwarben – und damit wie in anderen Städten auch ihre eigene Prosperität in die Hand nahmen.

Freiberg

Wesentlich späteren Ursprungs und nicht in königlicher Hand, wuchs auch das sächsische Freiberg rasch zur Stadt heran, nachdem 1168 Silbererzvorkommen entdeckt worden waren. Der Markgraf von Meißen nahm für die Neugründung eine Schenkung an das Kloster Altenzella teilweise zurück. Ein älteres Dorf in der Gegend wurde zum Nukleus der neuen Siedlung. Der Markgraf warb sogleich Bergleute aus dem Goslarer Raum an und errichtete 1175 eine Burg; um 1181 entstand auf regelmäßigem Grundriss zusätzlich eine Kaufmannssiedlung. Schon um 1215 war nach Anlage einer Neustadt die mehrstufige Entstehung einer Stadt (mit 5 Pfarrkirchen – vgl. S. 44 – in verschiedenen rechtlich unterschiedenen Siedlungskernen, von denen vier 1218 ummauert wurden und einer zur Vorstadt herabsank, vgl. S. 40) abgeschlossen.

Lüneburg

Neben dem Silber waren Salzvorkommen von zentraler Bedeutung und konnten eine Siedlung zur Stadt werden lassen. Es gibt viele Beispiele von Salzstädten; viele tragen den Namen Hall (ahd. für Salz). Doch als Beispiel sei hier ein Ort gewählt, der bereits erwähnt wurde, weil er zu Bardowick in Konkurrenz tat: Lüneburg, nicht weit von einer Brücke über die schiffbare Ilmenau und an einem Fernstraßenknotenpunkt. Das Salzsteinvorkommen als wirtschaftliche Hauptexistenzgrundlage wurde von einer spätestens in karolingischer Zeit errichteten Burg geschützt. Das ebenfalls alte Michaeliskloster, einer der Siedlungskerne der werdenden Stadt, wurde später aus der Stadt verlegt und verdrängt. Ihren Aufschwung verdankt die Siedlung nicht zuletzt massiver Unterstützung durch ihren Stadtherrn, Heinrich dem Löwen, der nicht nur den Handelskonkurrenten Bardowick vernichtete, sondern auch die Sole in Oldesloe verschütten ließ. Auch in Lüneburg übernahmen schon im 13. Jahrhundert die Bürger die Saline und steigerten ihre Produktion. Zusammen mit diversen Handelsprivilegien brachte dies der Stadt mit ihren knapp 10000 Einwohnern eine das Herzogtum beherrschende wirtschaftliche Stellung ein.

All diese Entwicklungen von Siedlungen zu Städten aufgrund eines ganzen Bündels von Anlässen und Bedingungen hatten verschiedenste unwillentlich entstandene oder auch gezielt herbeigeführte topographische Konsequenzen, die ihren Niederschlag stets im Stadtplan fanden. Manches davon konnte erwähnt werden – immer wieder war von Siedlungskernen, Erweiterungen und Planungen oder ungeplantem Wachstum die Rede, wichtig waren auch erste Hinweise zu einzelnen Siedlungskernen mit eigenen Pfarreien und unterschiedlichem Recht. Dies alles, manch ein Aspekt der in der Forschung breit analysierten topographisch-siedlungsgenetischen Frage, wird im Blick bleiben, wenn die weitere Entwicklung der Städtelandschaft, Gründungsstädte und Stadterweiterungen, soziale wie rechtlich-politische und andere Aspekte der Ausgestaltung darzustellen sind. Doch sei zunächst der Blick auf einige konzeptionelle Überlegungen und Gedanken gerichtet, die sich Zeitgenossen selbst bei der Anlage ihrer Siedlungen und späteren Städte oder bei der Interpretation des Gewachsenen machten und wie sie die Pläne der Städte gelesen haben mögen.

3. Zeitgenössische Planungskonzepte und Stadtbeschreibungen

Vogelperspektivplan von Rom

Stadtpläne in unserem heutigen Sinne entstanden im Mittelalter nicht. Frühe vogelperspektivische Darstellungen von Städten wie der berühmte Romplan des Paulinus von Venedig zeigen vor allem bedeutungstragende und zugleich spezifische Elemente. Die Stadt ist abgebildet und erkennbar, doch soll der Plan nicht der tatsächlichen Orientierung innerhalb des Straßennetzes, nicht dem Auffinden von konkreten Wegen, nicht der exakten Lokalisierung von Landmarken oder Gebäuden dienen.

Paulinus von Venedig, Plan der Stadt Rom

Ms. Vat. lat. 1960, abgebildet in: Richard Krautheimer, Rom. Schicksal einer Stadt 312–1308, München 1987, S. 260/1

Der Plan zeigt die Stadt aus der Vogelperspektive, die Gebäude jedoch in Frontansicht. Auch bei den Mauern, die das langgezogene ovale Stadtgebiet umgeben, ist rundum die Innenseite dargestellt, als seien sie nach außen geklappt; die Tore tragen Namen (eingezeichnet ist auch die Pyramide bei der Porta S. Pauli, bezeichnet als Grab des Romulus). Der Plan selbst hat keine klare Ausrichtung, sondern muss gedreht werden, will man jede Beischrift lesen (im folgenden ist dennoch von links und rechts, oben und unten die Rede, da die Schrift am Rand des Planes eine Richtung vorgibt). Das Dargestellte ist idealtypisch sofort als Stadt zu erkennen – selbst Straßenzüge mit Häusern an den Rändern sind zu sehen – und auch die spezielle Stadt Rom ist an repräsentativen Merkmalen erkennbar. Auffallend sind auf den ersten Blick sieben Hügel (wenngleich nicht die klassischen) ebenso wie der Fluss, der die Stadt durchläuft und den auf der Karte unten gelegenen Vatikan abtrennt. In dessen Nähe fällt besonders ein als Jagdgehege genutzter großer Tierpark auf sowie in einem anderen Teil der Stadt ein großes Aquädukt. Manche Gebäude sind durch Schrift näher bezeichnet: So das *palatium Senatorum* auf dem *Capitolium*, das Kolosseum, das *palatium maius* (der Palatin) und das *palatium Neronis* auf dem Lateran mit den Resten des Kolosses und der Reiterstatue des Mark Aurel (die heute in den Kapitolinischen Museen bzw. auf dem Kapitolsplatz stehen), die man für die des ersten christlichen Kaisers Konstantin hielt. Dominiert aber wird Rom – wie auch andere Städte – vor allem von den Kirchen, darunter namentlich S. Petrus und S. Spiritus jenseits sowie S. Maria Rotonda (das Pantheon) und S. Johannes in Laterano mit der Sancta Sanctorum diesseits des Tiber, schließlich auch die vier extramuralen Patriarchalkirchen (von denen nur S. Laurentius ihren Namen trägt).

Selbst solche Repräsentativ-Stadtpläne, die über die bloße Darstellung einer Stadt als Stadt hinausgehen, die höchstens durch Beischrift oder Wappen als eine bestimmte Stadt erkennbar ist, hat es im mittelalterlichen deutschen Reich kaum gegeben. Wir kennen sie eher von Städten des Mittelmeerraumes, neben Rom z. B. Venedig oder Konstantinopel, vor allem aber Jerusalem. Zu verweisen wäre nur auf rare Beispiele wie die Rottweiler Hofgerichtsordnung oder den Albertinischen Plan von Wien. Die meisten Städte müssen auf ihren (ohne Beschriftung auch nicht immer klar zuweisbaren) Holzschnitt in der Schedel'schen Weltchronik oder auf frühneuzeitliche Pläne bis hin zu Merian zurückgreifen.

Auch wenn es jedoch im mittelalterlichen Deutschland noch keine gezeichneten Stadtpläne gab, so hatte man doch hinreichend Gründe, sich einen Überblick über Straßen und Häuser einer Stadt, ihre Bewohner und sogar ihre Besiedlungsdichte zu verschaffen. Städtische Räte oder kirchliche Institute benötigten ihn für Steuerumgänge oder Zinsverzeichnisse oder auch, um für den Fall der Fälle die Lagerhaltungsbestände und -möglichkeiten vor allem für das Grundnahrungsmittel Getreide erfassen zu können. Je weiter die obrigkeitlichen Ansprüche städtischer Räte im Spätmittelalter fortschritten, je mehr Kontrolle ausgeübt werden sollte, desto erfinderischer wurden auch die Verantwortlichen. So sind, um nur ein Beispiel zu nennen, aus mancher deutschen Stadt so genannte Häuserbücher erhalten geblieben.

Systematische Beschreibung von Frankfurt

Ein weiteres eindrucksvolles Beispiel, eine Systematik im Plan der Stadt zu erkennen und zu beschreiben, ist aus Frankfurt am Main erhalten und sei etwas näher vorgestellt. Der Kustos des Bartholomäusstifts, Baldemar von Petterweil, machte es sich in der Mitte des 14. Jahrhunderts zur Aufgabe, die Zinsen des Stifts und seiner Mitglieder auf Grundstücken der Stadt systematisch zu verzeichnen. Dafür stellte er einem der Zinsbücher einen hierarchisch geordneten Straßen- und Häuserplan voraus.

Baldemar von Petterweil, zur Stadt Frankfurt

ed. Heinrich von Nathusius-Neinstedt, Baldemars von Petterweil Beschreibung von Frankfurt am Main, in: Archiv für Frankfurts Geschichte und Kunst 3.F. 5 (1896) S. 1–54 (Es folgt ein gekürzter Text, der die Systematik verdeutlichen soll.)

Folgende Bezeichnungen für die Örtlichkeiten [Frankfurts] benutze ich: Die Civitates, das heißt die Städte in den Mauern, die alte in den alten, die neue später ummauert. Die Vorstädte: Bauten außerhalb und nahe der Mauer. Die Stadtteile: der jeweils obere im Osten, der jeweils niedere im Westen. Die Straßen dieser Stadtteile: die Hauptstraßen, dann die Verbindungsstraßen zwischen ihnen, dann die Sackgassen, durch die man nicht hindurchgehen kann. Die Straßenseiten beschreibe ich nach der Himmelsrichtung in ihrem Rücken; die Ecken der Straßenseiten nach den beiden Himmelsrichtungen, in die sie blicken [damit sind die Straßenseiten so gekennzeichnet, wie es für uns auch noch üblich ist, die Ecken jedoch genau umgekehrt zum uns Gewohnten]. [...] Das kaiserliche Frankfurt ist eine dreigeteilte Stadt: 1. in der Mitte die Altstadt [...] 2. die Neustadt [...] 3. Sachsenhausen im Süden [...] jenseits des Main. Die Teile der Altstadt werden voneinander abgetrennt durch die Gasse, die von der [...] Pfarrpforte zur Kirche auf dem Liebfrauenberg führt, die der Neustadt durch die [...] Eschersheimer Gasse von Kloster St. Katharinen zur [...] Eschersheimer Pforte, die Teile Sachsenhausens durch die Gasse von der Elisabethenkirche zum Brückentor – sie alle führen von Süden nach Norden.

Damit ist die hierarchische Systematik vorgegeben und wird im folgenden genau eingehalten, beginnend mit den Hauptstraßen der Oberstadt der Altstadt, dann deren Verbindungswegen und Sackgassen über die Hauptstraßen, Verbindungswegen und Sackgassen der Niederstadt der Altstadt, den Hauptstraßen, Verbindungswegen und Sackgassen des oberen und dann des unteren Teils der Neustadt sowie schließlich den Hauptstraßen, Verbindungswegen und Sackgassen erst des oberen und dann des unteren Teils von Sachsenhausen, um dann noch kurz auf die Vorstädte der Altstadt und von Sachsenhausen sowie die Gärten vor der Neustadt einzugehen.

a) Kirchenkreuze

Auch abgesehen von solchen Belegen für die Anfänge systematischer Stadtaufnahme auf dem Weg zum Kataster waren sich die mittelalterlichen Menschen ihrer Stadtanlagen bewusst. Zudem hat es im Mittelalter geplante Stadtanlagen gegeben, von Großkonzeptionen bis hin zu sorgfältig vermessenen Grundstücken. Wie aber planten mittelalterliche Menschen gegebenenfalls ihre Städte oder wenigstens deren Erweiterungen und setzten ihre Planungen dann in die Tat um – oder wie interpretierten sie jene Anlagen, die sie vor sich sahen?

Die schlichteste Form des Stadtaufbaus war die Lage an einem lang gezogenen Straßen(markt) oder zwei sich kreuzenden Straßen, die dann das Stadtzentrum bildeten. Eine solche Basis des Straßennetzes liegt nahe und ist alt – schon die ägyptische Hieroglyphe für Stadt (ein Kreis mit einbeschriebenem Kreuz) leitete sich vom „Dorf mit sich kreuzenden Straßen" ab. Die vom Straßenkreuz geschaffene Vierteilung der Siedlungsfläche führte zu Aufteilungen in Viertel oder Quartiere wie bei der „Roma quadrata". Ergab sich die Kreuzungssituation in der Stadt oft schlicht dadurch, dass die Existenz eines solchen Punktes die Siedlung begründet hatte, so scheinen manche Stadtgründer – wie die Zähringer mit dem so genannten Straßenkreuz der Zähringer – dies als topographisches Grundprinzip aufgenommen zu haben. Markiert wurden die Kreuzungspunkte in vielen Städten durch die Aufstellung von Marktkreuzen (ein sehr altes steht bis heute in Trier), die gleichzeitig die Markthoheit und Gerichtsgewalt symbolisierten und die topographische Situation aufnahmen, die offenbar auch christlich interpretiert werden konnte als das Kreuz des Erlösers, das schützend über der Stadt lag.

Meinwerk von Paderborn

So jedenfalls ist ein anderes Kreuz zu verstehen, dass absichtsvoll über manche andere städtische Siedlung gelegt wurde: die mittelalterliche topographische Erscheinung des „Kirchenkreuzes". Solche Kirchenkreuze lassen sich nicht nur bereits im Hochmittelalter in zahlreichen mittelalterlichen Städten nachweisen. Wir haben auch Quellen, die uns vom Gestaltungswillen berichten. So wissen wir von Planungen Bischof Meinwerks (um 975–1036, Bischof 1009) für Paderborn und über bauliche Maßnahmen in Fulda; ähnliches wird auch für Verona beschrieben. Für andere Städte kann man es feststellen, wie Reims, Goslar oder Trier. Drei besonders deutliche Beispiele seien kurz vorgestellt.

Bamberg, die Bistumsgründung Kaiser Heinrichs II. (973–1024, König 1002), wird in dessen Vita beschrieben als „von Kirchen und **Patrozinien** der Heiligen in Form des Kreuzes überall umgeben". Gemeint sein dürften damit die vier bis 1072 geweihten Stifte und Klöster St. Stephan, St. Michael, St. Gangolf und St. Jakob, die sich in der Tat durch Kreuzesbalken, die im Dombezirk zusammenlaufen, verbinden lassen.

E

Bamberg
Der Domberg war – nach vorgeschichtlichen Anfängen – wohl seit dem 8. Jahrhundert besiedelt und wurde im 10. Jahrhundert als *castrum* und *civitas* (vgl. S. 16) bezeichnet. Die kleine Marktsiedlung erlebte ihren eigentlichen Aufschwung mit der Bistumsgründung 1007 mit wachsenden Handelsbeziehungen und Jahrmärkten seit 1245. Wegen der Dominanz der Bischöfe konnte sich die Stadt jedoch auch nie von deren direkter Stadtherrschaft emanzipieren.

In seiner Bischofsstadt **Utrecht** plante und errichtete Bischof Bernold (Bischof 1026/27–54) die drei Kanonikerstifte St. Peter, St. Johannes und St. Marien sowie die in die Stadt verlegte Benediktinerabtei St. Paul. Verbindet man je zwei von ihnen durch gerade Linien, so liegt der Utrechter Martinsdom im Zentrum, und wie an den Enden der vier Arme des Kreuzes Christi gelegen umgeben ihn die vier wichtigsten römischen Heiligen.

E

Utrecht
Ehemals römisches Kastell am Rheinlimes, an einer Furt gelegen, wurde um 600 königlich-fränkisch und bald zum Zentrum der Kölner Friesenmission, 695 zum Bistum erhoben. Nach friesischen und normannischen Zerstörungen entwickelte sich der Ort unter seinen Bischöfen im 10./11. Jahrhundert zur blühenden Handelssiedlung, die, um 1122 ummauert, bis 1200 mit vier Jahrmärkten zum Zentrum des Fernhandels der Rheinmündung geworden war.

Schließlich schützte ähnlich das Kreuz aus vier heiligen **Patronen** der Kirchen die Stadt Hildesheim, wo um die Domburg unter dem heiligen Bischof Bernward (ca. 960–1022, Bischof 993) und seinen Nachfolgern bis zur Mitte des 12. Jahrhunderts in kreuzförmiger Ausrichtung die vier Stifte St. Michael, St. Moritz, St. Godehard und zum Heiligkreuz entstanden.

E

Patron, Patrozinium, Patrozinienforschung
Heilige bildeten für den mittelalterlichen Menschen eine Verbindung zwischen Erde und Himmel und konnten bei Gott Fürsprache halten. Jede Kirche barg Reliquien, berührbare irdische Überreste, die den Kontakt herstellten und den Heiligen zum Schutzpatron des Ortes und zum eigentlichen Besitzer des Gotteshauses machten, das seinen Namen trug (Patrozinium). Durch die Möglichkeit, Reliquien zu übertragen, war das Patrozinium nicht an den Grabort des Heiligen gebunden, sondern konnte grundsätzlich frei gewählt werden. Den mittelalterlichen Menschen war es nicht egal, welchem Heiligen ihre Kirchen geweiht waren. Das galt für Bischöfe und ebenso für die Bewohner der Städte. Und die mittelalterlichen Menschen suchten sich die geeigneten Heiligen aus, jene, von denen sie für sich selbst oder in einem ganz bestimmten Zusammenhang am meisten zu erwarten zu haben glaubten. Das Patrozinium einer Kirche, einer Kapelle, eines Altars ist demnach nicht zufällig zustandegekommen, sondern stets gewählt worden. Wenn wir lernen, die Botschaften der Patrozinien zu lesen, können wir oft politische Netzwerke, Programme und Verbindungen sehen, die uns unsere Quellen sonst verschweigen. So kann uns die Patrozinienforschung – jene Wissenschaft, die sich mit den heiligen Patronen der Kirchen beschäftigt, mit ihrer Verteilung, Bedeutung und Wanderung, die aufnimmt, welche Heiligen zu welchen Zeiten und in welchen Regionen (möglichst aus welchem Grunde) besonders beliebt waren – auch viele Hinweise für die Erforschung der Genese einer Stadt und darüber hinaus für ihre politisch-rechtliche und Sozialtopographie von Bedeutung liefern.

b) Rom-Imitation

Das Utrechter Beispiel verweist nicht nur auf das schützende Heiligenkreuz, sondern zugleich auf eine direkte Imitation der Patrozinienverhältnisse in der Stadt des Apostelfürsten, in Rom. Das führt uns zu einem weiteren planungskonzeptionellen Gedanken, den man bei frühen mittelalterlichen Städten erkannt hat. Auch hier seien drei Beispiele genannt. Zuerst machte der Konstanzer Stadthistoriker Helmut Maurer auf eine bemerkenswerte Koinzidenz bei den immerhin fünf rasch aufeinander folgenden Kirchenbauten der beiden Bischöfe Konrad und Gebhard von Konstanz im 10. Jahrhundert aufmerksam.

Konstanz

Die als Stadt des um 600 eingerichteten Bistums entstandene Siedlung Konstanz wurde im 10. Jahrhundert ausgebaut, und bei dieser Gelegenheit formten die Bischöfe die Kirchenlandschaft. Sie imitierten nicht nur die heiligste Stadt der Christenheit durch die dem Heiligen Grab in Jerusalem nachempfundene Rundkirche St. Mauritius am Dom. Sie griffen auch weit über den umfriedeten Immunitätsbezirk der Bischofskirche hinaus. Konrad gründete St. Johann, das auffallenderweise ebenso wie die päpstliche Bischofskirche in Rom, S. Giovanni in Laterano, den beiden Johannes, dem Jünger und Evangelisten und dem Täufer geweiht war und damit klar die römische Kirche zum Vorbild nahm. Sodann richtete er St. Paul ein, die noch im 12. Jahrhundert als *forum murum civitatis,* also fuori le mura wie die römische Paulus-Kirche, beschrieben wurde, und die Spitalskirche Crucelin (heute Kreuzlingen/Schweiz), was auf S. Croce in Gerusalemme anspielen könnte. Und er erneuerte die Capella S. Laurentii (als Parallele zu S. Lorenzo fuori le mura). Schon lange bestand innerhalb der Mauern mit der Bischofskirche die Marienkirche, die im Konzept der einzigen in der Stadt Rom befindlichen Patriarchalkirche S. Maria Maggiore entspricht.

Das Rom nördlich der Alpen, das in der Bischofskirche offensichtlich per Imitation der wichtigsten Kirchenpatrozinien entstand, wurde von Bischof Gebhard auf besonders subtile Weise komplettiert. Er errichtete eine Klosterkirche, die er dem heiligen Papst Gregor dem Großen weihte, ausdrücklich dem Vorbild St. Peters in Rom nachempfunden. Die Vatikanbasilika lag ebenfalls *extra muros* und *trans Tiberim*, und das neue Kloster wurde jenseits des Rheins errichtet, an extrem ungünstiger Stelle, die zudem vom Bischof erst eigens erworben werden musste. Kein Wunder, dass es der Volksmund sofort – und bis heute – Petershausen nannte.

In Ansätzen finden sich solche Rom-Imitationen auch in anderen Städten, wie am Beispiel Utrechts ja bereits zu sehen war. Besonders wichtig war hierfür der Peterskult. Und ein Peterskloster jenseits des Flusses ließ z.B. auch Bischof Heribert (Bischof 1022–1042) zu Beginn des 11. Jahrhunderts gegenüber seiner *Civitas* **Eichstätt** *auf dem anderen Altmühlufer anlegen.*

E

Eichstätt
Hervorgegangen wohl aus einer Klostergründung des Bonifatius, wo Willibald nach dem Scheitern seines Bistums Erfurt missionierte, konsolidierte sich Eichstätt spätestens um 900 als Bistum. Die sich gleichzeitig entwickelnde Marktsiedlung (1042 *civitas*) konnte sich zur Stadt unter bischöflicher Stadtherrschaft entwickeln.

Mainz

Von der Lage her nicht auf den ersten Blick erkennbar, jedoch durch die Begleitausstattung deutlich als Rom-Imitation gedacht war auch die Einrichtung der Peterskirche in Mainz, hervorgegangen aus dem römischen *Mogontiacum* und um 1000 bereits eine der wichtigsten und blühendsten Bischofsstädte des Reiches. Hier musste, so hat Michael Matheus festgestellt, im 10. Jahrhundert, die längst bestehende Petersstiftskirche wegen Hochwassergefahr verlegt werden. Man errichtete sie vor den Mauern neu, an erstaunlicher Stelle, insofern sie dort wieder an einen ungeschützten und ungünstigen Ort kam, in sumpfiges Umland, wo es oft Hochwasser gab und über das sich die Stiftsherren immer wieder beschweren sollten. Zweifellos lag diese Peterskirche nicht jenseits des Flusses. Dies wäre jedoch der Rhein gewesen, der hier für mittelalterliche Verhältnisse unüberbrückbar breit war. So hat man wohl einen Kompromiss geschlossen: Der Zugang zur neuen Peterskirche verlief über den Petersweg durchs Peterstor und dann über die Brücke des stets gut gefüllten Stadtgrabens.

Dass die Interpretation nicht zu weit hergeholt ist, sondern die Peterskirche tatsächlich nicht nur in ihrer Position innerhalb des Stadtplanes, sondern auch in sich selbst St. Peter in Rom evozieren sollte, zeigt ihre Ausstattung, vor allem der Kranz von Kapellen und Altären in der Kirche und in ihrer unmittelbaren Umgebung. Nicht nur findet sich hier wieder ein St. Lorenz. Vor allem befinden sich an bzw. in der Peterskirche eine Andreaskapelle und ein

Petronilla-Altar: Der Heilige Petrus ist hier also in fast identischer Weise wie in Rom selbst mit seinem Bruder und seiner legendären Tochter vereinigt. Vielleicht ging es hierbei übrigens sogar nicht allein um die Heiligung der eigenen Bischofsstadt, die man dem Haupt der Christenheit imitierend annäherte. Sondern möglicherweise setzte man zugleich ein höchst politisches Zeichen. Hatte doch etwa um dieselbe Zeit Erzbischof Egbert von Trier – der Konkurrentin um die Würde des ältesten und damit höchstrangigen Erzbischofsitzes im Reich – eine Andreaskapelle an den Trierer Petersdom anbauen lassen, und man mag in Mainz den Wettstreit aufgenommen haben. Schließlich imitierte man in Mainz sogar die stadtrömische Liturgie. Dort pflegte der Klerus an bestimmten Tagen so genannte Stationsgottesdienste abzuhalten, das heißt, man zog in Prozession zu einer bestimmten Kirche, um dort zu zelebrieren – und auch in Mainz aber besaß man und besuchte man an den fraglichen Tagen die gleichen Kirchen.

Gerade die Beispiele von Rom-Imitation zeigen, wie viel an Erkenntnisgewinn für die mittelalterliche Stadtgeschichtsforschung gewonnen werden kann, wenn sie die Patrozinienforschung ernst nimmt. Dementsprechend hat man schon seit längerem versucht, die Patrozinienforschung für die genetische Stadtgeschichtsforschung fruchtbar zu machen – um Erkenntnisse zu gewinnen über das Wachstum der Städte ebenso wie nun auch ihre rechtliche Gestalt und ihre Sozialtopographie, das heißt über die soziale Zuordnung der Leute, die sie besiedelt und erweitert haben.

Die Beispiele haben gezeigt – und es wird auf weitere Beispiele zurückzukommen sein –, dass Siedlungen und Städte an geeigneter Stelle gegründet und gefördert wurden und dass sich die mittelalterlichen Menschen durchaus Gedanken machten, wie ihre Stadt strukturiert sei oder ausgebaut werden solle. Ebenso, wie Siedlungen und Siedlungskonglomerate an bestimmten Punkten zunächst planlos (zusammen)gewachsen sein können, folgten andere Anlagen bestimmten Organisationsprinzipien. Straßenzüge zielten auf Flussübergänge und Pässe und mögen innerstädtisch absichtsvoll eher krumm als gerade angelegt worden sein („krumme Gitternetze"). Archäologen haben oft die Anlage von ausgemessenen Hausparzellen, die sich in manchem frühen Gründungsdokument (wie in Freiburg im Breisgau) findet, überprüfen können (nicht zuletzt für Lübeck, vgl. S. 30). Bei Vermessungen in den Gründungsstädten der Zähringer sind verblüffende Ähnlichkeiten der Maße festgestellt worden, die noch auf ihre schlüssige Interpretation warten.

Mythos „gewachsene Stadt"?

Die extremen Positionen, die sich in der Forschung finden, dürften dagegen jeweils zu weit gehen: Weder gibt es Städte, in denen zu keinem Zeitpunkt der wilden Ansiedlung und Erweiterung gesteuert wurde und die nur in moderner Interpretation anders als gewachsen sind. Noch wurden Städte in der Gründungsphase des 11.–13. Jahrhunderts (wie die Zähringergründungen mit Freiburg im Breisgau an der Spitze; vgl. S. 83) auf der gänzlich grünen Wiese nach allgemein verbreiteten geometrischen Prinzipien geplant, eingemessen, abgesteckt und anschließend in einem Guss errichtet (so jüngst die „Entdeckung der mittelalterlichen Stadtplanung", die sich rühmt, mit dem „Mythos der ‚Gewachsenen Stadt'" aufzuräumen). So überzeugend die Befunde anmuten, ist das schon deshalb nicht möglich, weil die

Orte, an denen im 12. Jahrhundert Gründungsstädte entstanden, oft an Verkehrsknotenpunkten lagen, wo Altbesiedlung vorauszusetzen ist, nicht dagegen eine politische Macht, die diese zunächst einzuebnen imstande war.

Festzuhalten bleibt, dass die mittelalterlichen Menschen ihre Städte als geplantes Ganzes sowohl erfassen als auch konzipieren konnten, wenngleich sich viele Entwicklungskomponenten auch aus den umgebenden und sich wandelnden historischen Bedingungen ergaben, im Sinne einer gewachsenen Stadt. Dabei sind sehr „mittelalterliche" Konzeptionen zu verzeichnen, wie die Nachahmung wenigstens von Teilen der Heiligentopographie einer heiligen oder als geheiligt betrachteten Stadt, deren Imitation ähnlichen Schutz und ähnliche Prosperität auch auf die eigene Stadt ziehen konnte.

Ebenso aber gab es auch Planungen topographischer Art, die unserem eigenen Verständnis von geplanten Anlagen entsprechen. Vermessen hat man nämlich, das legen nicht erst die zuletzt zitierten Befunde nahe. So wurde zumindest manch eine Stadterweiterung planmäßig und wohl auch rudimentär vermessungstechnisch angelegt.

4. Stadterweiterung – Topographie, Funktion, soziale und rechtliche Aspekte

Das gilt anscheinend vor allem für die Anlage von Stadterweiterungen. Schon verschiedentlich war die Rede von mehreren unterschiedlichen Siedlungskernen, die nebeneinander entstanden und zu irgendeinem Zeitpunkt topographisch zu einer Stadt zusammenwuchsen.

Anhand der folgenden stadtgenetischen Überlegungen zu diesen werdenden Binnenstrukturen müssen stärker als bisher geschehen über das rein Topographische und die wirtschaftlichen oder militärischen Bedingungen hinaus soziale und rechtliche Gegebenheiten der Siedlungen ins Visier genommen und all diese Faktoren miteinander verknüpft werden. Diese Gegebenheiten machen die Betrachtung komplexer, aber sie füllen auch die Stadt mit Menschen – sie wenden den Blick mehr als bisher auf die Leute, die sich ansiedelten, und auf die Stadtherren, die dies ermöglichten, erlaubten oder wenigstens nicht behinderten. Beide, Herren einerseits und Siedler oder dann Einwohner andererseits, waren an der topographischen, aber auch rechtlichen und sozialen Ausgestaltung der Siedlungen beteiligt. Dies wird (dazu vgl. S. 97) schließlich zur Entwicklung von Bürgergemeinden und Stadtrechten führen, zu dem, was die Stadt eigentlich und endgültig zur mehr oder weniger autonom von ihren Bürgern beherrschten deutschen Stadt des Spätmittelalters macht.

Viele später städtischen Siedlungen waren zunächst nicht einfach um einen Hof, eine Burg, einen Markt oder eine Kirche herum gewachsen, indem Söhne oder Neuankömmlinge einfach weitere Häuser bauten. Sondern wir können noch an „fertigen" Städten ablesen, dass offenbar aus bestimmten Gründen neue Siedlungen unmittelbar neben den weiterexistierenden älteren entstanden und dauerhaft von ihnen unterscheidbar blieben, dass also oft verschiedene Siedlungskerne zusammenkamen. Ihre Sonderheit bestand häufig in verschiedenen Rechtsständen des Siedlungsteils und seiner Bewohner, die ebenfalls irgendwann im Laufe der Stadtgeschichte rechtlich zusammenwuchsen. Das scheint immer dann der Fall gewesen zu sein, wenn Neuankömmlinge gruppenweise kamen und anders waren als die Gruppe der Altsiedler.

Wir gehen davon aus, dass die Unterschiede vor allem rechtlich-sozialer Art waren. Fälle von ethnisch-sprachlichen Unterschieden gab es durchaus, doch sind sie regional begrenzt. Religiös bedingte Absonderung ist im christlichen Mittelalter wenigstens im Reichsgebiet (anders weiter im Osten) nur für Juden denkbar. Juden aber ließen sich offenbar erst in Siedlungen nieder, die bereits städtischen Charakter zu entwickeln begannen. Beides, ethnische wie religiöse Andersartigkeit, äußerte sich ebenfalls in rechtlich-sozialer „Diskriminierung". Dass sich Siedlungskerne meist um eigene Pfarrkirchen (vgl. S. 44) gruppierten – wodurch sich ihre Sonderheit manifestierte – hat nichts mit religiös-kultischen Unterschieden, sondern mit innerchristlicher Identitätsfindung zu tun.

a) Altstadt – Neustadt – Vorstadt

Welche rechtlichen Eigenschaften nun diese unterschiedlichen Gruppen unterscheiden konnten, soll weiter unten näher ausgeführt werden. Zunächst jedoch sei ein Blick darauf gerichtet, wie sich uns diese unterschiedlichen Siedlungskerne darstellen und wie wir der Genese des aus ihnen bestehenden Gesamtkomplexes näher kommen können. Wieder stehen wir hierbei vor dem Quellenproblem, dass wir nur die „fertigen" Städte sehen und untersuchen können, wenn wir nicht ein (seltenes) Schriftzeugnis haben, das uns nähere Hinweise zum Zeitpunkt einer Siedlungsanlage gibt. Erschwerend kommt hinzu, dass selbst die in den ausgewachsenen Städten erhaltenen Namen „Altstadt", „Neustadt" oder auch „Vorstadt" allein kein hinreichender Beleg für die Reihenfolge der Entstehung sind.

Die Definition fällt nicht leicht. Wieder einmal ist wegen der großen Vielfalt von Entwicklungen und der Unterschiedlichkeiten regionaler Strukturen, die miteinander verglichen werden, die Quellensprache uneinheitlich, was nicht verwundert angesichts der Tatsache, dass eine allgemeine Typologie dieser Art nicht im Interesse oder auch nur im Verständnishorizont der Zeitgenossen lag. Auch eine auf konkrete Fälle anwendbare Forschungsterminologie lässt sich wegen der vielen unterschiedlichen Städte kaum wirklich nutzbringend griffig formulieren. Als Drittes tritt unsere Alltagssprache verwirrend hinzu, die zwar weitgehend einheitlich scheint, aber die fraglichen Begriffe in von der historischen deutlich abweichenden Bedeutung noch auf die gegenwärtige Stadt anwendet.

Altstadt

Wir ziehen heute in unserem Sprachgebrauch all das, wovon die Entwicklung zur modernen Stadt einst ausging, den gesamten alten Kern, zur Altstadt zusammen, obgleich wir damit in vielen Fällen offensichtlich genetisch ganz unterschiedliche Siedlungskerne vermengen. Die Stadtgeschichte hingegen versteht unter der Altstadt nur den genetisch ältesten Kern einer Stadt, der topographisch abgrenzbar ist, funktional charakteristisch gewesen sein kann und rechtlich oft gesondert war. Auch die mittelalterlichen Quellen beschränken die Bezeichnung Altstadt auf einen Teil der Stadt. Nicht in allen Fällen ist allerdings automatisch davon auszugehen, dass es sich dabei wirklich um den genetisch ältesten Siedlungsteil handelt. Nicht selten sind die ältesten Teile zu minderberechtigten Bereichen herabgesunken oder gar ganz verfallen.

Neustadt

Bei der Neustadt – demjenigen der drei Begriffe, der bei der Anwendung auf moderne Städte am ehesten einen auch historisch so bezeichneten Stadtteil benennt – können Quellen- und Forschungsbegriff noch deutlicher differieren. Für die Stadtgeschichtsforschung kann eine Neustadt eine neu zur Stadt erhobene Siedlung sein. Üblicherweise ist jedoch eine ganz neu angelegte Siedlung gemeint, vor allem eine solche, die in unmittelbarer Nachbarschaft einer bereits bestehenden angelegt wurde. Auch unsere Quellen können im letzteren Fall von Neustadt sprechen – wobei grundsätzlich die gleiche die tatsächliche Altersstruktur betreffende Einschränkung besteht wie bei der Altstadt. Diese genetische Bezeichnung ist natürlich nicht zwingend: Oft genug tragen die verschiedenen Siedlungsteile eigene Namen, aber wenn es eine Neustadt gibt, dann meist auch eine Altstadt, und sehr oft auch umgekehrt (als Beispiel siehe unten S. 42 Braunschweig mit Altstadt und Altewiek und dazu Neustadt). Alt- und eine oder mehrere Neustädte besaßen nicht selten unterschiedliche Rechtsstellungen sowohl gegenüber dem Stadtherrn als auch im Inneren, was zu desto heftigeren Konsequenzen für die ganze Stadtentwicklung führen konnte, je länger dieser Zustand anhielt.

Vorstadt

Der Forschungsbegriff der Vorstadt bezeichnet üblicherweise eine unselbständige Erweiterung der Stadt über die Mauern hinaus ins Umland hinein, meist entlang der Überlandstraßen. Sie konnten, mussten aber keineswegs ummauert sein, waren in der Regel lockerer besiedelt und vom Sozialstand ihrer Bewohner her schwächer als die Stadt. (In mancherlei Hinsicht trifft sich hier einmal der moderne Begriff mit dem Forschungsbegriff.) Ihrer Rechtsstellung nach konnten mittelalterliche Vorstädte entweder der Stadt völlig gleichgestellt oder aber gegenüber der Stadt, in deren Peripherie sie entstanden, minderberechtigt sein. Man spricht allerdings auch dann oft von Vorstädten, wenn alte Siedlungsteile bei der ersten Stadtummauerung außerhalb des Mauerrings gelassen wurden; dann konnten eine Neustadt oder sogar die eigentliche Altstadt zur Vorstadt herabsinken (vgl. S. 31 das Beispiel Freibergs). In den Quellen wiederum gibt es den Begriff der Vorstadt (in den Quellen *„suburbium"* oder „Gärten"), doch nennen sie oft genug Neustadt, was die Forschungsterminologie unterscheidend als Vorstadt bezeichnet hätte.

Diese Diskrepanzen lassen sich am Beispiel der Quellensprache Baldemars von Petterweil (vgl. S. 33) erläutern: Er kennt die Frankfurter Altstadt, in diesem Falle tatsächlich der älteste Siedlungskern. Er nennt wie alle Frankfurter Quellen stets Neustadt, was im Sinne der Forschung niemals etwas anderes als eine Vorstadt war, die mit der Zeit ummauert wurde – also niemals eine eigene, allerdings auch nicht erkennbar je eine mindere Rechtsstellung gegenüber der Altstadt gehabt hätte. Und er nennt mit dem alten Dorfnamen

Sachsenhausen den Stadtteil jenseits des Flusses, der im Sinne der Forschung wohl am ehesten als Neustadt zu betrachten ist: Eine wohl jüngere dörfliche Siedlung, die zwar den gleichen Stadtherrn wie Frankfurt hatte, aber unabhängig von der Stadt gewachsen ist und erst später rechtlich einbezogen wurde.

„Schalenform" – Braunschweig

All diese genetischen Vorgänge, all diese Siedlungs- und später Stadterweiterungen waren verantwortlich für die häufige Schalenform (man hat auch gesagt: Zwiebelform) der größeren mittelalterlichen Städte. Besonders eindrucksvoll ist hier das Beispiel der großen und mächtigen, polyzentrisch entstandenen „Gruppenstadt" Braunschweig (Abb. 1). Um 1000 entstand an der ab hier schiffbaren Oker zu Füßen der Burg Dankwarderode an der Kreuzung der Straße von Hildesheim nach Magdeburg und von Goslar nach Lüneburg eine erste Siedlung, der bald weitere folgten. Die Stadt wuchs zusammen aus fünf rechtlich voneinander unabhängigen Siedlungen, Altewiek und Altstadt, Hagen (mit flämischen Siedlern, die rechtliche Vorzüge für die Urbarmachung des Sumpflandes erhielten), Neustadt und Sack. Alle wurden wohl bereits zu Beginn des 13. Jahrhunderts von einer Mauer umfasst, obgleich sie rechtlich und politisch erst nach 1300 alle vereinigt wurden. Die Altstadt dominierte während des gesamten Mittelalters die Stadt und auch Identitäts- und soziale Unterschiede blieben erhalten. Sie konnten in Krisenzeiten wirksam werden, zum Beispiel während der in dieser Stadt besonders heftigen (und häufigen) Bürgerkämpfe zwischen Patriziat und Handwerkern (vgl. S. 108). Die exakte Rekonstruktion der Genese der verschiedenen Siedlungsteile ist schwierig, doch erhielt man hier wie andernorts von der Stadtarchäologie genauere Hinweise über das unklar überlieferte tatsächliche Alter der Kirchen der Siedlungskerne und damit der Siedlungskerne selbst.

Hildesheim

Ein besonders deutliches Beispiel für die Konflikte, die in einer Stadt mit andauernden unterschiedlichen Rechtsstellungen ihrer Stadtteile ausbrechen können, lässt sich an der bereits kurz vorgestellten Bischofsstadt Hildesheim (vgl. S. 27) zeigen. In der ummauerten Altstadt, bestehend aus Domsiedlung und bischöflicher Marktsiedlung, entwickelte sich offenbar eine Gemeinde, die 1217 ein Rathaus errichtete, dann die Siedlung um einen größeren Marktplatz mit neuem Rathaus (1268/ 1290) erweiterte. Außerhalb der Mauern jedoch hatte der Bischof um 1200 in der sogenannten Dammstadt flämische Siedler angesiedelt, die eigene Befestigung und Gemeindeorgane ausbildeten. Nur ganz kurze Zeit später entstand zudem die bischöfliche Neustadt mit eigener Pfarrkirche (vgl. S. 44), selbständigem Markt, Rathaus und Recht. Das Nebeneinander der verschiedenen Stadtteile und Bürgergemeinden führte zu Auseinandersetzungen, deren Höhepunkt 1322 erreicht war, als die Altstädter Bürger die vom Bischof begünstigte Dammstadt vollständig zerstörten, so dass sie auf Dauer verfiel. Alt- und Neustadt blieben zunächst selbständig und wurden erst 1583 rechtlich zu einem städtischen Gemeinwesen vereinigt.

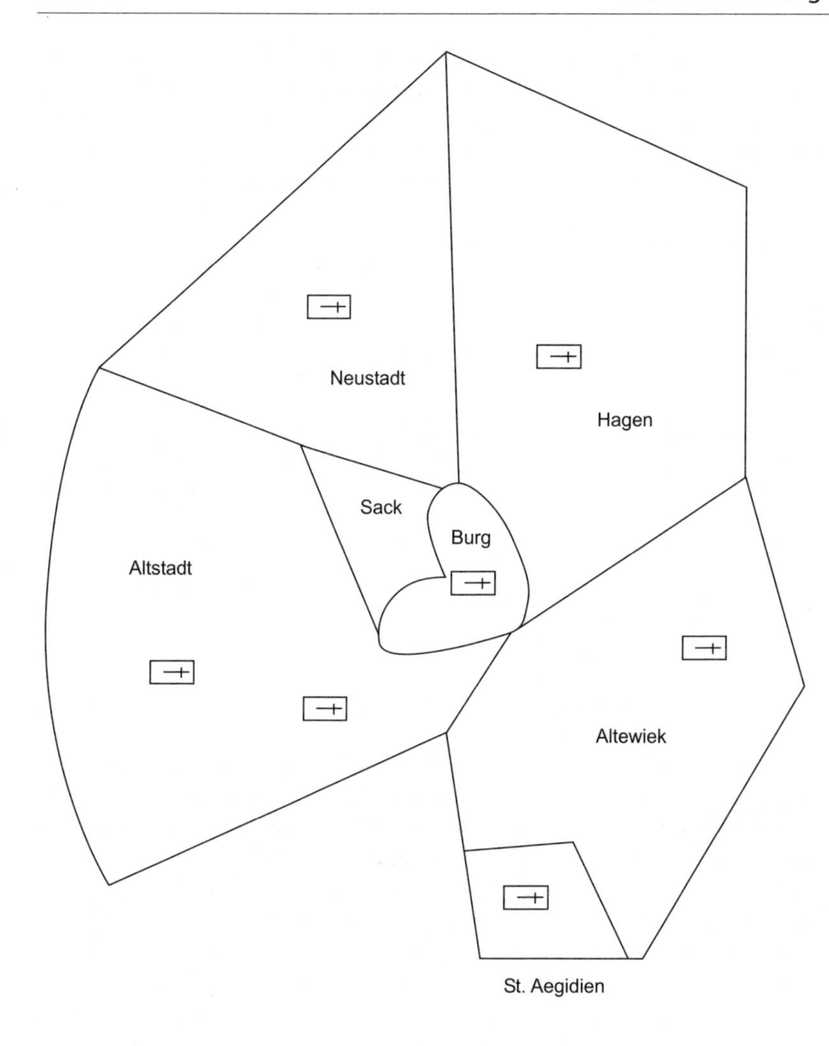

Abb. 1
Schematischer Plan der Stadt Braunschweig im Mittelalter mit Betonung der Teil-Städte und der Kirchen

b) Siedlungsgenetische Erkenntnisse der Patrozinienforschung

Gegen das hier allenthalben zugrunde gelegte Bild von einer aus verschiedenen Bestandteilen unterschiedlichen Ursprungs zusammengefügten oder gar zusammengewachsenen Stadt stand (vgl. schon oben) lange die Überzeugung, dass der entscheidende Akt, der eine Siedlung zur Stadt machte, die herrschaftliche Gründung und planmäßige Anlage oder Überformung des Vorhandenen sei (vor allem Hans Planitz). Dagegen haben sich schon früh die Arbeiten des sächsischen Stadthistorikers Karlheinz Blaschke gewandt. Planitz habe, so Blaschke, Stadterweiterungen ohne ausreichende funktionale, verfassungsrechtliche und wirtschaftliche Begründungen eher formal-statistisch gesehen. Blaschke hingegen betrachtete die gerade in Mitteldeutschland verbreiteten Städte, die offensichtlich aus mehreren vor allem rechtlich und funktional unterschiedlichen Siedlungskernen zusammenwuchsen, bei denen eine Reißbrettplanung höchstens partiell denkbar wäre. Und er konnte in wichtigen Aufsätzen seit 1967 die Erforschung der Kirchenpatrozinien städtischer **Pfarrkirchen** für die Stadtplanforschung und die Nachzeichnung der Genese, des Wachstums von Städten fruchtbar machen.

E

Pfarrkirche, Kapelle, Filialkirche, Pfarreiorganisation
Die Pfarrkirche war im Mittelalter das Zentrum jeder der kirchlichen Gemeinden, die flächendeckend alles Land und alle Christen erfassten. Im Frühmittelalter entwickelte sich im Zuge der Christianisierung und des Landesausbaus ein immer dichteres und geschlosseneres Netz. Im Altsiedelland war die Pfarreiorganisation in der Karolingerzeit weitgehend abgeschlossen (Abgrenzung der Zehntsprengel). Hier wurde wachsenden Bedürfnissen nach besserer seelsorgerischer und sakramentaler Versorgung durch die Errichtung von Filialkirchen und Kapellen Rechnung getragen, deren *rectores* vom Ortspfarrer abhängig waren. In den Missions- und Ausbaugebieten wurde sie im Laufe der folgenden Jahrhunderte auf- und ausgebaut. Allein den Pfarrern kam das Recht zu, den Kirchenzehnten einzuziehen; zudem hatten sie Tauf- und dann auch Begräbnisrecht und das Recht, den Hauptgottesdienst für die Gemeinde abzuhalten. Viele Pfarreien entwickelten sich aus herrschaftlichen Eigenkirchen, über die der Herr das Patronat (das Recht der Einsetzung des Pfarrers) hatte, woraus sich das Pfarrerwahlrecht der Gemeinden entwickeln konnte (vgl. S. 122).

Weiter im Westen entstanden mittelalterliche Städte üblicherweise in Räumen, die bereits einer fertigen **Pfarreiorganisation** unterworfen waren. Entweder kristallisierten sie sich um den alten Pfarrort oder sie entstanden daneben, hatten dann jedoch meist lange Zeit keine eigene Pfarrkirche, sondern nur **Kapellen** oder **Filialkirchen**, die von der eigentlichen Pfarrei abhängig waren. Wir haben dazu oben (S. 22 und 26) die Beispiele der Städte Ulm und Nürnberg gesehen. In den alten Bischofsstädten dagegen gab es stets mehrere, ja eine Vielzahl von Pfarreien, weil die verschiedenen Siedlungskerne entstanden waren, bevor das Pfarreinetz voll ausgebildet war. Zudem scheinen bischöfliche Stadtherren auch in jüngeren Stadtbildungen eher bereit oder interessiert gewesen zu sein, zusätzliche Pfarreien zu gründen (eine seltene Ausnahme wäre Würzburg mit nur einer einzigen). Ganz anders sah es bei den meisten königlichen Städten aus, die oft extrem wenige Pfarreien hatten, wie wieder Ulm und Nürnberg oder auch Frankfurt am Main.

Pfarreien als Abbild der Siedlungstätigkeit

Weiter im Osten jedoch, im mitteldeutschen Ausbaugebiet, waren die Pfarreien ein Abbild der Siedlungstätigkeit. Eine neue Gruppe, die hinzukam und sich rechtlich von den alten Siedlern unterschied, gründete einen eigenen Siedlungskern, der fast regelmäßig auch eine eigene Pfarrkirche erhielt. Viele Pfarrkirchen sind hier nicht etwa ein Zeichen für hohe Bevölkerungszahl, sondern für Alter und vielschichtige Entstehung. Selbständige Dörfer hatten im Allgemeinen ihre eigene Pfarrkirche. Wenn also eine Stadterweiterung eine zusätzliche Pfarrkirche einbrachte, war sie wohl keine eigentliche Vorstadt, sondern eine selbständig entstandene Siedlung mit wahrscheinlich anderer Rechtsstellung. Das Alter der Kirchen wiederum kann darauf hinweisen, welcher Siedlungskern zuerst und welche anderen erst nachträglich an einer Stelle entstanden. Hier im Osten kann also die mittelalterliche Pfarreiorganisation ein wichtiges Indiz für die Stadtgenese, für Stadterweiterungen, Neustadt- oder Vorstadtbildung sein. Denn zusätzliche Pfarrkirchen sind fast immer – je weiter man nach Osten ins Neusiedelland kommt, desto sicherer – ein Hinweis auf ehemals selbständige Rechtsgemeinschaften.

Patrozinienreihen

Um nun das Alter der Kirchen einschätzen zu können, hat es sich als methodisch hilfreich erwiesen, die Patrozinienforschung (vgl. S. 43) fruchtbar zu machen. Bei der breiten Untersuchung sehr vieler Städte der Region haben sich bestimmte Eckdaten als einigermaßen sicher festschreiben lassen, aufgrund derer für Städte ohne Quellenüberlieferung Ausgangsvermutungen zur Altersstruktur gewagt werden können. So ist eine der zahlreichen **Nikolaikirchen** in diesen Gegenden fast immer mit einer Marktsiedlung in Verbindung zu bringen, der Apostel Jakobus dagegen findet sich besonders häufig in Neustädten. Zusammen mit der Gottesmutter Maria und dem heiligen Petrus bilden diese beiden eine wiederholt vorkommende chronologische Patrozinienreihe (Petri – Nikolai – Maria – Jakobi). Schlichte Gleichungen ergeben sich jedoch nicht, denn gerade Maria und Jakob können auch zu den allerältesten Patrozinien gehören. Dennoch lassen sich mit der Methode wichtige Hinweise finden, die hinreichend zeigen, wie fruchtbar unter bestimmten Bedingungen der Patrozinienvergleich werden kann. An dieser Stelle können nur Ergebnisse präsentiert werden, nicht der Weg im Einzelnen nachvollzogen werden. Dennoch mögen drei konkrete Beispiele zeigen, was für die Stadtgenese erschlossen werden konnte. Sie mögen zugleich einige Züge dessen näher erläutern, was über die Schicksale von Altstädten, Neustädten und Vorstädten gesagt wurde.

E

Nikolaikirchen, Nikolaus

Der Kult des legendären heiligen Bischofs von Myra (Todestag 6. Dezember) an der Südküste Kleinasiens geht auf das 6. Jahrhundert zurück; starke Verehrung in der Ostkirche. Nach muslimischen Zerstörungen der Grabeskirche, Raub und Überführung 1087 wird Bari zum westlichen Zentrum des Kultes, der sich im 12. Jahrhundert sehr rasch über den gesamten Bereich der lateinischen Kirche ausbreitet und Nikolaus zu einem der populärsten Heiligen überhaupt macht. Legende und Überführung machten ihn besonders zum Patron der Kinder, der Gefangenen, der Kaufleute, Reisenden und Pilger, aber auch der Mönche und Geistlichen und der Schüler. Für den Bereich des Gebietes der hochmittelalterlichen deutschen Ostbewegung hat Blaschke weit über 100 für die „verfassungstopographische Entwicklung“ der Städte wichtige Nikolaipatrozinien meist aus dem 12. Jahrhundert gezählt. Auch weiter im Westen hatte eine Kirche des Nikolaus als typischem Heiligen der Kaufleute sehr oft einen solchen Ursprung – allein es ist nicht sicher, neigten doch offenbar auch etwa staufische Burgbesatzungen diesem im 12. Jahrhundert aus Süditalien eingewanderten Heiligen zu.

Ein vielgestaltiger Fall mit zugleich klarer Patrozinienabfolge ist Rostock, an der Ostsee gelegen, am Übergang der von Lübeck nach Stralsund führenden West-Ost-Magistrale über die Warnow. Auf dem östlichen Flussufer gab es eine alte slawische Hafensiedlung mit Burg, die in der zweiten Hälfte des 12. Jahrhunderts von dänischen Kaufleuten gewaltsam übernommen wurde: Hier stand eine erste, vielleicht dem heiligen Clemens geweihte Kirche. Ein Clemensdamm jedenfalls schuf die Anbindung an das westliche Flussufer, wo sich ab ca. 1200 neue Siedler in der zukünftigen Altstadt – während die erste Siedlung verfiel – niederließen, und zwar, um die Peterskirche in größter Nähe zur ehemals slawischen Siedlung sowie besonders Kaufleute südlich davon an der Mündung der Handelsstraße aus dem Binnenland um St. Nikolai. Beide Siedlungskerne wurden 1218 zur Stadt zusammengezogen, die schon 1232 um die spätere Mittelstadt Marien und um 1250 um die Jakobi-Neustadt erweitert wurde.

Am Übergang der Hohen Straße vom Rhein-Main-Gebiet ins südliche Polen über die Elster stand spätestens um 900 eine slawische Siedlung mit der Pfarrkirche St. Peter (die anders als die Siedlung später mit in den Mauerring einbezogen wurde). Nördlich davon wurde im 10. Jahrhundert die deutsche Siedlung Libzi/Leipzig errichtet. Die Pfarrkirche des Straßenmarktes am Straßenkreuz war die spätere Katharinenkirche. Anfang des 11. Jahrhunderts schenkte König Heinrich II. eine in königlichem Besitz befindliche Kirche (wohl das spätere St. Thomas) dem Bischof von Merseburg, und wohl noch im 11. Jahrhundert entstand – diesmal nicht als allerjüngste – die Jakobipfarrei im Westen, vermutlich ebenfalls im Zusammenhang mit der Fernstraße begründet. Schließlich wurde um 1100 noch eine Kaufmannssiedlung um eine Nikolaikirche gegründet. All diese Siedlungen entstanden, bevor die Meißener Markgrafen Leipzig Mitte des 12. Jahrhunderts zur Stadt machten – so dass sie alle zur späteren Altstadt mit fünf Pfarrkirchen innerhalb der Mauer werden konnten.

Ein wenig anders verlief die Entwicklung in Chemnitz. Es entstand am Fuß des Erzgebirges neben einer Marktsiedlung in der Nähe des gleichnamigen Benediktinerklosters. 1143 wurde ihm ein Markt (*forum publicum*) verliehen, eine Stadtmauer stand sicher im Jahre 1264. Nachdem der Ort im 12. Jahrhundert königlich gewesen war, kam er Mitte des 13. Jahrhunderts und endgültig 1309 an die Markgrafen von Meißen, um im 15. Jahrhundert eine der wichtigsten landständigen Städte Kursachsens zu sein. 1264 sind eine Johanniskirche außerhalb der Mauern sowie die Jakobus-Marktkirche nachgewiesen. Eine dritte Pfarrei St. Nikolai lag ebenfalls, aber sehr dicht, vor der Mauer. In die beiden außerhalb liegenden Pfarreien waren auch umliegende Dörfer eingepfarrt, während die Jakobipfarrei nur die ummauerte Stadt umfasste. Sie dürfte auch die jüngste Pfarrei sein, da es unwahrscheinlich ist, dass eine neue Pfarrkirche direkt vor die Mauer gebaut wurde. Folgendermaßen lässt sich die Stadtgenese interpretieren. Dem Markt von 1143 ist Nikolai zuzuordnen. Der König (Friedrich I. Barbarossa) gründete nach 1170 wohl an der Überlandstraße um die Johanniskirche herum eine Siedlung, die nach 1200 um die Neustadt mit der Jakobikirche erweitert wurde. Aus dieser letzteren entwickelte sich die eigentliche Stadt, die ummauert wurde und die Johannis-Altstadt zur Vorstadt abdrängte.

c) Recht in den Siedlungskernen – Marktrecht und Kaufmannsrecht

Welche rechtlichen Eigenschaften aber führten nun zu den voneinander unterscheidbaren Siedlungskernen, wie auch immer sie genetisch zusammenwuchsen? Ursprüngliche Siedler waren mit einiger Gewissheit stets die (unfreien) Grundholden eines Herrn bei einem Kloster oder einem anderen größeren oder kleineren Herrenhof. Im Falle von Burgen und Pfalzen haben wir mit Burgmannen zu rechnen, Ministerialen (vgl. S. 68), die ebenfalls Unfreie ihres Herrn waren, sich jedoch wenngleich nicht rechtlich, so doch sozial von den einfachen Bauern unterschieden, mit denen sie die Zugehörigkeit zum gleichen **Hofrechtsverband (*familia*)** gemeinsam hatten. Auch solche Unterschiede können sich anscheinend – müssen aber nicht – dauerhaft im Siedlungsbild niedergeschlagen haben.

Hofrechtsverband (*familia*)
Der Begriff der *familia* entstammt der römischen Antike und meint im Mittelalter nicht einen blutsverwandtschaftlich, sondern genossenschaftlich-rechtlich konstituierten Verband. Alle Angehörigen eines Grundherrn, die einem Hof zugeordnet waren, lebten in einem Schutzverband und unter dem speziellen und gemeinsamen (gewohnheitsrechtlichen) Hofrecht. Ein solches liegt uns erstmals verschriftlicht in der berühmten *Lex familie Wormatiensis ecclesie* vor, die Bischof Burchard von Worms (um 965–1025, Bischof 1000, vgl. S. 67) 1023/25 niederschrieb. Aus dieser Quelle ergibt sich zugleich, dass die *familia* in sich sozial wie rechtlich stark gegliedert war: von den Ministerialen (vgl. S. 68) über die nur zu Zinsleistungen verpflichteten Zensualen (vgl. S. 65) über zu mehr oder weniger ungemessenen Diensten verpflichtete hörige Bauern (*dangewarden*) bis hin zu schlichten Knechten und Mägden (*mancipia*) der Bauern gab es die unterschiedlichsten Maße an Abhängigkeit. Dem Zusammenhalt des Verbandes dienten vor allem Heirats- und Vererbungsbeschränkungen (vgl. S. 75, Buteil, Heiratszwang, Todfallabgabe).

Es gibt Städte – entgegen anderslautender Forschungsmeinung auch große –, die, soweit wir das feststellen können, aus einem einzigen, nämlich dem königlichen örtlichen Hofrechtsverband gewachsen sind. Frankfurt am Main ist ein Paradebeispiel dafür. Die sozialen Unterschiede zwischen Ministerialen und sozial niedriger gestellten Grundholden schlug sich hier in unterschiedlichen Wohnschwerpunkten (ohne dass es je eine tatsächliche Abgrenzung gegeben haben dürfte) und in fortdauernden sozialen (nicht unbedingt rechtlichen) Diskrepanzen in der Bürgerschaft nieder (Stadtadel, „Patriziat", vgl. S. 102).

Andere Städte aber setzten sich aus den Ansiedlungen von Abkömmlingen mehrerer *familiae* oder von ein oder mehreren anderen zusätzlichen Gruppen zusammen. Zu nennen sind hier zum einen die alten Bischofsstädte, in denen neben dem schon allein zahlenmäßig dominierenden Verband der Unfreien des Bischofs die *familiae* verschiedener innerstädtischer oder meist stadtnaher Stifte und Klöster lebten. Auch in jüngeren Städten hatten hier und da mehrere kirchliche Herren zugleich Abhängige. Zum anderen aber sind gerade bei jüngeren Städten Gruppen mit rechtlich-sozialer Sonderstellung auf andere Weise hinzugekommen.

Siedlungsausbau

Grundsätzlich ist davon auszugehen, dass ein Herr, der eine Siedlung ausbauen wollte, dafür Leute anwerben musste. Dafür muss er ihnen besondere Konditionen bieten, zumal vermutlich mehrere adelige Herren zueinander in Konkurrenz traten. Die Gründe für den Siedlungsausbau konnten vielfältig sein, und normalerweise wurden dafür Leute mit Initiative, nicht selten sogar Spezialkenntnissen benötigt. So mussten Wälder gerodet, Sümpfe trockengelegt und Seen oder dem Meer Land abgewonnen werden. Wurden neue Bodenschätze entdeckt, so benötigte man erfahrene Bergleute, um die Ausbeutung erfolgreich auf den Weg zu bringen, eventuell sekundär auch Spezialhandwerker zur Weiterverarbeitung vor Ort. Schließlich waren auch Händler, besonders Fernkaufleute, eine besonders verbreitete, aber auch allenthalben benötigte Sorte von Spezialisten.

Freiheit

Die gebotenen Konditionen konnten in wirtschaftlichen Vorteilen – vor allem Zoll- und Marktabgabenfreiheit – bestehen oder im Versprechen verbesserter Rechtsstellung, größerer **persönlicher Freiheit** (oder wohl eher geringerer Abhängigkeit), als sie die Siedler in den Hofrechtsverbänden, aus denen sie wohl üblicherweise ausgebrochen waren, gehabt hatten. Ein Spezialfall wäre in diesem Zusammenhang königlicher Landesausbau mit den von der Forschung diskutierten Begriffen **Königs- und Rodungsfreiheit**.

E

Persönliche Freiheit im rechtlichen Sinne

Zwei Basisüberlegungen standen sich lange Zeit konträr gegenüber: die Vorstellung von der germanischen Gemeinfreiheit zum Beispiel grundsätzlich aller Franken (im Sinne der „Freien") und dagegen gesetzt die Idee von weitgehender Unfreiheit unterhalb des Adels, wobei gemeine Freie, die in den Quellen auftauchen, ihre Freiheit – als Königs- oder Rodungsfreie – erworben haben müssen. Persönliche Freiheit wäre in dieser Sichtweise nur Ausschluss von Schutz und Herrschaft – wobei davon auszugehen ist, dass Herrschaft und Schutz zwar Freiheit einrichten, sie aber auch sukzessive wieder verschwinden lassen können – oder zumindest die Freiheit, mit der rechtlichen Freiheit nach Belieben etwas anzufangen. Auch die zweite Vorstellung geriet zunehmend in die Kritik, weil sie zu einseitig von einem absoluten Dualismus ausgeht (den die Quellen in bestimmtem Kontext auch Karl dem Großen in den Mund legen, wenn er gesagt haben soll, er kenne nur frei und unfrei). Offenbar gab es – bei allem Streben nach „Freiheit" – zahlreiche Abstufungen und unscharfe Grenzen von in Relation zueinander mehr oder weniger Freien. Es gab unterschiedliche rechtliche Freiheiten, die man haben oder stückweise erwerben konnte.

E

Königs- und Rodungsfreiheit

Auf Theodor Mayer, Heinrich Dannenbauer und Karl Bosl zurückgehende, auf die Karolingerzeit angewandte Vorstellung, dass viele Menschen in die Unfreiheit geboren wurden und von des Königs Gnaden frei werden konnten, wenn sie im Königsdienst, als Rodungsbauern beim Landesausbau und der Landnahme in unwegsamem Gelände oder als Wehrbauern, eingesetzt wurden, ihr Land zur freien Erbleihe erhielten und Königszins und Heerfolge leisteten. Sämtliche Erwähnungen von freien Bauern in den frühmittelalterlichen Quellen führte man auf (ehemalige) Königsfreie zurück, obwohl weder die besondere Beziehung zum König noch die konkrete Ausformung ihrer Freiheit oder von Resten ihrer Unfreiheit jeweils festgehalten werden kann.

Marktrecht

So sehr die Idee einer generell nur vom König ausgehenden persönlichrechtlichen Freiheit von Siedlern inzwischen verworfen wurde, so sehr stellte doch das Königtum offenbar den Rahmen für einen der wichtigsten Ursprünge der rechtlichen Sonderentwicklung bestimmter Siedlungen und Personengruppen zur Verfügung. Denn vielfach scheinen Neuansiedlungen mit Kaufmannssiedlungen identifizierbar zu sein und beruhen auf königlichen Marktrechtsverleihungen. Betrachtet man die Verleihungen, so gingen sie in erster Linie an kirchliche Herren, Bistümer und vor allem Klöster, bei denen sich sehr oft Marktsiedlungen entwickelten (ohne unbedingt später zu Städten heranzuwachsen). Gleichzeitig aber entstanden auch außerhalb der kirchlichen Orte viele Märkte offenbar weltlicher Herren ohne urkundlich belegbaren konstitutiven Akt. Die Vermutung, dass es sich bei jedem als **Wik** bezeichneten Ort um einen solchen handele, ist heute widerlegt.

E

Wik
Zahllose Ortsnamen vor allem im sächsischen Raum tragen das Grundwort Wik in sich. Anders als die Forschung – seit Hans Planitz 1943 – lange Zeit vermutete, lehnt es sich nicht an das lateinische *vicus* an (im engeren Sinne ein Lagerdorf für die Versorgung und bedeutet nicht davon abgeleitet Handelsplatz. Die Bedeutung ist trotz berühmter Wik-Orte, die tatsächlich Handelsorte waren (Bardowick, Brunswick/Braunschweig, aber auch Lundenwic/London), nicht belegbar. Das Wort ist vielmehr offenbar gemeinsamen indoeuropäischen Ursprungs und bezeichnet eine Umzäunung und auch das umzäunte Gelände. Nicht zuletzt ist die dem Planitz'schen System von Fernhandelssiedlungen zugrunde liegende Vorstellung von der freien Ansiedlung freier Kaufleute heute umstritten, vgl. S. 71. Vgl. auch unten S. 96 das Wik-Recht (Weichbild).

Dass wir hier nur sehr wenige Privilegien (wie dasjenige Ottos III. für Graf Berthold) kennen, könnte auch an den Erhaltungsbedingungen liegen, denn auch weltliche Herren können vom König Urkunden verlangt haben, schon weil sie bei ihren kirchlichen Konkurrenten sehen konnten, welche Vorteile man von deren Beweiskraft haben konnte. Doch die kirchlichen Institutionen konnten Dauerhaftigkeit garantieren, die weltliche Herrschaft war auf Personen gegründet. Spätestens mit dem Aussterben der Familie bestand – angesichts der reinen Empfängerüberlieferung – das Risiko, dass auch deren wenige Schriftstücke verlorengingen. Märkte, die die Könige bei ihren eigenen Burgen und Pfalzen eingerichtet hatten, bedurften keiner Verleihung.

Q

Otto III. verleiht Graf Berthold Markt, Münze, Zoll und Bann für Villingen, 29. März 999
ed. MGH Diplomata Ottos III. Nr. 311, S. 737/8 (vgl. Markt, Zoll und Münze S. 27)

[...] wir schenken, erteilen und geben unserem Grafen Berthold Recht, Berechtigung und Gewalt, in seinen Ort genannt Villingen einen öffentlichen Markt zu legen und einzurichten mit Münze und Zoll und dem Bann (vgl. S. 67) über die ganze öffentliche Einrichtung, in der Grafschaft Baar, die Graf Hildibald hält [...]

Markt, Zoll und Münze

Für das königliche Marktrecht hatte das 10. und auch noch das 11. Jahrhundert entscheidende Neuerungen gebracht. Im Zusammenhang einer weiträumigen und großzügigen königlichen Marktpolitik zwischen Rhein, Donau und Elbe entstand allmählich aus der Verbindung von Zoll, Markt und Münze (vgl. Verleihung an Helmarshausen) ein besonderes Marktrecht mit spezifischen Inhalten. Diese ausgebildeten Marktprivilegien beschreiben einen „umfriedeten“ Bezirk mit Sonderrecht. Wegen des zunehmenden Geldverkehrs funktionierten Märkte nur noch im Zusammenhang mit Münzstätten. Daher kann, wenn die Quellen Münzprivilegien nennen, umgekehrt von einem Markt an dieser Stelle ausgegangen werden – und möglicherweise gilt dieser sichere Schluss auch für die Nennung von Zollstätten. Die Herren eines solchen Marktes profitierten vielfältig: Die Kaufleute mussten ihre

Waren auf den Markt bringen und die von Marktherrn geschlagenen Münzen akzeptieren (was dem Herrn die erklecklichen Einnahmen aus dem Wechsel einbrachte) sowie Abgaben leisten. Dafür garantierten die Könige beziehungsweise die Herren den Kaufleuten die Einhaltung der Marktordnung (Maße, Gewichte etc.) und Frieden, das heißt Schutz vor Verstößen und deren gerichtliche Verfolgung, sowie Bereitstellung von Zahlungsmitteln mit garantiertem Wert.

Otto III. verleiht Zoll, Markt und Münze an den Abt von Helmarshausen, 30. April 1000
ed. MGH Diplomata Ottos III. Nr. 357, S. 786

[...] wir übergeben dem Abt die Macht und die Erlaubnis, an diesem Ort Helmwardeshusen, in der Grafschaft des Grafen Dodico im Gau Engern gelegen, einen Markt einzurichten, zu besitzen und zu ordnen, eine Münze anzuordnen, einen Zoll zu erheben und wir setzen fest, dass dort Handel mit der gesamten öffentlichen Einrichtung betrieben werden soll. Deshalb befehlen wir mit kaiserlicher Gewalt, dass alle Kaufleute und alle übrigen Handeltreibenden, die sich dort aufhalten, kommen und gehen, genau den Frieden und genau die Gerechtigkeit erhalten sollen, die jenen zukommt, die in Mainz, Köln und Dortmund ihren Handel betreiben, und dieselbe Strafen zahlen sollen, die dort jene zahlen, die es wagen, den Markt zu stören oder zu brechen.

Neben diesen Marktprivilegien, die Ordnung und Einkünfte an einem bestimmten Ort und damit die Bedingungen für die diesen Ort besuchenden Kaufleute regeln, sind auch Privilegien für Kaufleute eines Ortes erhalten, die deren Tätigkeit andernorts im Blick haben. Sie schützten die Kaufleute auf den Überlandwegen und sie befreiten sie von Zöllen an fremden Marktorten – wie z. B. eines Ottos II. für die Kaufleute von Magdeburg. Dieses Kaufmannsrecht (*ius mercatorum*) ist dementsprechend nicht als abgetrenntes Gruppenrecht zu verstehen, sondern als einzelne oder mehrere Berechtigungen von Kaufleuten.

Otto II. wie sein Vater an die Kaufleute von Magdeburg, 26. Juni 975
ed. MGH Diplomata Ottos II., Nr. 112, S. 126/7

Bekannt sei allen [...] dass wir [...] den Kaufleuten, die in Magdeburg wohnen, ihnen selbst wie ihren Nachkommen, dasselbe Recht zuerkannt haben, das ihnen unser frommer Vater zu seiner Zeit zugestanden hat, nämlich: dass sie überall in unserem Reich, nicht nur in christlichen, sondern auch in barbarischen Gebieten, die Erlaubnis haben sollen zu kommen und zu gehen ohne alle Belästigung, und wir verbieten streng mit unserer kaiserlichen Autorität, dass sie von irgendjemandem gezwungen werden dürfen, Abgaben zu entrichten in Städten (*urbibus*), an Brücken, an wegsamen und unwegsamen Wassern – mit Ausnahme der folgenden Orte: Mainz, Köln, Tiel (vgl. S. 62), Bardowick – dass ihnen aber nicht mehr und höhere Abgaben abgenommen werden dürfen, als es ihre Gewohnheit war zu entrichten [...]

Aus der Zeit Ottos III. um 1000 sind die ersten Marktrechtsprivilegien erhalten, die das Recht angegebener Bezugsorte oder von deren Kaufleuten übertragen und so der Ausbildung von Marktrechtsfamilien Vorschub leisteten (darunter Soest, vgl. S. 94). Offensichtlich waren inzwischen bewährte Marktrechte durch den Handelsverkehr überregional bekannt geworden. So verlieh Otto III. im Jahr 1000 dem Abt von Helmarshausen Markt, Münze und Zoll für seine Klostersiedlung und die gleiche Ordnung und Frieden für

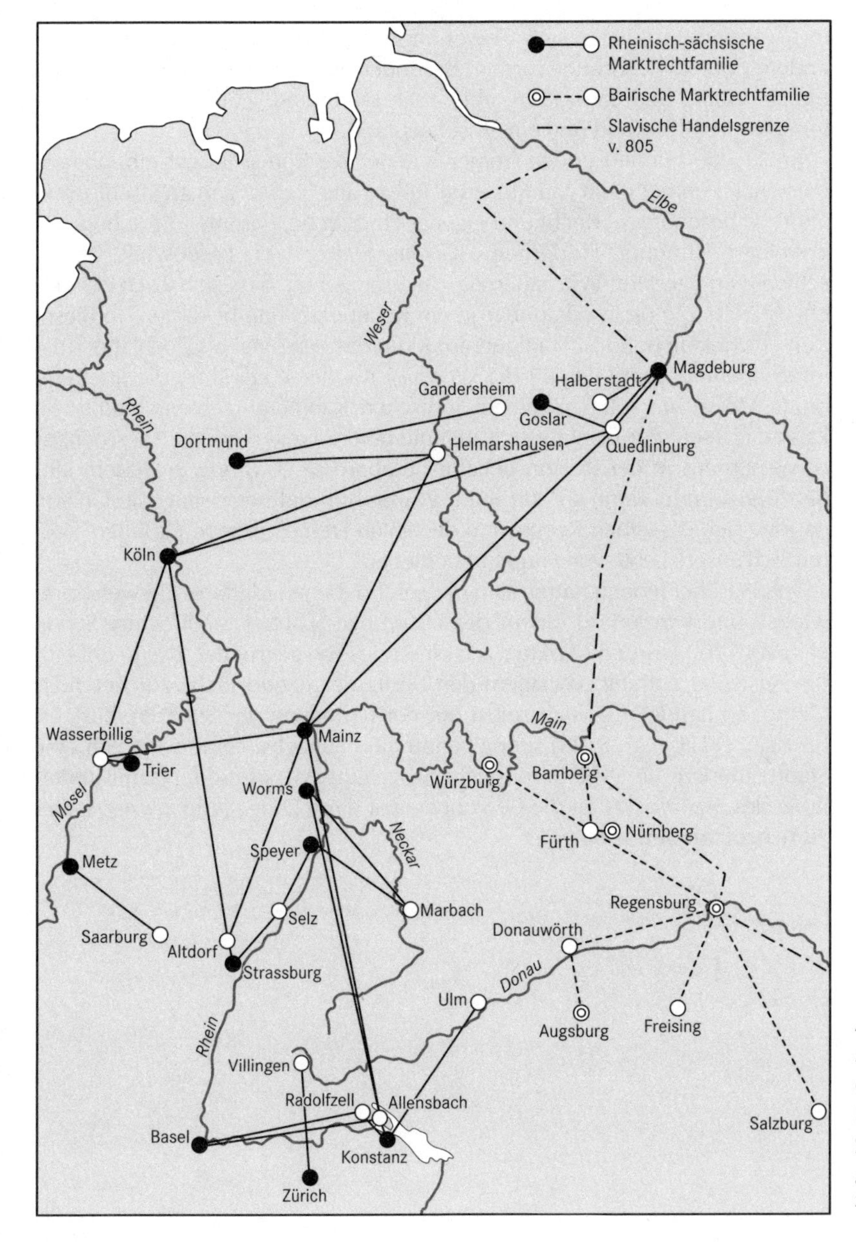

Abb. 2 Marktrechtfamilien (nach Edith Ennen, Die europäische Stadt des Mittelalters, Göttingen ³1970, S. 80)

die Marktbesucher, wie sie ihn auch in Mainz, Köln und Dortmund (zwei alte Bischofsstädte und ein königlicher Pfalzort) genießen können.

Bereits 990 hatte das Marktprivileg für Gandersheim (neben der Verleihung des Bannes, vgl. S. 67, an die Äbtissin) den Zusatz enthalten, dass die Kaufleute und Einwohner der Klostersiedlung das Recht der Kaufleute von Dortmund und anderen Orten – offenbar bezüglich der geschützten Bewegungs- und Zollfreiheit – genießen sollten. Über den konkreten Inhalt der übertragenen Rechte verlautet jedoch nichts: Es handelt sich um alte Marktplätze, aus denen keineswegs ein geschriebenes Marktrecht erhalten sein muss, sondern in denen sich Gewohnheiten entwickelt hatten, die jetzt für andere Orte zum Vorbild wurden. Besonders wichtig wurde das bereits genannte Mainz und dann Köln, aber auch Dortmund, Zürich und Konstanz (ein weiterer Königsort und eine Bischofsstadt).

Im 11. Jahrhundert griffen immer seltener die Könige direkt ein, aber es entstanden immer mehr Märkte, zum Teil an alte Siedlungen angeschlossen, aber mit besonderem Recht und eigener Pfarrkirche, darunter die schon vorgestellten Hamburg, Hildesheim, Goslar, Halberstadt, Bardowick, Braunschweig und andere. Wir haben davon auszugehen, dass sich auch zahlreiche Märkte, die nicht erkennbar je ein Recht verliehen bekamen, in dieser Zeit entwickelten. So ist Frankfurt am Main das erste Mal als Zollstätte 1074 im Zollbefreiungsprivileg für die Wormser Kaufleute erwähnt, die überregionale Messe um 1250 in einem jüdischen Rabinergutachten. Und 1180 kann das Recht der Frankfurter Kaufleute bereits weiterverliehen werden; es ist wenigstens in der Region bekannt: Barbarossa gewährte in diesem Jahr den Wetzlarern, wenn sie mit ihren Waren hin und herreisten, die Gnade, dass sie sich desselben Rechts und derselben Freiheit erfreuen können, „deren sich unsere Leute von Frankfurt bedienen".

Schon früher jedoch hatten sich die geschriebenen Marktrechte weiterentwickelt und wurden zu einem der Ursprünge späterer Stadtrechte. Schon etwa ab 1100 wurden Märkte nach einem *ius fori* gegründet, das Rechte für die Ansiedler enthielt, vor allem den Besitz der Grundstücke zur freien Erbleihe. So handelte es sich selbst bei der Gründung der Stadt Freiburg im Breisgau (1120, vgl. S. 83) streng genommen zunächst keineswegs um eine Stadt-, sondern um eine bereits sehr ausgefeilte Marktgründung mit Verleihung des Marktrechts an die Bewohner. Auf diese Dinge jedoch wird später zurückzukommen sein.

III. Stadt und Herrschaft: Freiheiten und Recht

Wir haben im vorangegangenen Kapitel die Frage nach der Bewohnerschaft der werdenden städtischen Siedlungen und ihrer rechtlichen Stellung gegenüber den Stadtherren angerissen. Schon im Frühmittelalter ist nicht davon auszugehen, dass einseitig solche Herren bestimmten, an welchen Stellen Siedlungen zu entstehen hätten, weil sie wirtschaftsgeographisch und strategisch günstig lagen. Mangels Quellen ist nur selten die Mitwirkung der Siedler genau festzumachen. Ob aber Kaufleute einen Ort besuchten oder nicht, ob Neusiedler einen Platz annahmen, ob sich Angesiedelte um dessen Aufblühen bemühten, hing wohl schon immer von den naturräumlichen Bedingungen ab, die vorhanden waren, und von den rechtlichen Bedingungen, die geboten wurden oder für deren Ausgestaltung Freiräume bestanden. Wir können – soweit und wenn einmal schriftliche Quellen vorhanden sind – sehen, wie sehr sich die Herren dieser Tatsache bewusst waren, wie sehr sie dazulernten und sich bemühten, ihren Siedlern die benötigten und nicht zuletzt die erwünschten Bedingungen zu schaffen. Ein Herr konnte eine Siedlung gründen oder fördern, und er konnte sie auch vernichten – ihre Entwicklung über die Jahrzehnte und Jahrhunderte, ihr letztendlicher Erfolg lag weder allein in seiner Hand noch war er allein von äußeren Bedingungen abhängig.

Kommunen und Bürgergemeinden

Im Laufe der Zeit vertraten die Bewohner ihre Interessen gegenüber den Herren immer energischer – nicht zuletzt dann, wenn diese ihren Teil der Vereinbarung, den Schutz und den Frieden, nicht zu gewährleisten imstande waren. Zudem dürften Vorstellungen und Vorbilder aus anderen Regionen Europas nach Deutschland vorgedrungen sein und sich anschließend dort gegenseitig beeinflusst haben. Am Ende werden Kommunen oder Gemeinden von Bürgern entstanden sein, die mit weitgehender politischer und rechtlicher Selbstbestimmung das Besondere des lateineuropäischen Städtewesens, vor allem Italiens und des Reiches, ausmachten.

1. Europäische Entwicklungen und Perspektiven

Wir haben die allgemeine Entwicklung der Städte auf den Gebieten des früheren Weströmischen Reiches bei dessen Zusammenbruch verlassen und uns auf die Entwicklung im späteren Deutschland konzentriert. Bei den nun folgenden Betrachtungen der inneren Entwicklungen der städtischen Siedlungen und der Selbstorganisation ihrer Bewohner lässt sich an mancher Stelle eine gewisse Wanderbewegung von Ideen, eine Vorbildfunktion älterer, in anderen Teilen des lateinischen Europa schon bestehender Stadtgemeinden wahrscheinlich machen – wenngleich genaue Kopien schon deshalb nicht zu erwarten sind, weil die umgebenden historischen Bedingungen sehr unterschiedlich waren. Die **demographische Entwicklung** des Früh- und Hochmittelalters beförderte in ganz Europa das Wachstum städtischer

Siedlungen, doch konnten sie in manchen Regionen eher auf seit der Antike gewachsenen Traditionen aufbauen und so früher greifen. Deshalb sei an dieser Stelle, soweit nötig und möglich, der Blick nach außen, auf die europäischen Entwicklungen und hierbei speziell auf Italien und Frankreich gelenkt.

E

Demographische Entwicklung im Früh- und Hochmittelalter
Die Bevölkerungszahlen Europas hatten im Frühmittelalter infolge der Unruhen der Völkerwanderungszeit und des Zusammenbruchs des römischen Weltreiches, aber auch durch große Pestwellen im 7. Jahrhundert, einen Tiefpunkt erreicht. Seither wuchs die Bevölkerung wieder kontinuierlich – man spricht geradezu von einer demographische Explosion. So nimmt man an, dass sich die Einwohnerzahl in Italien zwischen 300 und 1340 von 4 auf 9,3 Millionen, in Frankreich von 5 Millionen auf 19 Millionen und im Reich (einschließlich Skandinavien) von 3,5 Millionen auf 11,6 Millionen steigerte. Sämtliche Zahlen können nur als Schätzwerte verstanden werden, denn überliefert sind gerade aus der frühen Zeit keinerlei verlässliche Daten. Vor allem Auswertungen von Friedhöfen liefern Hinweise auf die Lebenserwartung, die im Schnitt halb so hoch war wie unsere heutige. Frauen starben früher als Männer, und wenige Menschen wurden sehr alt, obwohl es 90- und 100-jährige gegeben haben soll. Vor allem die Kindersterblichkeit war immens: Man rechnet mit einer Rate von 15 bis 20% allein im ersten Lebensjahr. Anzunehmen ist, nicht zuletzt infolge einer klimatischen Warmzeit und des Ausbleibens weiterer Pestwellen, eine bis in 14. Jahrhundert steigende Lebenserwartung.

Zweiteilung Lateineuropas

Die nachrömische Städtegeschichte Lateineuropas lässt sich grob in zwei Großregionen, den Süden und den nordalpinen Raum, scheiden (vgl. S. 14). Für ersteren lässt sich generell sagen, dass sich eine römische Städtelandschaft in erster Linie in Italien und im südlichen Frankreich hielt, während sich die Städte der Iberischen Halbinsel deren besonderer Geschichte wegen auch ganz besonders entwickelten.

Dort hatte es Gebiete mit unterschiedlich starker Romanisierung gegeben, wo manch eine Stadt kontinuierlich fortbestand, als Bischofsitz und eines der Zentren des Westgotenreiches, an der Spitze Toledo. Während der christliche Norden erst spät und meist in Anlehnung an muslimische oder französische Beispiele eine Stadtkultur entwickelte (nicht zuletzt im Zusammenhang mit der Entwicklung des Pilgerweges nach Santiago di Compostela), entstand eine solche früh, aber ohne Austausch mit dem christlichen Europa, im muslimischen Süden (al-Andalus), zum Teil auf der Basis der wichtigsten Städte der römischen Zeit, zum Teil als Neugründungen, darunter Murcia, Madrid, Lérida, Badajoz, Almería und Gibraltar. Die Hauptstadt Córdoba zählte im 10. Jahrhundert wohl an die 100000 Einwohner, Sevilla im 12. Jahrhundert 80000, auch Toledo im 11. Jahrhundert 30000, und viele regionale Zentren erreichten ebenfalls Zahlen, die so früh im restlichen Europa kaum denkbar waren. All das konnte jedoch erst auf Europa rückwirken, als die iberische Halbinsel seit dem 11. und 12., intensiv aber erst im 13. Jahrhundert von den Christen erobert wurde.

England übrigens entwickelte sich im Vergleich zu den südlicheren Regionen ähnlich spät wie die Gebiete östlich des Rhein. Die römischen *civitates* gingen unter und die zahlreichen Invasionen verhinderten echte Stadtausbildung, führten aber zu Befestigungen der entstandenen Marktplätze, an denen auch Münzen geprägt wurden. Sie scheinen allerdings erst um 1000, also viel später als die Gebiete östlich des Rheins, wieder in ein Fernhandelsnetz eingebunden worden zu sein. London als einer der wichtigsten Handelsknotenpunkte scheint um 1100 immerhin wieder 25 000 Einwohner gehabt zu haben. Nach der normannischen Eroberung 1066 unterstanden die blühenden Städte straff der Krone; das 12. und 13. Jahrhundert sah vor allem zahlreiche königliche Neugründungen.

a) Italien: Stadtentwicklung und Kommunebildung

Vor allem in Italiens Norden verzeichnen wir eine starke Kontinuität des gesamten, aus römischer Zeit stammenden Städtenetzes. Die meisten Städte waren und blieben kontinuierlich Bischofssitze und verloren ganz selten ihren allein schon daraus resultierenden Vorrang vor dem flachen Land. Die wohl berühmteste Ausnahme ist hier Aquileia. Gleichzeitig gab es in Oberitalien nur wenige, aber wichtige Neuansätze, wie Venedig, vergleichbar nur mit den wichtigen Neugründungen (wie Ragusa/Dubrovnik) in der nahen und in vielem im Ursprung vergleichbaren dalmatinischen Region. Jedoch lassen sich sogar in Oberitalien gewisse Brüche feststellen: Während zum Beispiel Verona bis heute sein römisches Straßennetz behielt, musste Padua – mittelalterlich-verwinkelt – wieder aufgebaut werden.

In der Mitte und im Süden Italiens verlor die alte römische Städtelandschaft wesentlich mehr an Dichte: Manch ein Bischofssitz, vor allem im Landesinneren, stieg zum bloßen Dorf ab (in Süditalien allein 35 von 70 Orten). Zugleich war der Aufstieg neuer Bistümer selten. Eine ganz andere Entwicklung erlebten die Küstenstädte des Südens – an ihrer Spitze die mittelalterliche Neugründung Amalfi, aber auch Gaeta und alte Städte wie Neapel oder Bari. Sie alle gehörten seit dem 6. Jahrhundert (wie auch Venedig) zum byzantinischen Reich und pflegten früh (wie bald auch Pisa und Genua) enge Handelskontakte mit den arabischen Expansoren, womit sie ins prosperierende mittelmeerische Handelsnetz eingebunden waren und davon profitieren konnten.

Die italienischen Städte verkleinerten sich im Frühmittelalter deutlich geringer als zum Beispiel die des Rheinlandes (vgl. Trier S. 17/18). Zwar ging etwa Bologna von 70 auf 25 ha zurück, doch hatte es sich im 11. Jahrhundert bereits soweit erholt, dass – allerdings auf weiterhin starken Zuwachs gerechnete – ca. 100 ha ummauert wurden. Als Konsequenz dieser weithin ungebrochenen Traditionen war es Italien, wo die meisten mittelalterlichen europäischen Großstädte wuchsen. Gerade im Norden waren es die fortdauernden Zentren, in denen sich das Bevölkerungswachstum besonders konzentrierte. Städte wie Mailand, Venedig, Genua, Bologna und Pavia, aber auch Florenz, Rom und schließlich als südliche Zentren Neapel und Palermo hatten bereits um 1300 Bevölkerungszahlen zwischen 30 000 und vielleicht sogar 100 000 erreicht, mit denen sie im deutschen Reich noch im 15. Jahrhundert zu den zwei oder drei größten Städten gehört hätten.

Wachstum und zunehmende wirtschaftliche Prosperität führten im Verlauf des 11. und 12. Jahrhunderts, zeitlich zum Teil deutlich versetzt, zu markanten Veränderungen in den Städten in vielen Regionen Europas. Immer öfter schlossen sich die Einwohner der Städte zu Interessengemeinschaften zusammen, um ihre Position gegenüber dem Herrn der Stadt zu stärken. Bereits um 1000 waren in der Lombardei erste Bestrebungen zur Einschränkung stadtherrlicher Gewalt zu erkennen; Nordfrankreich und das Rheinland folgten noch vor 1100 und Flandern zu Beginn des 12. Jahrhunderts, bevor sich die Bewegung weiter nach Osten fortsetzte.

Schriftlichkeit

Oft genug lassen die Quellen erkennen, dass nicht der erste Anfang und Anlass der Gemeinschaftsbildung erfasst werden kann, sondern erst ein späteres Stadium der Entwicklung. Aktenkundig wurden solche Bewegungen und Veränderungen sozialer, rechtlicher und zunehmend politischer Art offenbar erst zu einem Zeitpunkt, zu dem sie mit den etablierten Kräften in Konflikt gerieten. Konflikte generieren Reflexion und Reaktionen. Im Mittelalter war es vielfach erst der Konflikt, der **Schriftlichkeit** hervorbrachte und damit Quellen, aus denen sich die Aktivitäten gerade der neu entstehenden Gruppen ablesen lassen. Zugleich hing das Aufkommen von schriftlichen Quellen aber auch damit zusammen, dass es die Bewohner der Städte waren, die vor ihren Herren begannen, die Schrift zu nutzen, um sich zu organisieren, sich ihren Herren gegenüber zu formieren und mehr und mehr zu befreien, das heißt, einzelne Freiheiten zu erwerben.

E

Schriftlichkeit

Im Süden Europas, vor allem in Italien, ist die Schriftlichkeit seit der Antike im Grunde nie ganz abgerissen, auch bei den Laien und für die rudimentär nie vergessene Verwaltung in abstrakten Formen. Ganz anders nördlich der Alpen, wo wir es im Früh- und auch noch im Hochmittelalter mit einer weitgehend schriftlosen Kultur zu tun haben. Hier konnten und mussten vor allem der Klerus und die Mönche schreiben, Laien konnten nicht schreiben und brauchten es auch nicht zu können: Man pflegte ein für die Verhältnisse der archaischen Gesellschaftsform ausreichendes kollektives Gedächtnis; Herrschaft war etabliert und beruhte auf alt eingeübten Ritualen; Güterverwaltung, soweit man davon reden kann, war auf konkrete Bedürfnisse beschränkt. Die intensivere Benutzung der Schrift ist dementsprechend auch ein Anzeichen größeren rechtlich-sozialen oder gar politischen Selbstbewusstseins.

coniurationes

Was dann erkennbar wird, ist ein rasch zunehmendes selbstverantwortliches und initiatives politisches Handeln der Städter in genossenschaftlich organisierten Gruppen, um eigene Interessen gegen die Herren durchzusetzen. Sie rangen um genossenschaftliche Selbstbestimmung der Gemeinschaft (zu der sie sich offenbar sehr oft in **Schwureinung** zusammenschlossen) und, wo nötig, auch um persönliche Freiheit der Mitglieder. Als Bewohner einer Stadt bildeten sie so eine auf beschworener gegenseitiger Verpflichtung beruhende Kommune oder eine Gemeinde. Die kommunalen **Eidgenossenschaften** waren so erfolgreich, dass im Reich auf Veranlassung betroffener Herren seit der 2. Hälfte des 12. Jahrhunderts immer wieder königliche Verbote erlassen wurden bis zum generellen Verbot von ***coniurationes*** per Reichsgesetz 1231 im Rahmen des so genannten *Statutum in favorem principum* Kaiser Friedrichs II. (1294–1250): zu einem Zeitpunkt, als sie faktisch längst zu eigenständigen, irreversibel etablierten Kräften in den großen Städten des Reiches geworden waren.

Schwureinung, Eidgenossenschaft, lat. *coniuratio*
Genossenschaftlicher Zusammenschluss, konstituiert durch gegenseitigen verpflichtenden Eid unter Gleichrangigen, der auch langfristig auf innere Friedens- und Rechtsgemeinschaft zielt, sich nach außen solidarisch abschließt und die Durchsetzung gemeinsamer Interessen zum Zweck hat. Seit der Karolingerzeit wurden von herrschaftlicher Seite die gegenseitige Eidesleistung als *coniuratio* im Sinne von Verschwörung als bedrohlich empfunden und bekämpft.

Kirchenreform

Die kommunalen Bewegungen entspringen in ihren Anfängen nicht zuletzt Gedanken der **Kirchenreform**, die wegen der Zentralität ihrer Themen auch und gerade für das Laienvolk allmählich alle Schichten der Bevölkerung durchdrang und eine nicht geringe Aufregung unter den Menschen auslöste – ging es doch um Fragen wie die, ob Priester und Bischöfe ordentlich geweiht seien und ihre Ämter rechtmäßig ausübten und damit um die Gültigkeit der erteilten Sakramente.

Kirchenreform, Reformpapsttum
Im 11. Jahrhundert breitete sich eine zunächst vornehmlich monastische Reformbewegung in der Kirche aus und drang nicht zuletzt durch kaiserliche Förderung rasch in die Hierarchie des Weltklerus, vor allem auf den Papstthron vor. Besondere Anliegen waren die Durchsetzung des Zölibats für Weltkleriker wenigstens höherer Weihegrade (Priesterehe, Nikolaitismus) sowie eine Neuinterpretation des Tatbestandes der Simonie, des Ämterkaufes, der nun durch jedwede Beteiligung von Laien an der Besetzung kirchlicher Ämter als erfüllt angesehen wurde, mit der Folge des Zweifels an der Gültigkeit von Sakramentspende oder Weihe durch die Hand simonistischer Priester und Bischöfe. Seit Leo IX. (1002–1054; Papst 1049) lösten mehrere Reformpäpste, gipfelnd bei Gregor VII. (um 1020/25–1085; Papst 1073), einander ab, die zur Durchsetzung einer von Laieneingriff reinen Kirche das Ziel der *libertas ecclesiae* (Freiheit der Kirche) verfolgten, das konsequent zum Selbstschutz den Aufbau eines kirchlichen Territoriums erforderte. Vgl. Pataria S. 60, Gottesfriedensbewegung S. 62 und Investiturstreit S. 66.

Die Kirchenreform, eine wichtige Wurzel des Investiturstreites (vgl. S. 66), der den Rahmen für kommunale Emanzipationsbestrebungen schließlich auch im Reich bilden sollte, führte generell zu einer Autoritätskrise vor allem der geistlichen, vielfach aber auch der weltlichen Potentaten. Vielleicht darf man sogar von einer gewissen ersten Politisierung breiterer Bevölkerungsschichten sprechen – im Sinne der Diskussion der die Welt bewegenden Fragen auf den Straßen und Märkten und der daraus resultierenden Zusammenschlüsse, Forderungen und Aufstände. Jedenfalls brachen soziale Konflikte aus und entwickelten Ausdrucksformen – gerade in Italien gingen die kommunalen Bewegungen des 11. Jahrhunderts mehr als anderswo mit religiösen Bewegungen einher. Sichtend und vergleichend hat sich Knut Schulz mit den bedeutendsten und typischsten frühen kommunalen Bewegungen in Italien, Frankreich, Flandern und dem Rheinland beschäftigt, wie es im Folgenden in Auszügen nachvollzogen werden soll. In der Zusammenschau wird das europaweit Vergleichbare an den frühen Bestrebungen der Stadtbewohner deutlich, sich von oft ganz verschiedenen, vielfach aber auch sehr ähnlichen als Einschränkung empfundenen Bindungen an ihre Herren zu befreien – „... denn sie liebten die Freiheit so sehr" (Otto von Freising)!

Unterschiede Italien – Norden

Doch auch Unterschiede sind festzuhalten, gerade für die italienischen und nordalpinen Verhältnisse (vorbildlich ausgebreitet von Hagen Keller). So war die Freiheit zweifellos überall eine zentrale Forderung. Jedoch waren es in Italien persönlich freie Leute, die ihre Handlungsfreiheit gegenüber ihren Herren erweiterten. Im Reich dagegen, das wurde bereits deutlich, waren die Städter zumindest zu weiten Teilen Unfreie – Bauern oder Ministeriale – ihrer Herren und mussten zusätzlich zur politischen auch ihre persönlich-rechtliche Freiheit erst erkämpfen. Zudem lebte in Italien der Adel, vor allem die hochadeligen bischöflichen Vasallen (*capitanei*), dazu die eher ritterlichen Valvassoren, von alters her ganz anders als im nordalpinen Reich großenteils in den Städten (hatten aber zugleich feste Häuser auf dem Land und waren mit dem eher landsässigen Adel eng verwandt). Die handelnden freien Stadtbewohner entstammten somit jeglichem sozialen Niveau, die innerstädtischen Rechtsbindungen umfassten, unter anderen alle lehnrechtlichen Formen (zwischen den Adeligen, aber auch zwischen Adeligen und Exponenten des „Volkes"). Weiterhin grenzten sich in Italien die Städte als Mittelpunkte, auch die kommunal organisierten, rechtlich nicht vom Stadtgebiet ab, das in römischer Tradition der gesamten Diözese entsprach. Dagegen haben wir die Bedeutung, die dem vom Recht des Umlandes abgegrenzten Stadtrecht in Deutschland zuwachsen sollte, bereits in den ersten Ansätzen sehen können, als die Rede von Rechtsunterschieden zwischen Stadtteilen und ihren Bewohnern untereinander war.

Die Bischöfe als Herren der Stadt hatten in Italien zwar keine grundherrlichen Rechte an den Stadtbewohnern, aber seit dem 9./10. Jahrhundert königliche Rechtsansprüche (die *publica functio*) an die Freien inne, in erster Linie solche militärischer und fiskalischer Art, dazu oft die Gerichtshoheit. Dies ähnelt den nordalpinen königlichen Übertragungen von Grafschaftsrechten (vgl. S. 67) über die Stadt an die Bischöfe (und andere Herren) im 10. Jahrhundert – was die Stadtherrschaft maßgeblich mitbegründete –, hatte aber wegen der unterschiedlichen Ausgangslage ganz andere Konsequenzen. Weil die Repräsentanten der Städte Adelige waren, denen als Lehnsleuten Mitspracherecht bei bischöflichen Entscheidungen zustand – und die noch dazu die königlichen Aufgaben für den Bischof verwalteten –, gelang es den Bischöfen nirgendwo, eine wirkliche Stadtherrschaft zu etablieren, und die Städter mussten eine Beteiligung an der Stadtregierung nicht erst erkämpfen.

Mailand

Nun zu einem konkreten italienischen Beispiel der Kommunebildung, um das bisher Gesagte zu illustrieren. Mailand, die alte Römerstadt Mediolanum, bildete seit der Antike die Kreuzung der Verkehrswege zu Land ebenso wie zu Wasser zwischen Adria, Tyrrhenischem Meer, Poebene und Alpenland und war in der Spätantike zeitweilig Kaiserresidenz gewesen. Als Bischofsstadt des heiligen Kirchenvaters Ambrosius (wohl 339–397, Bischof 374) entwickelte Mailand nach diversen Rückschlägen in der städtischen Entwicklung während des Frühmittelalters vor allem aufgrund seiner kultischen Bedeutung hohen Einfluss und weit über die eigene Region – auch bis in die der Königsstadt Pavia – hinausreichende Zentralfunktionen. Hier und in der stetig wachsenden wirtschaftlichen Prosperität lag die Basis der bedeutenden Position der im Hoch- und Spätmittelalter größten Stadt Italiens, deren Bischöfe die mächtigsten Kirchenfürsten des *regnum Italiae* wurden.

Der auf allen Gebieten rasche Aufstieg der Stadt führte zu zunehmender sozialer Mobilität bei gleichzeitig großer, weit in die Lombardei hineinreichender (Vor)Macht der bischöflichen Stadtherren und stetem Interesse der Kaiser an der Stadt. Die Folge waren besonders heftig ausbrechende Konflikte zwischen dem Bischof und den Städtern sowie zwischen den einzelnen sozialen Gruppen in der Stadt. Am so genannten Valvassoren-Aufstand 1035/37 waren bischöfliche Lehnsleute ebenso wie zahlreiche nichtadelige Städter (Grundbesitzer) beteiligt. Er richtete sich gegen kaiserlich-bischöfliche Versuche, eine durchgreifendere Stadtherrschaft über den Adel durchzusetzen. Nach nordalpinem Verständnis handelte es sich allerdings um einen Aufstand gegen den Stadtherrn, der Wipo, dem Biographen Kaiser Konrads II. (um 990–1039, König 1024), höchst beunruhigend erschien.

Q

Wipo, Gesta Chuonradi II. imperatoris, c. 34
in: Wiponis Opera, ed. Harry Breslau, Hannover/Leipzig 1915, MGH SRG us. schol. 61, S. 54

Zur selben Zeit brach eine große und heutzutage unerhörte Verwirrung (*confusio*) in Italien aus wegen der Schwureinungen (*coniurationes*), die das Volk gegen die Fürsten schloss. Es verschworen sich nämlich alle *valvasores* mit den einfachen Rittern (*gregarii milites*) gegen ihre Herren und alle Kleinen gegen die Großen, damit sie nicht erdulden müssten, dass ihnen irgendetwas gegen ihren Willen und ungestraft von ihren Herren geschehe. Sie sagten, dass sie, wenn der Kaiser ihnen nicht zu Hilfe kommen wolle, ihr Gesetz selbst machen würden.

Kaum war der gemeinsame Gegner besiegt, endete allerdings die Gemeinschaft zwischen adeligen und nichtadeligen Städtern, und innerstädtische Gegensätze brachen auf. Denn nun beherrschten faktisch die großen Vasallen die Stadt, und das Volk wehrte sich (so Landulf, genannt Senior in seiner *Historia Mediolanensis*) dagegen: „Das Volk kämpfte gegen die Großen um die Freiheit". Dieses Volk empfand sich bereits als Gemeinschaft und hatte eine eigenen Führungsschicht ausgebildet, die so genannten *Negotiatores*: ein Kreis von Familien, bestehend aus städtischen Grundbesitzern, Notaren und Richtern sowie Kaufleuten und reichen Handwerkern, die sozial zwischen dem Volk und dem unteren Rand des Adels angesiedelt waren und sich durch Abkömmlichkeit auszeichneten, also eine hinreichende wirtschaftliche Stellung innehatten, um öffentliche Aufgaben zu übernehmen.

Aus dieser Gemeinschaft entstand die Kommune als politische Gemeinde. Das Instrument, mit dessen Hilfe das Ideal der Übereinstimmung aller und des gemeinschaftlichen Friedens hergestellt werden sollte, war der gegenseitige Verpflichtungseid, wie ihn wenig früher die französische Gottesfriedensbewegung (vgl. S. 62) eingesetzt hatte. Bei einer ersten Beilegung der Streitigkeiten 1045 beschworen alle an den Streitigkeiten beteiligten Parteien gemeinsam den Frieden.

Die Ideen, die Grundlage der Kommunebildung, waren ebenfalls geprägt von religiöser Überzeugung der brüderlichen Gleichheit aller: Immer wieder hervorgehoben wurden Tugenden wie demütige Brüderlichkeit und Einigkeit im Gegensatz zum adeligen Hochmut (*superbia*) und Machtgier. Das wurde noch deutlicher bei einem kurze Zeit später folgenden Konflikt, der nun in direktem Zusammenhang mit der religiösen Reformbewegung der vom Reformpapsttum (vgl. S. 57) unterstützten Mailänder **Pataria** gegen simonistische Kleriker und deren Konkubinat stand. Die angegriffenen Kleriker stammten aus adligen Familien, auf deren Seiten der Erzbischof stand, der sich zudem gegen den Papst an den Kaiser wandte. In der Stadt brachen immer wieder Kämpfe verschiedener Interessen und Gruppen gegeneinander aus. Wichtigstes Ergebnis aus der Sicht der Stadtentwicklung war, dass der Erzbischof am Ende real kaum mehr stadtherrliche Machtmöglichkeiten hatte und eine neu etablierte Führungsschicht 1097 eine konsularische Verfassung einrichtete, mit Hilfe derer sie bereits nach etwa zwanzig Jahren das Stadtregiment übernahm.

E

Pataria
In Mailand entstandene, von Klerikern initiierte, aber vor allem von Laien getragene, brüderliche Gleichheit propagierende Bewegung der Kirchenreform, die simonistische und nikolaitische Priester (durch Ämterkauf ins Amt gekommene beziehungsweise verheiratete Priester) ablehnte, weil sie die Ungültigkeit von deren Sakramentespendung befürchtete. Der Erzbischof wandte sich schon deshalb gegen die Pataria, weil diese für den Primat der von Reformpäpsten geführten römischen Kirche eintrat, was dem Selbstverständnis der ambrosianischen Mailänder Kirche widersprach, und weil sie sich nach Rom um Hilfe wandten. Es kam lange Zeit immer wieder zu heftigen Kämpfen in der Stadt, die sich zu einem Schauplatz des Investiturstreits (vgl. S. 66) entwickelten, als der Kaiser einen ihm getreuen Bischof einsetzte und die Patariner nun als Speerspitze des Papsttums auftraten. Erst unter Papst Urban II. konnten die Kämpfe 1096 beendet werden.

Auch in anderen ober- und mittelitalienischen Städten entwickelten sich unter ähnlichen Rahmenbedingungen Kommunen, deren voll ausgebildete Form man gewöhnlich mit dem Auftreten der neuen Ämter der *Consules* und damit der Konsulatsverfassung als neue Stadtverfassung gleichsetzt. In Pisa und Lucca geschah das um 1085, 1092 in Asti, 1098 in Arezzo, 1099 in Genua, 1105 in Pistoia und Ferrara, 1112 in Cremona und 1123 in Piacenza.

Consules sind allerdings auch in Südfrankreich kurze Zeit später zu verzeichnen (1131 in Arles, 1144 in Nizza, 1132 in Narbonne, 1152 in Toulouse) – ohne dass hier zugleich Schwureinungen der Stadtbevölkerung festzustellen wären. Bei aller Vorbildhaftigkeit, die den italienischen Verhältnissen in dieser Region wohl zugekommen ist, wurde doch ein anderer Weg in der Stadtverfassung eingeschlagen. Unterschiedlich waren die Verhältnisse und daher die Wege in anderen Gegenden.

b) Nordfrankreich und Flandern

Sowohl Nordfrankreich als auch das unmittelbar angrenzende Flandern war zwar altes römisches Provinzialgebiet, doch war das Städtesystem seit der Spätantike stark verfallen. Immerhin gab es im Norden des späteren Frankreich eine gewisse Kontinuität ähnlich wie im Rheinland: Die Städte waren stark verkleinert, doch befestigt, und hatten vielfach ihre Bistumsfunktion hinübergerettet. Viele der mittelalterlichen Bischofsstädte wurden allerdings auch erst zusätzlich im Frühmittelalter gegründet. Außerdem residierten die merowingischen Könige oder ihre Grafen in Städten, und auch die Karolinger verlegten ihre Pfalzen in bestehende Städte. Auch als Märkte (oft mit Münzstätte), als Wirtschaftszentren wenigstens für die Region blieben sie bestehen, manchmal sogar als Fernhandelsplätze wie im Falle des großen europäischen Sklavenmarktes der Bischofsstadt Verdun. Im 9. Jahrhundert führten die Einfälle der Normannen (die die großen Flüsse hinaufzogen), ein wenig auch die der Ungarn, zu wirtschaftlichem Niedergang und starker Befestigungstätigkeit. Als die Gefahr vorüber war, folgte eine Blütezeit, in der die alten Städte über die dichter besiedelten Kerne hinauswuchsen und ihre Märkte ausbauten, aber auch neue Städte, nur teilweise geplant, entstanden. Im Spätmittelalter erreichten in ganz Frankreich die größten Städte, wie Rouen, Amiens oder Toulouse – abgesehen von der Großstadt Paris – ähnliche Größen, wie wir sie im deutschen Reich verzeichnen können.

Flandern

Flandern und die angrenzenden Niederlande hatten vielleicht noch stärker unter dem Verfall der Spätantike gelitten und nach den Normanneneinfällen waren einige ihrer wichtigsten an der Küste gelegenen Handelsplätze dauerhaft geschädigt oder – wie Dorestad (vgl. S. 28) – gänzlich vernichtet. Neue Zentren stiegen auf, und hierin ist die flandrisch-niederländische Entwicklung in vielem jener weiter im Osten vergleichbar. Die lokalen Herren befestigten die Küstenorte und die Kaufmannsansiedlungen bei Häfen um gräfliche oder königliche Höfe oder Abteien an den Ufern der großen Flüsse, vor allem an Maas und Schelde, mit Burgen: Brügge und St. Omer, Maastricht, Namur und Huy, Valenciennes, Tournai, Gent und andere. Im Gebiet der Grafschaft Flandern bauten die Grafen die Siedlungen und später die Städte um die Burgen zu Zentren der Kastellaneien aus, in die sie zwecks Güterverwaltung und Gerichtsorganisation ihre Grafschaft aufteilten, – also zu Zentren einer modernen, zukunftsträchtigen Verwaltung. Viele unter ihnen stiegen im Spätmittelalter zu wahren europäischen Großstädten von 40 000 bis 60 000 Einwohnern auf.

Nordfrankreich

Im Unterschied zum Süden Frankreichs sind in seinem Norden kommunale Bewegungen in zahlreichen Bischofsstädten bereits seit den 1070er Jahren zustande gekommen, sehr oft im Zusammenhang mit Aufständen wie dem in LeMans 1070 gegen den die Grafschaft Maine erobernden Herzog der Normandie, Wilhelm den Eroberer. Das eigentliche Zentrum einer ganzen Reihe innerhalb von 40 Jahren aufeinander folgenden Kommunebildungen lag jedoch weiter im Westen, und man richtet sich stets gegen den bischöflichen Stadtherrn: 1077 in Cambrai (an der Schelde auf zum Reich gehörigem flandrischem Gebiet), in St-Quentin um 1081, in Beauvais um 1099, in Noyon 1108/9, schließlich in Laon 1112/16 (und in Sens deutlich später 1147). Anhand einiger dieser Kommunebildungen seien knapp und zugespitzt verschiedene Züge der beginnenden Gemeindeorganisationen herausgearbeitet, die sich immer wieder finden werden, um eine weitere Vergleichsgrundlage für die gleichzeitigen – vielleicht sogar auch hierher wirkenden – Ereignisse im Rheinland zu erhalten.

Herrschaftlich betrachtet verlief die Grenze zwischen dem Reich und der Krone Frankreichs seit den Reichsteilungen des 9. Jahrhunderts mitten durch die Grafschaft Flandern, doch waren die reichsflandrischen Gebiete geographisch ebenso wie wirtschaftlich eher nach Norden und Westen orientiert, d.h. in den Norden des karolingischen Westreiches. Das spätere Frankreich begann bereits seit dem 10. Jahrhundert den deutlich abnehmenden Einfluss der Zentralmacht zu spüren: Das schwache Königtum bot den Kämpfen konkurrierender Herren keinen Einhalt, die Ländereien wurden verheert, die Straßen unsicher, das Land spürte den Unfrieden. Aus dieser Not entstand die Gottesfriedensbewegung, die, gestützt auf verpflichtende Eide, versuchte, ein Instrument des Friedens zu etablieren.

E

Gottesfriedensbewegung
Um die Jahrtausendwende begannen Bischöfe in Verbindung mit weltlichen Herren zuerst im Süden, dann im Norden Frankreichs und vielen weiteren Gebieten, mit dem Versuch, die von einer schwachen Zentralgewalt ausgelöste mangelnde Sicherheit des Landes durch Etablierung von Sonderfrieden (*pactum* oder *treuga Dei*) wenigstens für bestimmte Zeiten im Jahr (erst den erweiterten Sonntag, dann Festzeiten des Kirchenjahres wie die Advents- oder Fastenzeit) zu verbessern. Die Frieden wurden festgesetzt oder entstanden durch wechselseitige Verpflichtungseide. Sie schützten Sachen und Orte (Vieh und Kirchen) sowie Personen, vor allem bestimmte besonders schutzbedürftige, weil unbewaffnete Gruppen wie Kleriker und Mönche, Arme und Bauern, Frauen, Pilger und Kaufleute. Friedenszeiten, Schutzobjekte und auch kriminalisierte Handlungen mehrten sich nach und nach ebenso wie die immer differenzierteren Strafen. Garanten für die Exekution der Strafen für die Friedensbrecher waren die Waffen tragenden Eidgenossen.

Tiel

Wir kennen eine in diesen Kontext gehörige Vereinigung, die Gilde der Kaufleute von **Tiel**, nicht aus Selbstzeugnissen, sondern aus einer zeitnahen, um 1021/4 verfassten Beschreibung von außen, die polemisch ihre Institute und Zwecke beschreibt. Es geht dem Autor, dem Utrechter Kleriker Alpert von Metz (in seinem Werk *De diversitate temporum* = Über Wankelmütigkeiten der Zeitläufte), um die Diffamierung der Gilde, die in ihrer ganzen Erscheinung aus der guten Ordnung herausfällt, gegen sie verstößt. Sind ihm schon Kaufleute an sich suspekt, so gelten *coniurationes*, die Verschwörungen als gefährlich (vgl. S. 57). Gerade deshalb jedoch beschreibt er alles – Sitten und Einrichtungen (*mores et instituta*) – so genau, dass sich das Typische einer solchen Gilde herausarbeiten lässt.

E

Tiel
Im Niederrheingebiet, an der Waal, gelegener Ort aus drei Siedlungskernen: aus der *Civitas Tiala*, die um das auf einem Königshof begründeten Walburgiskloster herum gewachsen war (mit einer der vier wichtigsten Reichszollstellen der Zeit), dazu die Kaufmannssiedlung und der Hafen (in dieser Gegend typisch). Um die Jahrtausendwende zeigte nicht zuletzt ein Normannenüberfall 1006 exemplarisch die ungesicherte Situation und die großen Schäden, die die Kaufleute von Tiel immer wieder zu gewärtigen hatten.

Wir sehen eine „freie Einung", eine Gruppe, die sich aus freiem Willen und gemeinem Konsens unter Gleichen mit Hilfe eines Versprechenseides zu gegenseitigem Schutz und Hilfe zusammenschloss, sich aber zugleich auch nach außen abschloss und damit Anstoß erregte. Sie hielten sich, so Alpert, unter Hinweis auf ein königliches Privileg an kein Gesetz. Zudem hätten sie Gelage, Meineid und Ehebruch geradezu zum Prinzip erhoben. Das heißt, die Kaufleute konstituierten ihre Gemeinschaft immer wieder neu durch gemeinsames, Frieden- und Vertrauen stiftendes Mahl und durch gegenseitige Eide. Außerdem übten sie eine eigene interne Sondergerichtsbarkeit aus, bei der sie wohl auch den Beweis durch bloßen Reinigungseid ohne die (in der Fremde nicht ohne weiteres verfügbaren) Eideshelfer oder gar die Verpflichtung zum lebensgefährlichen Gottesurteil (zum Beispiel durch Zweikampf) zuließen. Gerade der Erlass der Zweikampfforderung sollte später in zahlreiche Stadtrechte eingehen. Hinter dem Ehebruchsvorwurf schließlich steht vielleicht eine Teilexemtion von der kirchlichen Gerichtsbarkeit oder auch nur das leicht diffamierbare Gastungsrecht für reisende Kaufleute.

Solche Schwureinungen ebenso wie die Tradition des gegenseitig geschworenen Gottesfriedens waren in der Gegend der ersten nordfranzösischen Kommunebildungen wohlbekannt. Sie entstanden in Bischofsstädten und ihre Gegner waren ihre bischöflichen Stadtherren (die in den hiesigen Konstellationen eine wesentlich mächtigere Position einnahmen als in Oberitalien), und sie konnten so ebenfalls den Anstoß der kirchlichen Mächte erregen. Doch der Klerus war nicht geschlossen und nur zum Teil von der Kirchenreform angetan. Deshalb konnte durchaus Verständnis für die berechtigten Beschwerden und Forderungen der nordfranzösischen Kommuneglieder aufscheinen.

Zwei unterschiedliche Beispiele sollen erläuternd angefügt werden: Im Falle Cambrais wird das Gewicht der Kirchenreform für die Bewegungen überdeutlich, im Falle Laons werden Forderungen deutlich, wie sie in der gleichen Zeit auch im Rheinland gestellt wurden und welche die Ähnlichkeit und zugleich die Dringlichkeit mancher Desiderate der Kommuneglieder zeigen.

Cambrai

Die Bischofsstadt Cambrai lag im äußersten Zipfel des Reiches, jedoch am Oberlauf der Schelde, die sie mit seeflandrischen Städten wie Tournai und Gent eng verband. Auch Ideen konnten die Schelde herabwandern, und so mögen die Erfahrungen von Cambrai auch einige Jahrzehnte später in Gent und Brügge fruchtbar geworden sein. Hervorgegangen ist Cambrai wohl aus einer römischen Ansiedlung an einer Straßenkreuzung, und es residierte hier offenbar seit etwa 600 der Bischof. Im 9. Jahrhundert war Cambrai Sitz einer karolingischen Grafschaft, deren Rechte im 10. Jahrhundert (wie in vielen Bischofsstädten im Reich, vgl. S. 67) an den Bischof übergingen. Für die wichtige Hochgerichtsbarkeit setzten die Bischöfe – denen als Kleriker die Blutsgerichtsbarkeit untersagt war – weltliche Vögte oder Burggrafen, hier Kastellane genannt, ein. Das mächtige Amt war in Cambrai zwischen den Adelsfamilien umstritten und geriet in die Hände entfernt sitzender Herren. All das geschah in einer Stadt, die Ende des 11. Jahrhunderts wirtschaftlich prosperierte – ein Zentrum der Textilverarbeitung wie des Getreide- und Waidhandels – und wuchs, ihren Mauerring erweiterte und insgesamt von immer selbstbewussteren Einwohnern geprägt wurde. Hier wie überall wirkte die Kirchenreform und sorgte für einen deutlichen Autoritätsverlust des Bischofs; das einfachere Volk war religiös aufgeregt und begann, zumindest in seinen prädestinierten Anführern, so etwas wie politisches Bewusstsein zu entwickeln.

Der eigentliche Anlass für den Aufstand 1077 gegen den Bischof und die Forderungen der Aufständischen sind angesichts der Quellenlage unklar. Doch lassen sich bestimmte Personenkonstellationen beobachten sowie deren Entwicklungen, die sich als typisch für Ereignisse dieser Art erweisen sollten. Der Bischof wurde bei der Rückkehr von einer Reise nicht in seine Stadt eingelassen, übertölpelte jedoch in Verhandlungen die Städter, woraufhin seine Leute deren Häuser plünderten und die Erneuerung des Treueides auf den Bischof (ganz im Unterschied zum wechselseitigen Verpflichtungseid bei einer Unterwerfung) erzwangen.

Doch die Leute von Cambrai gaben sich nicht geschlagen. Eine Folge der Gedanken der Kirchenreform war auch, dass die Bischöfe nicht mehr simonistisch von (laikalen) Fürsten eingesetzt, sondern kanonisch von Klerus und Volk gewählt werden sollten – und das Volk von Cambrai beanspruchte nun seine Beteiligung. Bei der nächsten Vakanz 1092 unterstützten die Städter einen Kandidaten gegen den Klerus, und sie wurden dabei von einer neu auftretenden Gruppe unterstützt, von der wir im Folgenden auch in anderen Städten immer wieder hören werden: den bischöflichen Vasallen, das heißt den weltlichen Amtsträgern, die begonnen hatten, sich in ihrer Lebensform immer mehr auf die Stadt einzurichten und gemeinsame Interessen mit den Kaufleuten und Handwerkern zu entwickeln. Schließlich musste der Bischof den Leuten von Cambrai per Privileg erlauben, „sich gemeinschaftlich zu verschwören" (*communiter coniurare*). Dennoch blieb der Bischof in Cambrai letztlich ein starker Stadtherr, der die Kommune – nachdem er ihr ein Stadtrecht hatte setzen müssen mit einem Rat und zwei bischöflichen Beamten an der Spitze – auch wieder verbot. Doch das Beispiel war in der Welt und konnte Schule machen, und das Scheitern war in der Region keineswegs der typische Ausgang.

Laon

Laon, das auf einem praktisch uneinnehmbaren Bergsporn im Laonnois nahe Reims lag, wurde eine (schon bei den merowingischen Teilungen hin- und hergeschobene und im 9./10. Jahrhundert zwischen Karolingern und Robertinern umstrittene) wichtige Königspfalz der französischen Krone. Das Bistum war wohl Anfang des 6. Jahrhunderts aus der Diözese Reims ausgegliedert worden. Die gesellschaftlichen Verhältnisse zur Zeit der Kommune kennen wir im Falle Laons sehr gut; sie sind in der Autobiographie des Abtes Guibert der stadtnahen Abtei Nogent beschrieben. Guibert war gewiss kein ausgeprägter Freund der Kommune, doch hat er offenbar zahlreiche Ereignisse als Augenzeuge miterlebt und kannte die meisten Akteure persönlich. Bei aller Kritik an der Kommune und deren Angriff auf die gute Ordnung versuchte er als Kirchenreformer zugleich, gerecht zu sein: Das Verhalten des Bischofs und der Zustand der Kirche insgesamt waren offensichtlich die eigentlichen Schuldigen an den unguten Entwicklungen.

Wie in anderen Bischofsstädten hatten mächtige bischöfliche Vasallen die wichtigsten weltlichen Ämter inne. Zudem saßen sie – hier ist gewiss, was sich in Cambrai erst abzeichnete – in der Stadt, in befestigten Häusern wie die Mailänder Adeligen, von denen sie sich jedoch in vielfacher Hinsicht unterschieden. Die großen Familien hielten enge verwandtschaftliche Verbindung mit dem Regionaladel, waren jedoch untereinander verfeindet. Ebenso war das Domkapitel angesichts der Kirchenreform zerstritten. Diesen Gruppen gegenüber traten Kaufleute und Handwerker, die offenbar (zumindest weitgehend) Unfreie waren, hofrechtlich von einem der Herren, einem der Klöster oder dem Bischof abhängig – eine städtische Bevölkerung, die uns genauso auch im deutschen Reich begegnen wird. Die Wirtschaft der Stadt blühte, und die Städter waren reich geworden, von finanziell steigendem Interesse für ihre Herren.

Mit Geld konnten sie sich viel erkaufen, 1107 sogar die Genehmigung ihrer Kommune. Auch der Bischof und selbst der französische König wurden durch Geldzahlungen veranlasst, den Vertrag mit zu beschwören und die Kommune so zu bestätigen. Abt Guibert meint, die Städter hätten sich von allen Abhängigkeiten außer dem Kopfzins und dem bischöflichen Gericht freikaufen wollen. Der Kopfzins galt damals – ganz im Unterschied zu späteren Entwicklungsstufen städtischer Autonomie – als relativ geringes Merkmal von Unfreiheit, belegt jedoch deren Fortdauer. Wahrscheinlich ging es bei jenen ungenannten Abhängigkeiten vor allem, wie auch im Rheinland, um eherechtliche Beschränkungen und damit verbundene Abgaben (vgl. S. 75).

Für den Bischof bedeutete das erzwungene Nachgeben deutliche Einbußen in seiner Herrschaft – 1112 hob er einseitig die gemeinsam mit den Gemeindemitgliedern beschworene Kommune wieder auf. Er ging jedoch einen Schritt zu weit, als er den König zu seiner Unterstützung bestach und dann die Bestechungssumme auf das gerade entrechtete Volk umlegen wollte. Die Städter verschworen sich (Guibert meinte, sie hätten von Anfang an Mord im Sinne gehabt) – und im entstehenden Aufstand wurde der Bischof getötet. Das Volk plünderte und zerstörte die festen Häuser des Adels, Dom und Kirchen wurden niedergebrannt. Auch das ging zu weit, und die Rache der Großen folgte sofort. Erst 1128 gelang es den Bürgern von Laon, eine Freiheitsurkunde (*Charte de liberté*) vom König zu erwerben. Es war ihnen gelungen, den Bischof als Zwischeninstanz zwischen sich und dem König zu umgehen dank des Wunsches des Herrschers, seinen Einfluss gegenüber dem Bischof zu vermehren – wiederum ein Kunstgriff, der sich in mancher frühen Stufe der Kommunebildung im deutschen Reich finden lässt. Allerdings war zu erwarten, dass sich der ausgespielte Bischof wehren würde, und das Privileg erst durchgesetzt werden musste.

Das königliche Privileg erwähnt die Kommune mit keinem Wort – wenngleich ihre Repräsentanten, der Maior (eine Art früher Bürgermeister) und die Iurés (die Gerichtsgeschworenen) auftreten. Vor allem aber erfüllt es all ihre Forderungen: Die Hörigen, hier Zensualen, sind nur zu einem Kopfzins verpflichtet und dazu, vor dem Gericht ihrer Herren zu erscheinen, aber niemals außerhalb der Stadt, wodurch das Gemeinschaftsbewusstsein auf Dauer weiter gestärkt werden konnte. Sie erhielten offenbar Ehefreiheit (vgl. S. 75) – das heißt, der Untermischung der verschiedenen *familiae* (vgl. S. 47) in der Stadt standen keine Hindernisse mehr im Wege – und freies Erbrecht für ihre Güter; Heiratszwang und Todfallabgabe entfielen. Die Befreiungen griffen tief in die hofrechtlichen Gewohnheiten ein, und die Auflösung der Verbände war vorgezeichnet.

2. Emanzipationsbewegungen am Rhein

Was in Cambrai und Laon geschah, hatte in der gleichen Zeit Parallelen weiter westlich, in den Bischofsstädten Trier mitten in Lothringen und Worms, Speyer und Köln am Rhein gefunden. Im deutschen Reich fehlte an sich nicht ein starkes Königtum wie in Frankreich, aber es war durch den **Investiturstreit** in eine tiefe Krise geraten. Zudem hatten die Ideen der Kirchenreform auch hier ihre Auswirkungen auf die Menschen, und von ihrer wirtschaftlichen Prosperität her standen die rheinischen Städte kaum hinter denjenigen in Nordfrankreich zurück. Gesellschaftlich ähnlich aufgebaut, fühlten sich auch ihre Bewohner von Einschränkungen des persönlichen Rechtsstandes bedrängt, wie wir sie in Cambrai und Laon feststellen konnten, stellten aber auch wirtschaftliche Forderungen und fanden ähnliche Wege, ihren Forderungen Gehör zu verschaffen.

E

Investiturstreit
Konflikt zwischen Königtum und Papsttum zwischen 1056 und 1125, der vom Anlass her um die Einsetzung von Bischöfen (Investitur) ausgetragen wurde, jedoch schon hierin und in seinen Auswirkungen die Grundfesten der Reichsverfassung ebenso wie die der durch die Kirchenreform in ihrem Selbstverständnis geschärften Papstkirche. Am Ende stand die – durch die nicht zuletzt in der Auseinandersetzung entwickelte Rechtswissenschaft einzulösende – Forderung nach genauer Bestimmung des Verhältnisses von zwei grundsätzlich getrennt denkbaren Bereichen *regnum* und *sacerdotium*. Die Reichsbischöfe waren zugleich Geistliche – die nicht mehr von Laien eingesetzt werden sollten, weil das nun als Simonie galt – und Träger von Reichslehen, für die sie dem König Treueid und Huldigung schuldeten. Praktisch wäre den Königen entscheidender Einfluss auf bis dahin wichtige Stützen seiner Königsmacht entzogen worden. Der Streit gipfelte im Kampf zwischen Papst Gregor VII. und König Heinrich IV. und konnte endgültig erst mit dem Wormser Konkordat 1122 beigelegt werden.

a) Worms 1073/74

Die alte Römerstadt Worms gehörte zu jenen, bei denen Siedlungskontinuität festzustellen war. Dennoch verlor sie ihren römischen Namen, wurde jedoch weiterhin bei ihrem nie ganz verdrängten keltischen Namen *Borbetomagus/Worbes* genannt, eine außergewöhnliche Form der Namens-Kontinuität. Worms war wohl schon seit der Mitte des 4. Jahrhunderts der Sitz eines Bischofs und stieg in der Karolingerzeit zu einer wichtigen Siedlung auf. Im 10. Jahrhundert konnten die Bischöfe mit königlicher Förderung ihre Herrschaft ausbauen: Sie erwarben in einem Privileg Markt, Münze und Zoll, und 979 gingen durch königliche Begnadung die letzten **gräflichen Hoheitsrechte** auf die Bischöfe über, nämlich das Befestigungsrecht und der aus der Grafschaft ausgegliederte neue, die ganze (wohl damals schon ummauerte) Stadt umfassende Hochgerichtsbezirk.

E

Grafschaftsrechte, gräfliche Hoheitsrechte, Bannrechte
Die räumliche wie rechtliche Aufteilung des königlichen Herrschaftsbereiches in Grafschaften stammt als Idee aus der Karolingerzeit, ohne dass je alles Land gräflichen Amtsbezirken zugeordnet gewesen wäre. Aufgabe der Grafen war die Verwaltung königlicher Aufgaben und Rechte, wie Friedenswahrung und Königsschutz, Heeresaufgebot und Erhaltung des Königsgutes, Befestigung und vielfach Regalien, Zölle und Geleitsrechte, und vor allem die Wahrnehmung der königlichen Hochgerichtsbarkeit (Königsbann). Der steten Gefahr der Entfremdung der Rechte in der Hand mächtiger Familien begegneten die Könige nicht zuletzt dadurch, dass sie Reichsbischöfe als Kontrollinstanz einsetzten, auch durch Ausgliederung der Bischofsstädte (vgl. Cambrai S. 63).

Mit der Verleihung allein war es allerdings nicht getan, denn die Rechte wurden damit anderen mächtigen Herren entzogen und mussten von den Bischöfen erst tatsächlich erworben werden. In vielen Bischofsstädten gleichen sich die Bilder: Oft mussten die Bischöfe andere, meist weltliche Herren aus der Stadt verdrängen, die Grafen des gesamten Bezirks einschließlich der Stadt gewesen waren, im Falle von Worms immerhin die Familie der Salier (Hochadelsgeschlecht, Könige 1024–1125). Erst um die Jahrtausendwende gelang es dem hoch bedeutenden Wormser Bischof **Burchard**, die Grafenrechte durchzusetzen. Sofort wandelte er die städtische Salierburg in das Stift St. Paul um.

E

Burchard von Worms
(um 965–1025, Bischof 1000) führte insgesamt aufwendige Baumaßnahmen durch (Domneubau), befestigte die Stadt und förderte beziehungsweise errichtete geistliche Institutionen. Burchard war einer der bedeutendsten Rechtsgelehrten (Kanonisten) der abendländischen Geschichte; es gab zwar Kundige des Kirchenrechts, doch er betätigte sich als wissenschaftlicher Sammler und Ordner, als er eine der ersten Sammlungen, sein Dekret, schuf.

Hofrecht Burchards von Worms

Seiner Aufzeichnung des Wormser Hofrechts (vgl. S. 47) verdanken wir einen ungewöhnlich genauen Einblick in die Rechts- und Sozialverhältnisse der Stadtbewohner von Worms, bevor eine Stadtgemeinde, eine Kommune sichtbar und aktiv wurde. Sichtbar werden mehrere verschiedenartige Gruppen von hofrechtlich gebundenen Hörigen des Wormser Bischofs in der Stadt – oder besser, sichtbar werden jene Verhältnisse, die nach der Rechtsauffassung des Bischofs bestehen sollten, die er als Grundlage seiner grundherrlichen (nicht stadtherrlichen!) Rechte betrachtete. Die Hörigengruppen waren vor allem nach ihren Dienst- und Abgabeverpflichtungen gestaffelt: Ganz unten standen Leuten, die dem Herrn ungemessene Frondienste zu leisten hatten. Die am wenigsten einengende Bindung war die der Zensualen, die Geldzahlungen verschiedener Art zu leisten hatten und als relativ frei galten, nämlich von jeglicher Dienstleistung (*ab omni servitute*). Sozialgeschichtlich betrachtet war der Zensualenstand offenbar ein höchst attraktiver Zustand, der Menschen von unten (durch Entlassung und Freikauf) und von oben (durch Schutz versprechende und oft auch den Lebensunterhalt absichernde Selbstübergabe) anzog.

Ministeriale

Teil der rechtlich unfreien *familiae* waren auch die **Ministerialen** der Herren. Diese übernahmen die immer zahlreicher werdenden herrschaftlichen

Verwaltungsfunktionen in den wachsenden Märkten und Städten. Sie waren Zöllner, Münzer, Wechsler, Marktbeamten, aber sie leisteten auch bewaffneten Dienst im städtischen Aufgebot. Nicht zuletzt stellten Ministeriale auch die **Stadtschultheißen oder Ammänner**, das heißt als Vertreter des Stadtherrn die Vorsitzenden des gräflichen Hochgerichts und des städtischen Heeresaufgebots. Sie waren ihren Herren besonders verpflichtet, doch zugleich die gegebene Führungsschicht für die entstehende Gemeinschaft aller, auch der sozial niederrangigeren Stadtbewohner.

E

Ministeriale

Ministeriale waren Dienstleute ihrer Herren, die persönlich-rechtlich unfrei waren und innerhalb des Hofrechtsverbandes und bald auch darüber hinaus besondere Funktionen, vor allem Verteidigungs- und Verwaltungsaufgaben übernahmen. Dies konnten, oft miteinander verknüpft, wirtschaftliche Verwaltungstätigkeiten – Meier, Keller(meister), Amtleute einer Grundherrschaft, Hofämter (Truchsess, Schenk, Marschall oder Kämmerer), Einnehmer von Zöllen und anderen herrschaftlichen Einkünften – sein. Dazu kamen (politisch-)militärische Aufgaben wie Burgmannschaft oder bald Stadtschultheißenamt, die mit dem für Unfreie grundsätzlich nicht erlaubten Tragen von Waffen einhergingen. Dadurch konnten sie hohe soziale Ränge erreichen (während Merkmale der Unfreiheit – wie der Heiratszwang und Erbbeschränkungen – erhalten blieben), wenn sie zur Ausstattung ihrer Ämter von ihren Herren mit Lehen, also mit Grundbesitz oder anderen Einkünften, ausgestattet wurden, die sukzessive faktisch erblich wurden (ein Merkmal von relativer Freiheit). In allen Grundherrschaften, auf dem Lande wie in den wachsenden Städten, kamen Ministeriale zum Einsatz.

Bischöfliche (und dann auch königliche) Ministeriale mit stets starker Affinität zu Kaiser und Reich scheinen sich entweder in die Stadt oder zum Adel auf das Land orientiert zu haben. So scheinen sie entweder den landsässigen Adel von unten ergänzt zu haben, oder, wenigstens in manchen Städten, durch ihre Positionen ebenso wie ihre Verwaltungs- und auch politische Erfahrung in die Gruppe der angesehensten Bürgern hineingewachsen zu sein (Patriziat – Geschlechter – Stadtadel, vgl. S. 102), die zur Entwicklung der Selbstverwaltungsorgane beitragen konnten. Diese These von Knut Schulz (vgl. auch S. 57) ist nicht unbestritten geblieben, zumal im Einzelnen der Nachweis von Verwandtschaft über die Generationen hinweg in dieser Zeit der weitgehenden Einnamigkeit und wechselnden Beinamen nur für wenige Personen und Familien gelingen kann. Fehlende Hinweise darauf, dass in manchen Städten tatsächlich ein Teil der Bürgerschaft aus der Ministerialität stammte, werden von wichtigen Hinweisen in anderen Städten ergänzt; Generalisierung scheint unmöglich. Nicht gegen die These spricht aber, dass Bürger und Ritter, *cives* und *milites*, in vielen frühen Zeugenlisten nebeneinander auftreten, da nie alle Ministerialen Ritter waren.

Schultheiß (*scultetus*), Amman

Der Schultheiß entstammt dem Gerichtskontext, in dem er meist dem Grafen als Vollstreckungsdiener zur Seite stehen oder aber die Position des verhandlungsleitenden Richters einnehmen konnte. Dafür standen ihm traditionell bestimmte Vorrechte zu. Auch der Amman (Amtmann) tritt häufig im Gerichtszusammenhang auf.

In den mittelalterlichen Städten konnten Schultheiß und Amman wie Burggrafen, Stadtvögte oder Meier (Verwalter) Stellvertreter der Stadtherren sein. Als solche hatten sie gerichtliche Funktionen inne, doch auch Aufgaben der (wirtschaftlichen) Verwaltung, und sie führten oft das städtische Aufgebot an. Vielen städtischen Bürgerschaften gelang es im Zuge ihrer Emanzipation, diese Ämter in die eigene Hand zu bekommen und damit häufig den letzten Schritt zur Freiheit von herrschaftlichem Eingriff und Autonomie zu tun.

Die unterschiedliche persönliche Stellung mag die Menschen in der Stadt Worms bei aller Gemeinschaft in einem Hofrechtsverband voneinander getrennt haben – zumal aus dem aufgezeichneten Recht des bischöflichen Hofrechtsverbandes offensichtlich wird, dass er noch eine Reihe weiterer, wenngleich kleinerer Hofrechtsverbände (mindestens neun) in der Stadt gab. Für jeden dieser Verbände war ein eigenes grundherrliches Gericht (meist außerhalb der Stadt gelegen) zuständig. Dass Gruppen von Menschen im Früh- und Hochmittelalter nach unterschiedlichem Recht unter verschiedenen Herren lebten, war eine Selbstverständlichkeit – die Rechtsstellung der Bewohner einer Siedlung wurde in dem Moment relevant, in dem sie sich zu einer Gemeinschaft zusammenschlossen und dem oder den Herren gegenübertraten.

bischöfliche Grafschaft

Weil all diese trennenden Unterschiede zwischen den Menschen lagen, war es für die Entwicklung einer Gemeinschaft, die aufgrund der Entdeckung gemeinsamer Interessen aller Städter entstand und dem Stadtherrn gegenübertrat, von großer Wichtigkeit, dass zu den stadtherrlichen Rechten des Bischofs zum Beispiel auch das ausgegliederte Grafengericht gehörte. Denn zu dessen regelmäßigen Gerichtstagen hatten aller Wormser (und nur die Wormser) als Gerichtsgenossen zu erscheinen. Die Schöffen des Gerichts rekrutierten sich grundsätzlich aus den angesehensten und wohl auch funktional einflussreichsten Familien dieser die ganze Stadt umfassenden, schon im 10. Jahrhundert konstituierten Gemeinschaft – und sie waren es, die zur Führungsschicht der Kommune werden konnten und sollten. Verstärkt wurde diese Gemeinschaft stiftende, stadtübergreifende Gerichtsgemeinde durch die Tatsache, dass alle Wormser eine Wehrgemeinschaft bildeten und sich in die Allmende der Stadt teilten.

Nun zu den Ereignissen der Jahre 1073/74. Der Kaiser, Heinrich IV. (1050–1106, König 1053/54) befand sich in Schwierigkeiten: Er stand vor der Absetzung durch den Papst, und nur knapp vier Jahre später sollte er den Gang nach Canossa antreten. Der gesamte sächsische Adel hat sich gegen ihn erhoben und zu all dem wurde er schwer krank und blieb entscheidende Zeit handlungsunfähig. In dieser verzweifelten Situation jagten die Wormser die Kriegsleute ihres pro-päpstlichen Bischofs aus der Stadt, so dass auch diesem nur noch die Flucht blieb, und empfingen den Salierherrscher prunkvoll in der Stadt. Die Situation wurde zugespitzt durch die Tatsache, dass Heinrichs Familie nicht nur in der Gegend ihre Hausmacht besaß, sondern vor nicht allzu langer Zeit erst vom Bischof aus der Stadt Worms selbst verdrängt worden war (vgl. S 67). Der Historiograph **Lampert von Hersfeld**, alles andere als kaiserfreundlich gesonnen, schildert uns den Eklat in bissigen Worten.

Lamperti monachi Hersfeldensis Opera
ed. Oswald Holder-Egger, Hannover 1894 (MGH Scriptores rerum Germanicarum in us. schol. editum. 38), S.169

Dort (in Worms) wurde der König mit großem Aufwand in der Stadt (*in urbem*) empfangen von den Bürgern (*a civibus*), die kurz zuvor (als wollten sie ihren Eifer für ihn um so deutlicher machen), die Dienstmannen des Bischofs, die den königlichen Einritt verhindern wollten, aus der Stadt verjagt hatten und die auch den Bischof selbst, wäre er nicht in frühzeitiger Flucht aus der Stadt entkommen, ergriffen und dem König in Fesseln übersandt hätten. Als der König kam, zogen sie ihm bewaffnet und gerüstet entgegen, nicht um ihm Gewalt anzutun, sondern damit er beim Anblick ihrer Anzahl, ihrer Waffen und der Zahl ihrer bewaffneten Jugend in seiner schwierigen Lage sofort erkenne, wie viel Hoffnung er in sie setzen dürfe. Sie versprachen ihm bereitwillig ihre Hilfe, leisteten ihm einen Eid, boten ihm an, zu den Kosten des Krieges jeder einzelne aus seinem eigenen Vermögen beizutragen, und bekräftigten, dass sie Zeit ihres Lebens eifrig für seine Ehre kämpfen wollten. So besaß der König eine wohlbefestigte Stadt und machte sie zur Zentrale seines Krieges, zur Festung seiner Herrschaft und auch – was immer geschehen möge – zur sicheren Zuflucht, weil sie durch die Zahl ihrer Bürger und die Festigkeit ihrer Mauern uneinnehmbar war und durch die Fruchtbarkeit der Umgebung sehr reich und mit allem, was im Krieg von Nutzen zu sein pflegt, gut ausgestattet.

Wormser Bürger

Nicht allein eine diffuse Treue zum König oder zum Adelsherrn aus der eigenen Region zeigt sich jedoch an dem Verhalten der Wormser **Bürger** (Lampert spricht von *cives*). Ganz offensichtlich sind sie auch fähig, organisiert und erfolgreich gemeinsam zu handeln. Weiterhin besaßen sie, wie schon die unmittelbaren Ergebnisse der gerade geschilderten Ereignisse zeigen, gemeinsame Interessen, die sie zu formulieren imstande waren. Schließlich müssen sie gut informiert gewesen sein, was im Reich, auch an von Worms eher entfernten Orten, vor sich ging: Hier treten Fernhändler auf, die überall im Reich ihre Verbindungen und damit Informationsquellen besaßen. So konnten sie eine Gelegenheit nutzen, Vorteile für sich selbst zu verschaffen.

E

Bürger – *civis* – *concivis*
Civis romanus meinte ursprünglich den römischen Volksangehörigen im Gegensatz zu jeglichem Fremden und kam in der Spätantike jedem Freien Reichsangehörigen zu. Im Frühmittelalter ist *civis* samt Bestimmungswort nicht auf *civitates*, *urbes* oder Burgen beschränkt. Das ändert sich gerade im 11. Jahrhundert zunehmend, je mehr sich die Stadtbewohner vor allem rechtlich vom Umland abgrenzen lassen und als *cives* (deutsch *burgare*) Empfänger königlicher Urkunden zu werden beginnen und in den ersten Städten ein *ius civium* oder *civile* auftaucht; die lateinische Benennung des Landbewohners wird *rusticus* oder auch *agricola*. Allerdings bleibt *cives* noch mehrdeutig, so dass in mancher Region der Stadtbewohner lieber eindeutiger *burgensis* benannt wird. *Concivis* scheint manchmal Bürger mit von der Gesamtheit abweichendem Stand (Adelige, Juden) bezeichnet zu haben, doch lässt sich diese These nicht oder nicht durchgängig verifizieren. Vgl. *civitas* S. 16.

Diese Fernhändler müssen keineswegs von außen zugezogene **freie Kaufleute** gewesen sein. Hier liegt kein Widerspruch zu der Annahme, dass die Anführer der Gemeinschaft Ministeriale waren, denn es ist davon auszugehen, dass die Ministerialen in der Stadt nicht nur Grundbesitzer waren, sondern über ihre Beteiligung an der Münze, den Zöllen und Marktabgaben in den Geld- und wohl auch in den Warenhandel einstiegen und sehr bald zu den reichen Händlern der Stadt zählten.

E

Freie Kaufleute: Freiheit und Stadt I
Ein Erklärungsmodell vor allem in der älteren Stadtgeschichtsforschung für die Entstehung einer städtischen Führungsschicht sah Fernkaufleute als die eigentlich treibenden, maßgeblichen Kräfte bei der Ausbildung von Kommunen an, weil die frühen kommunalen Forderungen meist im Interesse solcher Leute lagen. Aus der Existenz von Siedlungen ortsfremder Fernkaufleute – wie denen von Friesen in Worms, Mainz, Duisburg oder Köln – schloss man, dass deren Einwohner nicht hofrechtlich gebunden, also persönlich frei gewesen sein dürften. – Allerdings musste in diesen Zeiten jemand, der freizügig in ganz Europa herumreist, um Fernhandel zu betreiben, nicht unbedingt persönlich frei sein. Wir wissen von verschiedenen Fällen, in denen das gewiss nicht der Fall war. So treffen wir in Kiev einen Kaufmann, der für seinen Abt zu Hause fern im Westen tätig war, oder 779 erhielten die *negociantes* des Klosters St-Germain-des-Prés bei Paris ein Fernhandelsprivileg: Es gab offenbar Unfreie, die von ihren Herren zur Handelsreise „freigestellt“ wurden.
Bei der Ansiedlung an einem neuen Ort griffen unterschiedliche Mechanismen. Wohl für Leute aus der unmittelbaren Umgebung verlangte der bischöfliche Freiheitsbrief für Huy 1066, wer in die Stadt ziehen wolle, solle Höriger seines Herrn bleiben. Wer sich jedoch fernab ansiedelte, unterstand gewiss in der Praxis nicht mehr seinem alten Hofrechtsverband, denn über weitere Entfernungen geriet die alte Abhängigkeit leicht in Vergessenheit: „Bei vielen handelt es sich um Leute, die von niemandem als Unfreie in Anspruch genommen werden“ (Gerhard Dilcher). Entscheidend war wohl nicht, ob diese Kaufleute tatsächlich persönlich frei waren, sondern wie viel Freiheit sie praktisch genossen – Freizügigkeit, diverse Handelsprivilegien und zunehmend Königsschutz. Wie gesehen (vgl. Tiel S. 62) organisierten sie sich in Gebieten, wo dieser nicht griff, genossenschaftlich. Das wiederum konnte dort der Ausbildung von Schwurgemeinden Vorschub leisten, während zumindest in den alten Bischofsstädten fremde freie Kaufleute offensichtlich nicht maßgeblich an der Kommunebildung beteiligt waren, sehr wohl aber Ministeriale, die fernhändlerisch tätig gewesen zu sein scheinen (Knut Schulz, vgl. S. 68): Offensichtlich konnten die Träger der Gemeindebildung unterschiedlicher Art sein.

Der dankbare Kaiser stellte den Wormsern, die mit gemeinschaftlicher Zustimmung der Bürger (*communi civium favore*) gehandelt hatten, am 18. Januar 1074 eine Urkunde aus, die sie von allen wichtigen Reichszöllen befreite. Es sind also wirtschaftliche Freiheiten, und zwar gerade solche im Interesse von Fernhändlern, die die Bürger gewährt bekommen haben. Zugleich gingen sie aber auch einen wichtigen Schritt in Richtung Emanzipation von ihrem Bischof: Nicht ihm als ihrem Stadtherrn, sondern dem König direkt leisteten die Wormser einen Treueid, und der König akzeptierte ihn insofern, als er zum ersten Mal den Bürgern einer Stadt ein Privileg ausstellte und ihr Verhalten allen Städtern des Reiches als leuchtendes Vorbild empfahl.

b) Köln 1074

Diese Empfehlung könnte gewirkt haben – wenn wir auf die Ereignisse noch des gleichen Jahres in Köln sehen und dem gleichen Berichterstatter, Lampert von Hersfeld (S. 185–192), glauben. Er gibt uns zugleich unfreiwillig einen Einblick in das, was die frühen Bürger an ihrem bischöflichen Grundherrn, seinen Rechten und deren Ausübung bedrückend gefunden haben könnten – während er selbst über die Ereignisse als abschreckendes Beispiel gegen die Haltlosigkeit der Volksmasse oder aber die Parteiungen wieder einmal zugunsten des Kaisers berichtet.

Erzbischof Anno hatte den Bischof von Münster über Ostern zu Gast und ließ diesem für die Heimreise ein geeignetes Schiff besorgen, indem er dasjenige eines reichen Kölner Kaufmannes (offensichtlich als Unfreier des Erzbischofs zum Herrendienst verpflichtet) beschlagnahmen und entladen ließ. Aus der Gegenwehr des Kaufmannssohnes gegen die Beschlagnahme entwickelte sich nach Eingreifen des Stadtvogtes (des weltlichen Vertreters der stadtherrlich-gräflichen Rechte des Erzbischofs) ein Aufruhr, angeheizt von Drohungen des Erzbischofs mit dem Gericht. Das an sich schlichte und durchaus dem Recht entsprechende, wenngleich rücksichtslose Vorgehen scheint der berühmte Tropfen zuviel gewesen zu sein. Der Unmut im Volk – das leicht zu verführen gewesen sei, habe es sich doch daran gewöhnt gehabt, bei Wein und Mahl über militärische Angelegenheiten zu diskutieren, ohne etwas davon zu verstehen – über die übertriebene Strenge des Erzbischofs führte rasch zum Entschluss, nicht nur wie die Wormser ihren Bischof einfach aus der Stadt zu jagen, sondern ihn gleich zu ermorden (so Lampert). Man griff zu den Waffen und stürzte zum bischöflichen Palast – Beobachter sahen den Teufel an der Spitze des Volkes! Wenngleich der Bischof letztlich aus der Stadt und nach Neuß entkam, war der Mob entfesselt – laut Lampert plünderte er die erzbischöfliche Kapelle, belagerte den Dom und war drauf und dran, alle Mönche von St. Pantaleon zu erschlagen.

Lamperti monachi Hersfeldensis opera
ed. Oswald Holder-Egger, Hannover 1894 (MGH Scriptores rerum Germanicarum in us. schol. editum. 38), S. 190–92

Außerdem schickten sie [die aufständischen Bürger] einige rüstige junge Männer, sich so schnell wie möglich zum König zu begeben, um ihm zu melden, was geschehen war, und ihm vorzuschlagen, so rasch wie möglich zu kommen und die vom vertriebenen Erzbischof freie (*vacans*) Stadt zu besetzen, denn in seiner Hand liege das Wohl der Stadt und ebenso sein eigener größter Nutzen, wenn er versuche, dem Erzbischof zuvorzukommen, weil dieser große Dinge in Bewegung setzen würde, um das ihm angetane Unrecht zu rächen. In solcher Raserei wüteten sie volle drei Tage. Als man auf dem Land davon hörte [...] erschreckte das ganze Volk wegen der unerhörten Ereignisse und des schlimmen Verbrechens [...] [Des Bischofs] große Freigiebigkeit gegen Arme, seine große Demut in heiligen Dingen, seine große Milde gegen Menschen, sein großer Eifer bei der Verbesserung der Gesetze, seine offene Strenge bei der Bestrafung von Übeltätern wurde in aller Munde gefeiert und die Erinnerung daran brachte ihm beim Volk nicht geringe Dankbarkeit ein. [...] [Der Erzbischof erobert die Stadt zurück] In dieser Nacht flohen die sechshundert oder mehr der reichsten Kaufleute aus der Stadt, begaben sich zum König und erflehten sein Eingreifen gegen die Wut des Erzbischofs.

Wie in Worms versuchten die Bürger hier, mit dem König einen Bund gegen den Stadtherrn zu schließen. Zugleich aber scheint sich die fortgeschrittene Abgrenzung der Stadt vom Land auch bereits in anderer Hinsicht zu zeigen, als die Landbevölkerung den Herrn gegen die Städter unterstützte. Obwohl Erzbischof Anno 1074 siegen konnte, blieb das neuartige Bündnis zwischen den Bürgern und dem König bestehen. Im Jahre 1106, als sich Heinrich IV. wieder in Bedrängnis befand, diesmal gegenüber seinem eigenen Sohn, standen besonders Kölns Bürger treu zum alten Kaiser. Diesmal sind bereits Schöffenkolleg und *viri illustri* belegt, Repräsentanten offenbar einer organisierten Gemeinschaft, denen der König den Auftrag erteilte, die Stadtbefestigung zu erweitern, also ein stadtherrliches Recht in die eigenen Hände zu nehmen. Ob allerdings die viel später aufgezeichnete Bemerkung, 1112 sei es in Köln zu einer Schwureinung für die Freiheit gekommen (*coniuratio Coloniae facta est pro libertate*), auf 1106 zu beziehen ist – und damit eine eidlich konstituierte Gemeinde mit emanzipatorischer Zielsetzung belegt wäre – oder nicht doch eher auf 1114, ist wohl letztlich nicht zu klären. 1114 verschworen sich die Bürger diesmal mit ihrem Erzbischof gegen König Heinrich V. (1086–1125; König 1098, mit dem sie sich nach dem Tod des Vaters hatten versöhnen müssen). Der gestand in dieser Phase der Kooperation der Stadtgemeinde ein eigenes Siegel zu – möglicherweise um dem Druck von unten in günstiger Zeit ein Ventil zu bieten.

c) Königliche und bischöfliche Freiheitsprivilegien für Speyer, Worms und Mainz in der ersten Hälfte des 12. Jahrhunderts

Speyer 1111

Auch andernorts am Rhein schritten um dieselbe Zeit und in vergleichbaren Situationen und Konstellationen die Gemeinschaften der Bürger fort in ihrer Konstitution und ihrer Emanzipation von der Stadtherrschaft. In Worms wurden 1106 Entscheidungen vom gemeinsamen Rat der Städter (*urbanorum communi consilio*) gefällt; die Bürger von Speyer erwarben 1111 vom König das Recht, in gemeinsamem Beschluss bei Münzverschlechterungen zustimmen zu dürfen. Die Speyrer Privilegien sollten mit goldenen Lettern über dem Hauptportal des Speyrer Domes, der Grab- und damit Memorialkirche der salischen Könige, eingelassen werden und enthielten im Gegenzug die Verpflichtung der Bürger zu umfassendem Gebetsgedenken für des Königs Vater. Dafür wurden – mit Zustimmung des Bischofs – den Bürgern wiederum vor allem Freiheiten verliehen, die ihren wirtschaftlichen Interessen entgegenkamen, die jedoch nun auch in den hofrechtlichen und damit den Bereich der persönlichen Freiheit jedes Einzelnen übergriffen.

Q

Königsprivilegien für Speyer, 14. August 1111
ed. Urkunden zur Geschichte der Stadt Speyer, ed. Alfred Hilgard-Villard, Straßburg 1885, 14 S. 17–19

I. [...] allen Christus und uns Getreuen, zukünftig wie jetzt, wollen wir bekanntmachen, dass wir zum Heil der Seele unseres lieben Vaters, des Kaisers Heinrich glücklichen Gedenkens, mit Rat und auf Bitten unserer Fürsten [...] alle, die in der Stadt Speyer entweder wohnen oder wohnen wollen, woher sie auch kämen oder welchen (Rechts)standes sie auch seien, samt ihren Erben der schändlichen und schlechten Regel entrissen haben, nämlich der Abgabe jenes Anteils, der volkssprachig Buteil genannt wird, durch den die ganze Stadt wegen zu großer Armut der Vernichtung nahe gebracht wurde. Und wir verbieten, dass irgendeine höher- oder weniger hochgestellte Person, sei es ein Vogt oder auch ihr natürlicher Herr, nach ihrem Tod irgendetwas als Todfallabgabe einzuziehen wage. Wir haben ihnen zugestanden und bestätigt [...], dass sie alle die freie Macht haben sollen, [ihren Besitz] ihren Erben zu hinterlassen oder für ihr Seelenheil zu geben oder irgendeiner anderen Person zu vererben [...]
II. [...] 1. Frei von jeglichem Zoll, der in der Stadt bisher fällig zu sein pflegte, stellen wir unsere Bürger. Das Geld, das volkssprachlich Bannpfennig genannt wird, und auch das, das man Schoßpfennig nennt, und ebenso den Pfeffer, der von den Schiffen erhoben wurde, erlassen wir ihnen. – 2. Wir wollen weiterhin, dass keiner unserer Bürger gezwungen sei, außerhalb des Umkreises der Stadt ein Gericht seines Vogtes aufzusuchen. – 3. Kein Amtmann oder Bote irgendeines Herrn im Dienst seines Herrn darf von den Bäckern oder den Fleischern oder von irgendeiner Gruppe von Leuten in der Stadt gegen deren Willen irgendeine Todfallabgabe einziehen. – 4. Kein Amtmann wage es, den Wein, der Bannwein genannt wird, zu verkaufen oder irgendeines Bürgers Schiff gegen dessen Willen zum Nutzen seines Herrn beschlagnahmen. – (6. Münzverschlechterung) – 9. Einen Prozess, der einmal in der Stadt begonnen wurde, darf weder der Bischof noch eine andere Macht erzwungenermaßen außerhalb der Stadt beenden lassen. [...]

Entfallen sollten Abgaben und andere Beschränkungen, die zu den stadtherrlichen Bannrechten (vgl. Grafenrechte S. 67) gehörten wie Bann- und Schoßpfennig, ein offenbar speziell auf den teuren importierten Pfeffer erhobener Zoll, und der Zugriff auf den Bannwein. Die stadtherrliche Gerichtspflicht dagegen wurde verstärkt, jedoch ebenfalls zugunsten der Bürger und ihrer Gemeinschaft, die, wie schon gesehen, durch das einzige gemeinsame und sich mit dem Bereich der Stadt deckenden Gericht gestärkt wurde (vergleichbar auch den königlichen Befreiungen für die Bürger von Laon 1128, vgl. S. 65). Zugunsten der Bürger verloren nicht nur der Bischof (von dem es ja heißt, er habe zugestimmt), sondern auch alle anderen Herren mit Grundholden in der Stadt hofrechtliche Ansprüche an ihre Unfreien. Ausdrücklich erwähnt ist unter anderem der Zugriff auf die Schiffe, der für die Fernhändler besonders unangenehm war, und der zugleich der Anlass für die in Speyer gewiss wohlbekannten Kölner Unruhen gewesen war. Am wichtigsten jedoch war die Befreiung von **Buteil und Todfallabgaben**. Beides waren Abgaben, die wohl unter ländlich-bäuerlichen Verhältnissen angemessene

Schutzmaßnahmen für den Besitzstand des Herrn waren, jedoch im Bereich einer Stadt rasch unerträglich wurden, wo zum einen zahlreiche unterschiedliche Hofrechtsverbände auf engem Raum und in einer einzigen Hochgerichtsgemeinde zusammenlebten und wo zum anderen die Kaufmannsgeschäfte durch hohe Kapitalverluste ruiniert werden mussten.

E

Buteil – Todfallabgabe

Wenn Angehörige zweier verschiedener hofrechtlicher *familiae* (vgl. S. 47) heirateten (einer Verheiratung von Unfreien musste der Herr zustimmen: so genannter Heiratszwang), drohte dem Herrn Besitzverlust, wenn die Kinder bei der Mutter und in deren *familia* blieben. Deshalb wurde bei Exogamie das so genannte Buteil erhoben, das heißt oft zwei Drittel des Besitzes des ausheiratenden Mannes eingezogen, kombiniert oft noch mit der Todfallabgabe (Anrecht des Herrn auf einen Anteil am Nachlass) beim Tod des Mannes. Solche Besitzverluste mögen sich bei bäuerlich lebenden Grundholden im Rahmen gehalten haben, wo vor allem geliehenes Land betroffen war. Sie sind jedoch bei Fernkaufleuten existenzbedrohend, die ihr erwirtschaftetes (Handels)vermögen in ihren risikoreichen Geschäften stecken hatten und zugleich aus Gründen der Geschäftsbeziehungen nicht nur über die eigene *familia*, sondern über die eigene Stadt hinaus heiraten wollten.

Worms 1114

Die hofrechtlichen Ehebeschränkungen, deren Sanktionen Buteil und Todfallabgabe waren, störten auch anderswo und entfielen in Worms 1114 ganz, als König Heinrich V. auch hier den Bürgern ein Privileg erteilte. Die wenigen frühen Privilegien für die rheinischen Bischofsstädte tragen ausgesprochen individuelle Züge, waren stark situations- und ortsgebunden und folgen keinem klaren Typ, der sich wie bei den Marktrechtsverleihungen ausgebildet hätte. Stadtrechte entstanden allmählich, wurden nicht von vornherein als solche und vor allem nicht in einem einigermaßen umfassenden Sinne erteilt oder auch nur gefordert. Trotz aller Differenzen auch bei den Inhalten tauchen andererseits jedoch bestimmte Punkte immer wieder auf und ist gegenseitige Beeinflussung aus Kenntnis der je älteren Dokumente für andere Städte wahrscheinlich.

Q

Privileg Heinrichs V. für die Bürger von Worms, 10. November 1114

ed. Urkundenbuch der Stadt Worms I, ed. Heinrich Boos, Berlin 1886, 62 S. 53/54

Im Namen der heiligen und unteilbaren Dreifaltigkeit. Heinrich, durch göttliche Gnade Kaiser der Römer und Mehrer des Reiches. Da meine Vorgänger, Könige und Kaiser, kraft der Autorität kaiserlicher Würde Städte und Völker, die sie mehr liebten, oft vor den Übrigen mit besonderer Ehre beschenkten, wollen auch wir, dass kraft derselben Autorität allen Fürsten unseres Reiches bekannt sei, das wir den Bürger der Stadt Worms ein Ehrenprivileg gegeben haben. Ich habe nämlich die jammervollen Klagen dieses Volkes und die unaufhörlichen Beschwernisse, die sie immer noch bei ihren Eheschlüssen erduldeten, auf Bitten und mit Zustimmung meiner Fürsten beendet, so dass es deswegen fürderhin keinen Anlass zur Klage mehr gibt. So wollen wir, haben beschlossen und befohlen, das jeglicher Mann – wer und woher er auch sei, der eine Frau entweder aus seiner eigenen oder einer anderen dortigen *familia* geheiratet hat oder verheiratet von irgendwoher dorthin kommt – dieses eine und selbe Recht ohne Unterschied von jetzt an und für alle Zeiten haben soll, dass kein Vogt die Ehe durch erzwungenen Eid löse, und keine größere noch kleinere Macht beim Tod sowohl des Mannes als auch der Frau irgendetwas von deren Hinterlassenschaft wie rechtmäßig einziehe. Stattdessen soll die Habe so fest sitzen, wie wir es im Folgenden geordnet haben: Wenn nämlich der Mann vor seiner Frau stirbt, sollen die Frau und ihre Kinder, die sie von diesem Mann hat, all das, was der Mann an Besitztümern hinterlässt, ohne Einwand erhalten, und dasselbe Recht soll von der Frau, wenn sie früher stirbt, auf den Mann übergehen. Wenn aber beide ohne Nachkommen sterben, soll der nächste Erbe die Erbmasse erhalten. Und keinerlei Beschwernis soll ihnen, wie oben gesagt wurde, von irgendeinem Vogt oder von irgendeiner anderen Person wegen ihrer Güter geschehen [...]

Worms und Speyer hatten sich ebenso wie Köln bei ihren Bemühungen auf die salischen Könige gestützt, doch sahen wir am Beispiel Kölns 1114, dass auch die Bischöfe lernen, die Initiative ergreifen und den Bürgern Rechte zugestehen konnten, wohl im Versuch, die Emanzipationsbestrebungen von ihrer Herrschaft zumindest zu kontrollieren. König Heinrich V. hatte die Speyrer Privilegien in goldenen Buchstaben am Dom anbringen lassen, dasselbe sollte später Friedrich I. Barbarossa (nach 1122–1190; König 1152) mit seinen Privilegien für Worms tun.

Mainz 1135

In Mainz, das 1077 anlässlich der Krönung des Gegenkönigs ebenfalls zu Heinrich IV. gehalten hatte, antwortete der bischöfliche Stadtherr selbst damit, dass er sein Privileg von 1119/22 für die Bürger einige Jahre später (1135) in die Bronzetür des Domes gravieren ließ, wo es bis heute zu lesen ist. Erzbischof Adalbert I. hatte sich damals mit dem Kaiser überworfen und war von diesem gefangen gesetzt worden, doch die Mainzer zwangen Heinrich V. bei einem Aufenthalt in der Stadt 1115, den Erzbischof freizugeben. Dessen Antwort auf die Treue seiner Mainzer war das Freiheitsprivileg.

Erzbischof Adalbert I. für die Bürger von Mainz 1135
ed. Mainzer Urkundenbuch I: Die Urkunden bis zum Tode Adalberts I. (1137), ed. Manfred Stimming, Darmstadt 1932, Nr. 600, S. 517–20

Im Namen der heiligen und unteilbaren Dreifaltigkeit. Adalbert Erzbischof der Mainzer Kirche und Legat des apostolischen Stuhls. [...] Mitten nämlich auf dem Weg meines Erfolges hat mich Kaiser Heinrich V., wie Ihr wisst, nach vielen Wohltaten nur wegen meines Gehorsams gegenüber der römischen Kirche als Gefangenen in die Finsternis und Verborgenheit des Kerkers geworfen. Dort blieb ich wahrlich eine lange Zeit und erinnerte mich zum Trost der Worte des allerersten Hirten, der da sagte: „Selig seid Ihr, die Ihr um Gerechtigkeit willen verfolgt werdet". Ich erinnerte mich auch in meinem Jammer, dass Jesaias eingekerkert vor dem Schnitt der Säge bewahrt wurde (apokryph), dass der unschuldige Daniel aus der Löwengrube befreit wurde (Daniel 6, 17ff.). Schließlich, nach vielen erduldeten Beschwernissen bewegte der, der vom Himmel die im Herzen Hilflosen besucht, die Herzen der Bürger meiner Mainzer Metropole dazu, dass sie ihren Gefangenen zu befreien versuchten. So lange mühten sich also Klerus, Grafen und Freie zusammen mit den Bürgern und der *familia* und redeten auf den vorgenannten Kaiser Heinrich ein, bis sie mich schließlich – sie hatten ihre geliebten Söhne und Verwandten als Geiseln gestellt –, am Körper gänzlich geschwächt fast halbtot wie treue Söhne ihren Vater bei sich aufnehmen konnten. [...] (über die unwürdige Behandlung der Geiseln beim Kaiser, die teils verstümmelt, teils überhaupt nicht zurückgekehrt seien) [...] Dies uns ähnliches haben die treuen Bürger der Stadt Mainz um des Rechts willen erduldet. Was sie jedoch für die Verteidigung der Stadt und ihrer Ehre geleistet haben, liegt zur Genüge dem ganzen Reich offen. Mir wiederum, der darüber nachsann, wie ich ihre guten und so verdienstvollen Taten belohnen könnte, wurde klar, dass ich so, wie sie mit mir zusammen meine Last getragen hatten, ihnen etwas von aller Ehre und Nutzen geben müsste. [...] deshalb schenkte ich jenen, die innerhalb des Mauerringes der benannten Stadt wohnen und dort bleiben möchten das Recht, dass sie von keinem Vogt außerhalb der Mauern vor Gericht gerufen oder mit irgendwelchen Abgaben belastet werden dürfen, sondern innen jeder nach seinem Geburtsrecht ohne gewaltsame Abgabeneintreibung leben und freiwillig ohne Zwang zahlen soll: „Abgeben, wem Abgaben, Zoll, wem Zoll".

Wie schon in früheren Beispielen unterstützt hier der Bischof – bei aller Betonung des Geburts-, also ständischen Rechts jedes Einzelnen – die Bildung und Abschließung der städtischen Gemeinschaft. Hier geschieht dies nicht allein durch die Befreiung von der Ladung vor auswärtige Gerichte, sondern auch die Steuereinnehmer auswärtiger Herren mussten ihre Ansprüche in der Stadt und offenbar unter Mitbeaufsichtigung durch die Bürger geltend machen. Klarer, aber kaum schärfer gefasst war diese Bestimmung im Privileg König Lothars von Supplinburg (1075–1137, König 1125) für die Bischofsstadt Straßburg 1129, wonach auswärtige Herren ausdrücklich in die Stadt kommen mussten, um ihre Abgaben einzutreiben, und sie notfalls auch dort einzuklagen. Sukzessive verschwanden alle möglichen Merkmale von Unfreiheit, schließlich sogar der Kopfzins. Stattdessen begann die Stadtgemeinschaft, die das Recht und die Freiheit hatte, nach eigenem Gutdünken intern umzulegen, kollektiv Abgaben zu leisten.

Gemeinschaftsbildende und -verstärkende Förderungen, kollektive Mitspracherechte und persönliche Freiheitsrechte griffen über die Jahrzehnte immer mehr ineinander. Ganz allmählich entstand ein gewisser Katalog dessen, was eine Stadt mit selbstbestimmter Bürgergemeinde ausmachte. Die Rechte wurden zahlreicher, die Privilegien immer ausführlicher, nahmen wenigstens implizit aufeinander Bezug und orientierten sich aneinander, weil die führenden, die Gemeinschaft repräsentierenden Bürger der rheinischen Bischofs- und Fernhandelsstädte miteinander in Kontakt standen. Allerdings erhielt manche alt privilegierte Bürgerschaft viele Einzelfreiheiten, die ein jüngeres Privileg einer anderen Stadt bewilligte, niemals ausdrücklich selbst – und ebenso haben manche der später berechtigten Städte das eine oder andere Detailrecht niemals erhalten. Das heißt jedoch keineswegs, dass diese Rechte tatsächlich verwehrt wurden – wir haben ganz im Gegenteil neben den verbrieften Freiheiten mit einem hohen Maß an gegenseitiger Anpassung der Praktiken zu rechnen, die im Laufe der Zeit so selbstverständlich wurden, dass keiner mehr ein Interesse daran hatte oder auch nur auf die Idee kam, dafür ein teures Privileg ausstellen zu lassen. Aus den hofrechtlich gebundenen Angehörigen der Speyrer, Wormser und Mainzer *familiae* wurde – ebenso wie in anderen Städten, darunter Mainz, Trier und Köln – ganz allmählich eine nach außen und innen handlungsfähige und handlungsberechtigte Stadtgemeinde mit freien Bürgern und schließlich neuem, für sie alle gültigem Bürgerrecht. **Stadtluft machte** allmählich tatsächlich **frei** von immer mehr Merkmalen der Unfreiheit.

E

„Stadtluft macht frei": Freiheit und Stadt II
Der berühmte Satz ist in dieser Form nicht aus dem Mittelalter überliefert, sondern eine moderne Nachempfindung. Doch galt auch für die Zeitgenossen die Stadt bald als ein Ort, wo man frei war und wurde. Während in Huy 1066 (vgl. S. 71) noch ausdrücklich jeder Neuankömmling weiterhin Abhängiger seines Herrn bleiben sollte, konnte in Freiburg (vgl. S. 83) zwar im 12. Jahrhundert jeder Herr grundsätzlich seine Hörigen zurückfordern, doch wurde am Ende des Jahrhunderts hinzugefügt, dass der Letztere frei sein solle, wenn sich der Herr über Jahr und Tag nicht gemeldet hätte. Im 13. Jahrhundert hat sich das schon verbreitet, so 1249 in Hildesheim: „Wenn jemand in die Stadt kommt, um hier zu bleiben, und bleibt ein Jahr und einen Tag, ohne dass ihn ein Herr zurückfordert, so soll danach niemand ihn mehr zurückfordern können" (*Si quis intrat civitatem ad manendum et manserit anno et die sine requisicione, postea non potest eum aliquis requirere*). So sehr aber in vielen Stadtrechten solche oder ähnliche Bestimmungen, zum Teil wenigstens dem Sinn gemäß, zu finden sind, sah die Realität doch meist anders aus, und es lassen sich in mancher Stadt auch im 14. Jahrhundert noch Bürger (nicht zu reden von den vielen Knechten und Mägden, die oft Unfreie der Bürger waren) mit Merkmalen der Unfreiheit finden.

Repräsentationsorgane

Die zunächst offenbar vor allem von den Königen, dann aber auch von den eigentlichen Stadtherren geförderten oder nicht mehr behinderten Prozesse der Gemeindebildung brachten zunehmend Repräsentationsorgane der Gemeinden hervor, wie das bereits für Köln (wo im 12. Jahrhundert auch bereits Bürgermeister, vgl. S. 100, auftreten) an der Nennung von einem Schöffenkolleg und *viri illustri* zu sehen war. In Speyer erlaubte Philipp von Schwaben 1198, zwölf Bürger, durch deren Ratschluss die Stadt regiert werden sollte, als Rat (vgl. S. 100) zu wählen; in Mainz scheint das seit dem 12. Jahrhundert auftretende Kollegium der *officiati* ähnliche Funktionen wahrgenommen zu haben; in Worms entwickelte sich das um 1180 erstmals genannte städtische Friedensgericht um 1200 zum Rat; 1198 ist auch ein **Stadtsiegel** belegt – und dies sind längst nicht mehr alle Städte, die in dieser Zeit zu nennen wären. Wir sehen die Anfänge eines langen Prozesses, der in einer organisierten, weitgehend autonomen Stadtgemeinde enden wird.

E

Stadtsiegel
Städte, die zu einer gewissen Autonomie gelangt waren, demonstrierten dies nicht zuletzt durch Führen eines Siegels. Es zeigte den Stadtheiligen oder Mauer und Tore (oder beides kombiniert), bei einigen Reichsstädten den oder einen speziellen König. Welches das älteste Stadtsiegel war, ist umstritten. Diese ältesten Siegel (darunter Trier, Köln, Mainz, Aachen, Soest) scheinen keine Neuschöpfungen der nach Autonomie strebenden Bürger gewesen zu sein, sondern sie spiegeln wohl eher noch einen „Dialog zwischen Herrschaft und Genossenschaft"

(Groten) und waren oft die Siegel vor-gemeindlicher familialer Gruppen, bevor sie zum Gemeinschaftssiegel wurden.

Die Zeit um 1200 brachte allerdings zugleich deutliche Eingriffe der Könige zugunsten der Stadtherren, als diese immer mehr Rechte zu verlieren drohten. Dies endete mit dem bereits erwähnten und letztlich vergeblichen Versuch, bürgerliche Schwureinungen ganz zu verbieten, im so genannten *Statutum in favorem principum* von 1231. Es begann mit den harschen Eingriffen Barbarossas gegen die bürgerlichen Aufstände in Mainz und Trier in den 1150er Jahren und 1157/61. Sozusagen in Fortsetzung der sehr frühen Phase der „Kommunebildung" in Worms und Köln sind anhand dieser Ereignisse nun die Akteure auf Seiten der Gemeinde, die bereits oben umrissene städtische Führungsschicht eigenen Charakters und Selbstverständnisses, deutlich greifbar.

Mainz 1153–1163

Die Privilegierung durch Erzbischof Adalbert I. mag in Mainz für eine Weile die Spannung, die durch die Ansprüche der Bürger entstanden war, gemildert haben. Dann wurde 1153 ein Mann aus der ministerialischen Führungsschicht der Stadtbewohner, die ja die Träger des Gemeindebildungsprozesses waren, Erzbischof und damit selbst Stadtherr: Diese ungewöhnliche Konstellation ließ einen Konflikt so eskalieren, dass wir die Strukturen in den Quellen erkennen können. Arnold von Seelenhofen war als Domkanoniker im staufischen Königsdienst aufgestiegen und von Barbarossa, der sich in seiner Herrschaftsausübung vielfach auf Ministeriale stützte, an die Stelle des abgesetzten Erzbischof Heinrich I. gebracht worden. Innerhalb der großen und sozial in sich differenzierten Mainzer Ministerialität war Arnolds Familie (deren Mitglieder er sogleich in führende Positionen lancierte) eher zweitrangig, so dass der neue Bischof mit Opposition seiner eigenen Standesgenossen zu kämpfen hatte, ohne zugleich wie seine Vorgänger auf dem Mainzer Stuhl auf hochadelige Standessolidarität zurückgreifen zu können. Durch erzbischöflich-mainzische Interessenpolitik entfremdete er sich zudem dem König.

1154/55 brach der Konflikt offen aus. Unter anderem machte Arnold, der dem König nach Italien folgen musste, den taktischen Fehler, nun gerade seinen mächtigsten Gegner (im Domkapitel und zugleich in der Mainzer Ministerialität) zu seinem Stellvertreter zu machen. Als er zur Finanzierung des Italienzuges Herdsteuer von den Bürgern verlangte, erhob sich unter Berufung auf das Privileg von 1118/19 offener Aufruhr. Im Gegenzug erwarb Arnold einen Spruch des königlichen Lehnsgerichts, wonach diejenigen seiner Vasallen, die sich nicht am Zug beteiligt hätten, Ersatzzahlung leisten müssten: Herrschaftliche Abgaben verlangte er nun also nicht mehr von den Bürgern – da die führenden unter diesen jedoch zugleich ministerialische Vasallen des Erzbischofs waren, sollten sie dennoch zahlen. Die Reaktion wird beschrieben als Verschwörung von Klerus und Volk (*coniuratio cleri et populi*) von Mainz zur Absetzung des Bischofs in dessen Abwesenheit – beide Gruppen wohl von den Ministerialen angeführt, deren Vertreter auch im Domkapitel saßen.

Wieder einmal (vgl. Cambrai S. 64) hinderte eine Bürgerschaft ihren Bischof am Einritt in die Stadt, wieder einmal gelang diesem der Eintritt doch und er verbannte seine Gegner, die sich erfolglos zum Kaiser begaben, und wieder einmal wurde der Bischof im folgenden Aufruhr des Volkes 1160 erschlagen. Ganz Mainz wurde exkommuniziert. Barbarossa erkannte der Stadt 1163 die städtischen Freiheiten ab und befahl die Niederlegung der Mauer. Bei dieser scharfen Reaktion mag die Erfahrung der langen und erfolglosen Belagerung der oberitalienischen Kommune Mailand mitgespielt haben. Eine weitere Konsequenz aus den Mainzer Ereignissen war Barbarossas frühe Reaktion auf Ereignisse in Trier, wo er 1157 und wieder 1161 auf Bitten des Erzbischofs die Schwureinung der Bürger verbot. Die Stadt Mainz erhielt ihre Rechte bald zurück, und auch eine Mauer (die vielleicht nie ganz oder gar nur symbolisch niedergelegt worden war) stand schon Ende des 12. Jahrhunderts wieder. Aber das Konfliktpotential, das sich zwischen Bürgern und hoher (adeliger) Geistlichkeit, an der Spitze der Bischof, gebildet hatte, sollte im 13. Jahrhundert noch Folgen haben.

d) Befreiung vom Stadtherrn – Freie Städte

Genossenschaftlich organisierte Gesamtgemeinden von persönlich immer freier werdenden Bürgern mit einer Führungsschicht städtischer Ministerialer hatten sich im Laufe des 12. Jahrhunderts trotz der wachsenden Gegenwehr der Fürsten an verschiedenen Orten etabliert. Wirtschaftliche und persönliche Freiheiten der Gemeindeglieder, gewisse Selbstbestimmungsrechte der inzwischen dauerhaft organisierten Gemeinde waren durchgesetzt worden. Immer mehr war dabei aus der Forderung nach politischer Partizipation eine nach echter Herrschaftsbeteiligung geworden, ein Kampf, der noch nicht abgeschlossen war. Bei alledem waren die erzwungenen Rechte, schließlich die Stadtrechte letztlich alle vom eigenen Herrn oder durch den König verliehen worden, die grundsätzliche Unterwerfung unter eine Herrschaft bestand zunächst fort, wenngleich es die werdenden Bürger waren, die wussten und bestimmten, welches ihre Rechte sein sollten.

noch einmal: Mainz

Auffallend ist die grundsätzliche Orientierung am eigenen Herrn bei der Entwicklung der Mainzer Stadtgemeinde. Hier hatten die Bürger ihre Rechte stets direkt vom Bischof erkämpft und erhalten. Erst aus dem Jahre 1236 datiert die erste Mainzer Königsurkunde überhaupt, die neben bestimmten Abgabenfreiheiten von Reichsgut vor allem die bekannte Befreiung von auswärtigen Gerichten verlieh. Hatte Adalbert I. sein berühmtes Freiheitsprivileg in politisch bedrängter Situation ausgestellt, so vollendeten die Mainzer ihre kommunale Freiheit in einer politisch ähnlich diffizilen Zeit. Kaiser Friedrich II. (1194–1250, König 1196) war in Italien gebunden, Erzbischof Siegfried von Mainz, sein Reichsverweser, 1241 zum Papst abgefallen. Während die meisten Fürsten, vor allem die geistlichen, früher oder später des Letzteren Beispiel folgten, standen die Ministerialen und fast alle Städte fest zum Kaiser und zum jungen König Konrad IV. (1228–1254, König 1237). Die Stadt Mainz allerdings taktierte: Sie erreichte vom König ein reichhaltiges Zollprivileg und am 13. 11. 1244 einen Freiheitsbrief vom Bischof, der, so meinte mancher Historiker, eigentlich nur erpresst gewesen sein konnte. Die gerichtlichen Freiheiten ebenso wie die Vergünstigungen bei den Abgaben wurden erweitert, freie Ratswahl zugestanden, die meisten alten gräflichen Rechte gelangten an den Rat. Die Mainzer (Ministerialität) hatte dem Bischof keine Heerfolge mehr zu leisten – stattdessen schloss man einen beiderseitigen Freundschafts- und Beistandspakt wie unter gleichrangigen und unabhängigen Partnern. Praktisch war der Erzbischof fortan zwar noch Stadtherr, aber real war Mainz völlig selbstbestimmt und frei von ihm. Erst im 15. Jahrhundert sollte es dem Erzbischof gelingen, diesen Zustand mit Gewalt wieder rückgängig zu machen, indem er seine eigene Stadt belagerte und eroberte.

Noch unspektakulärer verlief die Übernahme der Stadtherrschaft in Worms, wo sich 1231 am Rathausbau ein Konflikt zwischen Rat, Bischof und Geistlichkeit entzündet hatte, den der König schlichten musste. Die so genannte erste Rachtung, die die Verhältnisse einvernehmlich regelte, sah zwar den Bischof im Vorteil, doch real blieb sein Handlungsspielraum in aller Folgezeit gegenüber dem der Bürger begrenzt.

noch einmal: Köln

Ganz anders dagegen vollendeten die Bürger ihre kommunale Befreiung in Köln. Zuletzt hatten wir gehört (vgl. S. 73), dass der Erzbischof der bürgerlichen Gemeinde seiner Stadt in einer Phase der Ruhe ein eigenes Siegel zugestanden hatte, doch das gute Verhältnis war nicht dauerhaft. Als die Bürger 1180 die große Mauer zu errichten begannen – ein hoheitliches Recht, das zu usurpieren ja bereits Heinrich IV. die Kölner aufgefordert hatte, – wehrte sich der Bischof gegen die Inanspruchnahme seines stadtherrlichen Rechts. Doch am Ende musste er „alle Rechte der Bürger und der Stadt (*civium et civitatis*) sowie alle guten und vernünftigen Gewohnheiten" bestätigen. Die Bürger ließen sich in ihrem ersten Königsprivileg dieses Zugeständnis bestätigen, doch der Erzbischof erwarb dagegen 1190 die kaiserliche Garantie, dass Köln dem Erzbischof selbst gehöre – rechtlich war der direkte Zugang der Bürger zum Kaiser so wieder blockiert.

Aber die Kölner nutzten den deutschen Thronstreit um 1200, um eine weitere Macht ins Spiel zu bringen: 1205 ließen sie sich die Kölner Freiheiten von Papst Innocenz III. bestätigen. Und auch zum König wussten sich die Kölner in dessen bedrängter Lage wieder Zugang zu verschaffen: Philipp von Schwaben übertrug ihnen nicht nur den Mauerbau sowie ein umfassendes Reichszollprivileg, sondern gestattete ihnen auch, dem König den Treueid zu leisten. Der Gegenschlag der Erzbischöfe im Kampf um ihre Stadtherrschaft ließ nicht auf sich warten. Es gelang ihnen 1260 kurzfristig, soziale Gegensätze in der inzwischen schon relativ alten und differenzierten Gemeinde zwischen Handwerkern und alten Geschlechtern auszunutzen, doch bald schon schlossen sich wieder Zünfte und Geschlechter gegen den Erzbischof zum Wohle der Stadtgemeinde zusammen. Der Vertrag, den Erzbischof Siegfried von Westerburg (Bischof 1274–1297) 1278 mit den Bürgern seiner Stadt abschloss, ist bezeichnend für deren reale politische Handlungsmöglichkeiten: Sie verpflichteten sich nämlich, sich nicht gegen den Erzbischof mit jemand anderem zu verbünden. Zehn Jahre später brachen die Bürger dieses Abkommen, denn der Bischof wurde immer mächtiger, und nahmen dessen Hauptgegner, den Herzog von Brabant, in den Mauern Kölns auf. Am 5. Juni 1288 trat bei Worringen der Erzbischof mit seinen Verbündeten den Bürger und deren Verbündeten in offener Feldschlacht entgegen: Diese endete mit einer völligen und endgültigen Niederlage für den Erzbischof, der seine Stadt auf Dauer verloren hatte.

E

Freie Städte
Seit dem 14. Jahrhundert belegte Bezeichnung einer Gruppe von bischöflichen Städten (Basel, Straßburg, Speyer, Worms, Mainz, Köln, Regensburg), die keine Königs- und dann Reichsstädte (vgl. S. 87) waren – also keine Reichssteuer zahlten und nur Rom Hilfe leisteten –, aber auch zuviel Autonomie gegenüber ihren Herren erkämpft hatten, um als Landstädte (vgl. S. 90) bezeichnet werden zu können. Selbst bei den genannten sieben Städten waren die gewachsenen städtischen Freiheiten und politischen Handlungsspielräume jedoch so unterschiedlich ausgeprägt, dass oft weitere Städte, die eine direkte rechtliche Beziehung zum Reich ausgebildet hatten oder hier und da Unabhängigkeit vom Herrn beanspruchten, zu den Freien Städten gerechnet werden können, zum Beispiel Bremen, Hamburg, Metz oder Cambrai – und manchmal sogar landständische Städte mit starker rechtlicher Handlungsfreiheit, wie Magdeburg, Erfurt, Lüneburg oder Braunschweig (zu diesen Beispielen unten S. 93). Aus der zusammenfassenden Nennung der „Freien und des Reiches Städte" entwickelte sich erst in der Frühen Neuzeit der genetisch unsinnige Singular „Freie Reichsstadt" (vgl. S. 140).

Nicht alle Bischofsstädte taten es diesen dreien gleich; Trier zum Beispiel blieb stets unter der Herrschaft seines Erzbischofs. Aber viele unter ihnen rangen den Herren früher oder später Rechte ab, und dasselbe lässt sich, wie wir später noch sehen werden, auch für eine ganze Reihe der Städte mit weltlichen Fürsten als Herren sagen. Dabei kam es immer wieder zu typischen Situationen, die in vielem denen ähneln, von denen wir schon gehört haben, nur dass sie meist mit etwa einem Jahrhundert Verspätung und wahrscheinlich unter dem Einfluss des Wissens vom Ausgang der Bestrebungen der älteren Städte wahrgenommen und genutzt wurden.

Hildesheim

So haben die Bürger zwar auch in Hildesheim einmal im Kampf mit dem Bischof – von dem sie sich nie ganz befreiten – einen diesem geneigten Stadtteil niedergebrannt. Doch abgesehen von solchen gewaltsamen Auswüchsen bevorzugten auch die Hildesheimer die Ausnutzung politisch geeigneter Situationen. So geschehen, als es 1246 zu einem Bischofsschisma kam. Während der Mainzer Erzbischof als zuständiger, aber ferner Metropolit ebenso wie die Stadt den einen Kandidaten (Heinrich von Wernigerode) unterstützten, trat der anwesende apostolische Legat für den anderen ein. Erst als sich Heinrich vor der römischen Kurie durchsetzen konnte, war das Schisma beendet – und er belohnte die treuen Bürger, die dafür gesorgt hatten, dass der Gegenkandidat nicht hatte Fuß fassen können. Vieles an Rechten und Freiheiten der Bürger, was längst praktiziert worden war, wurde nun festgeschrieben und von Bischof garantiert, darunter der Aufgabenbereich des bischöflichen, nur in Gegenwart der Bürger eingesetzten Stadtvogtes, der für den Bischof das Hochgericht hielt und das Aufgebot der Stadt anführte. Vor allem aber verzichtete der Bischof – eine gerade in der zweiten Hälfte des 13. Jahrhunderts überall virulente Forderung der Bürger gegen ihre Herren – praktisch auf seine Befestigungsanlage innerhalb des Stadtgebiets: Zwar blieb die Domburg bestehen, doch die Bürger übernahmen die Wache an ihren Toren.

In anderen wachsenden Bischofsstädten nahm die Entwicklung einen ganz anderen Verlauf. Während Straßburg (vgl. S. 20, 77) ähnlich wie Köln seinen Bischof in offener Feldschlacht besiegte und in der Folge zur freien Stadt wurde, kaufte Basel seinem in steter Geldnot befindlichen Bischof die

Hoheitsrechte und damit die Stadtherrschaft sukzessive einfach ab (zu besonderen Entwicklungen in Bischofsstädten, nicht zuletzt in Regensburg, vgl. S. 19).

3. Gründungsstädte: Freiburg

Das Modell Stadt hatte sich – das war bereits im frühen 12. Jahrhundert klar, als es fertige Städte mit selbständig agierenden Bürgern in einem rechtlichen Sinne noch nicht gab – vor allem wirtschaftlich als Erfolg erwiesen. Und so begannen manche Herren, Marktsiedlungen zu gründen und mit jenen Rechten auszustatten, die man offenbar für den Erfolg verantwortlich machte. Wieder kamen also die Rechte von den Herrn, die Akzeptanz aber und damit die inhaltliche Bestimmung von den Bürgern: Sowohl die herrschaftliche Rechtsverleihung als auch die bürgerlichen Bemühungen waren vielfach Konsequenzen aus den früheren und noch gleichzeitigen Entwicklungen und Forderungen in den Bischofsstädten.

Auch bei diesen Gründungen bleiben jedoch Fragen über den eigentlichen Ursprung einer Siedlung offen: Zwar scheint es jeweils einen initiativen Akt gegeben zu haben, der zudem in den schriftlich festgehaltenen Rechtsverleihungen so detailliert beschrieben ist, dass er den Historiker dazu neigen lässt, hieran das eigentliche und einzige Geschehen abzulesen. Jedoch sind auch an solchen Orten frühere Siedlungen grundherrlicher oder burgmannschaftlicher Art wenigstens zu vermuten, wohin Kaufleute geholt wurden, um sich dort anzusiedeln, den Markt zu beleben und eine kommunal organisierte Gemeinschaft zu bilden, also geradezu mit dem Auftrag, eine Stadt zu gründen. Solche älteren Kerne tauchen auch andernorts nur selten in schriftlichen Quellen auf und können in das neue Rechtsgebilde eingegangen sein, ohne dass darüber ein Wort verloren wurde.

Freiburger Stadtgründung

Traditionell gilt als erste bewusst gegründete Stadt die Fundation durch den Grafen Konrad von Zähringen am Schwarzwaldabhang im Jahr 1120: Freiburg im Breisgau. Allerdings handelte es sich, wie schon gesagt, bei der Urkunde der Rechte und Freiheiten, die den Neusiedlern verliehen wurden, streng genommen noch nicht um ein erstes Stadt- sondern um ein Marktrecht. Denn initiiert wurde ein Markt, dessen Bewohner zahlreiche Rechte verliehen bekamen, die sich anderswo kommunale Gemeinschaften zu erkämpfen begonnen hatten. Dabei verlieh der Zähringer Rechte, die er streng genommen gar nicht inne hatte, denn weder hatte er das Marktrecht vom König erworben noch die Grafschaftsrechte in einer Gegend, in der er keineswegs selbst Graf war: Vielleicht liegt hierin ein Grund für die absichernde Aufzeichnung des Rechts, und im Übrigen verließ man sich auf die Kraft der Vereinbarung und hoffte auf Erfolg.

Die ursprüngliche Rechtsverleihung der Gründungsurkunde ist zwar nicht erhalten, aber aus zahlreichen erweiterten Abschriften und späteren Fassungen gut rekonstruierbar (Marita Blattmann). Danach gab es während des 12. Jahrhunderts eine Abfolge von drei herrschaftlichen Urkunden, nämlich (1.)

die Marktgründungsurkunde Konrads von Zähringen 1120, (2.) die Bestätigung Bertolds IV. von Zähringen ca. 1152, (3.) eine weitere Bestätigung Bertolds V. von Zähringen ca. 1186. Dieser folgte schließlich (4.) um 1218 der so genannte „Stadtrodel", eine Aufzeichnung nun tatsächlich des Stadtrechts seitens der Bürger etwa 100 Jahre nach der Gründung. 1120 ist nur von *locus* und *forum* die Rede, 1152 von *urbs*, 1186 dann von *civitas* – die Entwicklung erscheint rasch nach jener der rheinischen Bischofsstädte: Doch noch mehr als bei später entstandenen Bischofsstädten oder als die Marktrechtsorte des 10. Jahrhunderts begann die Entwicklung in Freiburg erst, als anderswo schon Vieles nach und nach ausprobiert worden war und noch wurde, und die Stadt hatte sowohl einiges nachzuholen als auch gute Vorbilder.

Freiburg, das mit einer umfassenden schriftlichen Rechtsverleihung begonnen hatte, musste deshalb auch späterhin Veränderungen stets schriftlich dokumentieren, so dass sich (5.) noch im 13. Jahrhundert Ausdifferenzierungen von innerstädtischen Gruppen im Stadtrecht spiegeln lassen – und so dass es von keiner anderen (im 12. Jahrhundert gegründeten) Siedlung eine so frühe und dichte Rechtsserie gibt, anhand derer sich die „Bilderbuchentwicklung" vom Marktort zur Stadt mit selbstbewusster Bürgergemeinde so gut verfolgen lässt. Es seien hier einige Züge gerade der frühen Dokumente ausführlicher betrachtet, weil sie in vielfältiger Hinsicht als ein Grundtypus eines deutschen Markt- und Stadtrechts mit zahllosen später immer wieder auftretenden Details betrachtet werden können.

Rekonstruiertes Freiburger Recht von 1120
nach ed. C. van de Kieft/J. F. Niermeyer, Elenchus fontium historiae urbanum, Bd. 1, Leiden 1967, Nr. 55 S.82 ff., Text I a

Allen Zukünftigen wie Gegenwärtigen sei bekannt, dass ich, Konrad, auf meinem eigenen Land, nämlich in *Friburc*, im Jahr der Fleischwerdung des Herrn 1120 einen Markt (*forum*) gegründet habe. Ich habe durch Bekanntmachung von überallher Kaufleute herbeigerufen und bestimmt, den Markt durch eine Schwureinung (*coniuratio*) zu gründen und auszubauen. Dann habe ich jedem Kaufmann in dem gegründeten Markt einen Bauplatz zugeteilt, damit er Häuser auf eigenem Besitz errichten kann, und habe bestimmt, dass mir und meinen Nachfahren von jedem Grundstück zu Martini ein Schilling gültigen Geldes als jährlicher Zins bezahlt werde. Die einzelnen Hausgrundstücke sollen hundert Fuß lang und fünfzig Fuß breit sein.
Weiterhin sei allen bekannt, dass ich gemäß der Wünsche und der Bedürfnisse folgende Privilegien erteilt habe (wobei es mir insgesamt am sinnvollsten erschien, alles aufzuschreiben, damit es lange Zeit in Erinnerung bleibe, so dass meine Kaufleute und ihre Nachkommen dieses von mir und meinen Nachfahren erteilte Privileg auf ewig behalten mögen): Ich verspreche Frieden und Wegesicherheit in meinem Macht- und Herrschaftsbereich allen, die meinen Markt aufsuchen. Sollte jemand dort beraubt werden, werde ich, wenn er den Räuber benennt, entweder die Rückgabe erreichen oder selbst Schadenersatz leisten. Wenn einer meiner Bürger (*burgenses*) verstirbt, so sollen seine Frau und seine Kinder alle seine Habe besitzen und bedingungslos alles, was der Mann hinterlassen hat, erhalten. Sollte jedoch jemand ohne Frau und Kinder oder ganz ohne legitimen

Erben sterben ... (weitere Eventualitäten des freien Erbrechts). Allen Kaufleuten erlasse ich den Zoll. Niemals will ich meinen Bürgern einen Vogt oder einen Pfarrer ohne Wahl vorschreiben, sondern wen immer sie dazu erwählen, will ich bestätigen. Wenn sich irgendeine Streitigkeit oder Meinungsverschiedenheit unter meinen Bürgern erhebt, sollen diese weder nach meinem Urteil noch dem ihrer Vorsteher verhandelt werden, sondern nach dem gewohnheitlichen und legitimen Recht aller Kaufleute, besonders der Kölner, soll ein Urteil gefunden werden. Wenn jemand Mangel an notwendigen Dingen leidet, kann er seinen Besitz verkaufen, wem auch immer er will [...]

Konrad betont, dass er sich bei der Rechtsverleihung vom Wunsch und den Bedürfnissen der Kaufleute habe leiten lassen, um die Gründung zum Erfolg zu bringen – deshalb befiehlt er gar die Schwureinung, die sonst den Herren doch so suspekt war, aber in der eben das Geheimnis des Erfolges vermutet wurde. So wie der König in vielen alten Marktprivilegien, versprach jetzt der Graf Schutz für die Händler und ihren Besitz – er stellte Gelände und erwarb die Erfahrungen und Kenntnisse der Kaufleute. Und wieder orientierte er sich am Recht aller Kaufleute, für welche die Kölner offenbar als Standard galten. Herrschaftliche Abgabenrechte standen gar nicht zur Diskussion, und die zuziehenden Kaufleute waren keine Grundholden des Herrn und hätten Abhängigkeitsmerkmale wie Kopfzins wohl auch kaum akzeptiert – während eine als bloßer Anerkennungszins zu wertende geringfügige Grundstücksabgabe auf die später in den meisten Städten geübte Praxis der Grundsteuer verweist. Denn die Grundstücke gehen aus dem Eigentum des Gründers in das der Siedler über und können frei vererbt und verkauft werden. Auch andere Leistungen und Dienste für den Herrn oder wirtschaftliche Einschränkungen wie Zölle auf dem eigenen Markt sollen den Freiburger Handel nicht belasten. Ebenso steht der stadtherrliche Vertreter, der Vogt, unter der Kontrolle der Bürger, die ihn wählen, wie der Stadtherr auch sein Patronatsrecht über die Pfarrkirche (vgl. S. 44) an die Bürger abtritt.

In den später folgenden Privilegien wurden vor allem Bestimmungen des *ius civitatis*, wie es dann hieß, ergänzt und vertieft: Vor allem die Markt- und Zollgepflogenheiten und die Bewahrung des Stadtfriedens betreffend, aber auch die bleibenden ständischen Unterschiede der Stadtbewohner. Des letzteren Problems war man sich bewusst. Zwar wurde anfangs bestimmt, dass jeder Hörige, der in die Stadt komme, von seinem Herrn beansprucht werden könne, ein Recht, das dem Herrn jedoch wenig später auf eine Frist von Jahr und Tag eingeschränkt wurde. Und auch die Bestimmung, dass Ministeriale des Herzogs nur mit Zustimmung der Bürger in die Stadt ziehen dürften, betraf offenbar das Problem unterschiedlicher rechtlicher Freiheit, denn sie galt nicht, wenn der Herzog die Leute vorher freigelassen hatte: All dies zeigt, dass Freiburg wenigstens im 12. Jahrhundert von einem Ideal (ganz zu schweigen von der Praxis) der gleichen Freiheit aller Bürger weit entfernt war.

Herrschaftlich blieb Freiburg landständisch und sah offenbar nie einen Grund, sich an den König zu wenden. Als die Zähringer 1218 ausgestorben waren, fiel die Stadt an die Grafen von Freiburg, von denen sich die Bürger schließlich doch eingeengt fühlten. Wie in vielen anderen landständischen

Städten kam es zu bewaffneter Auseinandersetzung: Die Bürger zerstörten 1366 die gräfliche Burg, unterlagen dann jedoch militärisch, so dass sie es vorzogen, ihre Stadt 1368 loszukaufen und sich wieder den mächtigsten – und damit sowohl schutzfähigen als auch ausreichend fernen – Herren der oberrheinischen Region, den österreichischen Habsburgern, zu unterwerfen.

Gründungsstädte – also solche Siedlungen, die rechtlich wie möglicherweise auch faktisch durch einen Willensakt eines Herrn entstanden oder wenigstens zu Städten wurden, gab es seit dem 12. Jahrhundert so viele, dass Heinz Stoob (siehe S. 25) die stadtgeschichtliche Epoche zwischen 1150 und 1250 geradezu als Phase der Gründungsstädte bezeichnen konnte – und sie dauerte in Form der Erhebung zahlreicher großer Dörfer zu Städten, in vielen Gegenden in dichter Ballung, das gesamte Spätmittelalter hindurch an. Nicht nur die Zähringer wurden außer in Freiburg im Breisgau auch noch an anderen Orten ihres großen Herrschaftsbereiches tätig, auch Herzöge wie Heinrich der Löwe in Lübeck (wo es gewiss Vorgängersiedlungen gab) oder München und viele andere. Zweck war stets, das vor allem wirtschaftliche Erfolgsmodell ‚Stadt' für die eigene Herrschaft fruchtbar zu machen (auch oft, durch eigene Stadtgründungen denjenigen benachbarter Territorialherren zu schaden) – weshalb jedes Stadtrecht vor allem Markt- und Zollrechte (nur noch sehr selten allerdings das der Münze), Befestigung und Gericht (meist nur die niedere und Marktgerichtsbarkeit) enthielt.

Neben den bewussten Gründungen des 12. und frühen 13. Jahrhunderts entstanden in derselben Zeit jedoch auch Städte aus älteren Wurzeln. Zum einen entwickelten sich viele der herrschaftlichen (bischöflichen, klösterlichen und auch weltlichen) Märkte weiter, wozu wir im übernächsten Kapitel werden kommen müssen. Zum anderen aber gab es solche, die in ihrer Entwicklung ebenso verspätet gegenüber den rheinischen Bischofsstädten waren, die jedoch niemand je aktenkundig zu Städten gemacht hat.

4. Königsstädte/Reichsstädte – Territorialstädte – Kleinstädte

Die Gemeinden der Bischofsstädte setzten zur Gewinnung von wirtschaftlichen und persönlichen Freiheiten für ihre Mitglieder sowie zur Emanzipation von ihren Herrn nicht zuletzt das Mittel ein, sich direkten rechtlichen Zugang zum König zu verschaffen, ihre mediate Stellung also in eine faktisch reichsunmittelbare zu wandeln. Diese Möglichkeit blieb jenen Städten verwehrt, die bereits direkt dem König untertan waren – eine Stellung, die jedoch nicht bedeutete, dass die werdenden Bürger der Königsstädte auch bereits all die begehrten und benötigten Freiheiten und Selbstbestimmungsmöglichkeiten gehabt hätten. Sie waren vielmehr ebenso unfrei, Ministeriale, Zensuale und einfache Hörige, die sich bei ihrer Fernhandelstätigkeit Einschränkungen ausgesetzt sahen.

Allerdings unterschieden sie sich bezüglich des Zugriffs des Stadtherrn strukturell deutlich von den Bischofsstädten: Meist entstanden die frühen **Kö-**

nigsstädte um zentrale Königshöfe und aus Pfalzsiedlungen. Und während die *civitas* des Bischofs stets auch dessen Amtssitz war, von dem aus er seine Diözese verwaltete, wo er also grundsätzlich selber anwesend war, beruhte das früh- und hochmittelalterliche Königtum auf dem Umherreisen im gesamten Reich und damit auf einer strukturellen Multipolarität der zentralen Orte der Herrschaft. Der König besuchte seine Höfe und Pfalzen in mehr oder weniger unregelmäßigen Abständen, hatte Alternativen oder genauer: war zu Alternativen gezwungen. Bei aller Königsnähe der Königsstädte – die Schutz und Förderung brachte – besaßen sie zugleich eine gewisse strukturelle Königsferne, die ihre Entfaltung ermöglichte und die Emanzipation vom Herrn hin zur städtischen Autonomie im Normalfall konfliktfreier gestaltete.

Königsstadt – Reichsstadt
Städte unter königlicher Herrschaft (auf königlichem Land und aus königlichen *familiae* erwachsen) lösten sich im Zuge wirtschaftlichen Aufstieges und bürgerlicher Autonomiebestrebungen oft mehr und mehr aus dem direkten herrschaftlichen Zugriff. Das geschah häufig durch den Erwerb von Regalien und stadtherrlichen Rechten auf dem Wege der Pfandschaft (oder deren Ablösung gegenüber lokalen Herren) von den in steter Geldnot befindlichen Königen im Laufe des 14. Jahrhunderts – ohne dass man allerdings den Moment des Überganges von der Königs- zur Reichsstadt in den Einzelfällen greifen könnte oder zu greifen versuchen sollte. Maßstab sind die Entpersonalisierung der Herrschaft ebenso wie die Gewinnung von Autonomie innerhalb des Reiches, durch die die Reichsstädte zunehmend befähigt wurden, sich zu organisieren und eine städtische Reichspolitik zu verfolgen (Rückschlag im großen Städtekrieg um 1388/89, vgl. S. 138). Am Ende des Mittelalters bildeten Reichsstädte als Eingeladene zu den Reichstagen eine Teilgruppe des Reichsstandes der „Freien und des Reiches Städte" (vgl. S. 140).

Was die zeitliche Entwicklung betrifft, so ähneln die Königsstädte insofern den Gründungsstädten, als sie deutlich jünger waren als die alten rheinischen Bischofsstädte. Die originären Königsstädte gingen in Deutschland generell nicht auf römische Städte zurück, auch wenn sie links des Rheins an römische Besiedlung anknüpfen konnten. Das bedeutet wiederum, dass viele Positionen, die sich die alten Bischofsstädte erkämpfen mussten, sich bei ihnen im Nachzug oft wie selbstverständlich entwickelten, vielfach ohne dass wir dies im Einzelnen nachzuweisen imstande wären – oder dass Stadtrechte verliehen oder früh aufgezeichnet worden wären.

a) Frankfurt – das Werden einer Königsstadt

Frankfurt am Main – Stadtrechtsentwicklung

Ein Beispiel für eine solche Stadtentwicklung ist Frankfurt am Main (vgl. S. 25); wir werden im Folgenden viele Elemente aus den vorangegangenen Darstellungen wieder finden. Frankfurt ist als königliche Siedlung in unmittelbarer Nähe zur wichtigen und wirtschaftlich mächtigen Bischofsstadt Mainz später als diese aufgestiegen zu einer zwar nicht übermäßig großen, aber einer der bedeutendsten Städte im gesamten deutschen Reich. Etwa hundert Jahre später als Städte wie Worms und Speyer erwarben die Frankfurter zu Beginn des 13. Jahrhunderts in wenigen Jahren wichtige Stücke persönlicher, wirtschaftlicher und gemeindlicher Freiheit vom König.

Ursprung der städtischen Siedlung war die königliche Pfalz, die spätestens zu Beginn des 9. Jahrhunderts an einem verkehrstechnisch und militärstrategisch überaus zentral gelegenen Mainübergang gegründet worden war. In weitem Umkreis gab es nur Fiskalland, und die Könige sorgten offenbar stetig dafür, dass sie die Besitzrechte in verhältnismäßig weiter Umgebung in der eigenen Hand behielten – selbst an die Kirche schenkten sie vor allem ferne Besitzungen. Somit gab es in der wachsenden Pfalzsiedlung zwar gewiss auch Abhängige anderer Herren, doch im Prinzip wuchs die Bürgerschaft aus einer einheitlichen *familia* hervor. Auch hinzugezogene Kaufleute sind zumindest als größere Gruppe nicht wie andernorts fassbar.

Königliche Ministeriale stellten die Pfalzbesatzung und verwalteten Münze, Zölle und Marktabgaben (beziehungsweise seit spätestens um 1150 diejenigen der Messe), die alle im Laufe des 11. und 12. Jahrhunderts erstmals erwähnt, aber nie ausdrücklich privilegiert wurden – wozu auch hätte der König sich selbst diese Rechte für einen seiner Orte verleihen sollen? Die Ministerialen stellten auch den königlichen Schultheiß (den Führer des Aufgebots und Vorsitzenden des Gerichts) und saßen als Schöffen dem Hochgericht vor. Dieses war sicher nicht bereits im 10. Jahrhundert gerichtlich aus dem Umland ausgegliedert worden, sondern zu einem späteren, möglicherweise sehr späten Zeitpunkt (eventuell erst um die Mitte des 13. Jahrhunderts) – etwa zur gleichen Zeit, als die königliche Vogtei über die Stadt wegfiel (eine Alternative zum Freiburger Modell, die Bürger den Vogt selbst wählen zu lassen, oder wie in Hildesheim nur in Gegenwart der Bürger einzusetzen). Eventuell also hat sich in Frankfurt die bürgerliche Gemeinde nicht erst im ausgegrenzten Hochgerichtsbezirk, sondern bereits im einzigen Hofgericht zusammengefunden – denn sie trat bereits 1219 als *universitas civium* erstmals nachweislich in Aktion.

Nur wenig später befreite der König aus konkretem Anlass 1232 einen Frankfurter Bürger – und mit ihm alle Bürger der Wetterauer Königsstädte Frankfurt, Friedberg, Gelnhausen und Wetzlar – vom Zwang, ihre Töchter und Enkelinnen mit Angehörigen des königlichen Hofrechtsverbandes verheiraten zu müssen (vgl. S. 75). Um 1240 brachten die Frankfurter Bürger eine der höchsten Steuersummen im ganzen Reich auf; spätestens 1257 hatte die Stadt erreicht, dass eine Gesamtsumme dieser Steuer festgesetzt und damit endgültig vom Kopfzins (als Merkmal persönlicher Unfreiheit) zur kollektiven Stadtsteuer übergegangen wurde. In der gleichen Zeit hatte sich in Frankfurt ein Rat (vgl. S. 100; 1266 erstmals erwähnt) ausgebildet. Trotz aller Rechtserneuerungen, die die Frankfurter im Zuge der Unsicherheiten zwischen Staufern, Doppelkönigtum und neuem König Rudolf von Habsburg zu erwerben wussten, hat es niemals ein königliches Privileg gegeben, das grundsätzliche Rechte und Freiheiten gesammelt verliehen oder bestätigt hätte, wie wir das in Städten beobachten können, in denen die Stadtherrschaft selbst Ziel von Streitigkeiten war.

Die Zeit des so genannten Interregnums (1250–1273) haben die Frankfurter offenbar dazu genutzt, weitere herrschaftliche Rechte durch Verlegung der königlichen Burg innerhalb der Mauern abzustreifen: Jedenfalls sprach der neue König Rudolf (1218–1291, König seit 1273) von einer Empörung der Frankfurter und verlegte die Reichsburg in ein stadtnahes Dorf – vielleicht eine vergleichbare Aktion wie die der Hildesheimer, die nie ihren Herrn vertrieben, aber die Burg selbst übernahmen (vgl. S. 82), oder die von Lüneburg, wo die stadtherrliche Burg in der Stadt noch 1278 von den Bürgern zerstört wurde: Nicht die Existenz eines Herrn störte, sondern die allzu großen Zugriffsmöglichkeiten seiner Zwangsrechte.

Frankfurt wusste jedoch auch die Zeiten, in denen es wieder einen König gab, für den Erwerb zahlreicher Rechte und Freiheiten zu nutzen, die wir bereits als wichtig im Prozess der Stadtemanzipation kennen gelernt haben: Die Bürger ließen sich in den folgenden Jahrzehnten von der Pflicht, vor auswärtigen Gerichten zu erscheinen, ebenso befreien, wie sie einen Kreis von fünf Meilen um die Stadt legten, der zwar kein echter Bannkreis war – in der früh dicht besiedelten Landschaft reichten fremde Herrschaftsrechte näher an die Stadt heran –, aber innerhalb dessen keine neue Burg gebaut werden durfte. Sie erwarben das Recht, ihre Befestigung selbst zu erweitern und ebenso erhielten sie allmählich Zugriff auf zahlreiche Zölle und differenzierte Marktabgaben.

Immer noch konnten, auch zu Beginn des 14. Jahrhunderts, Hörige anderer Herren unter Beibehaltung ihres Rechtsstatus Frankfurter Bürger werden, doch mehr und mehr gab es Versuche des Frankfurter Rats, diese Bereiche im Sinne einer Vereinheitlichung zu lenken. Im Zusammenhang mit den Bürgeraufnahmen und zunächst offenbar beschränkt auf diese Kompetenz entstand das Bürgermeisteramt (vgl. S. 100; 1311 erstmals erwähnt). Bei den Frankfurter Einbürgerungen fällt übrigens auf, dass lange Zeit kein Bürgereid nachweisbar ist. Obgleich das kein Beweis für seine Nichtexistenz ist, ist doch festzuhalten, dass in Frankfurt der *coniuratio*-Aspekt eher schwach ausgeprägt zu sein scheint: Während in den meisten Städten der Rat in regelmäßigen Abständen und oft jährlich die Bürger bei Schwörtagen zur Vereidigung antreten ließ – man ist in der Forschung davon ausgegangen, dass dies die Grundlage für das Willkürrecht (die Gesetzgebungskompetenz) des Rates war –, hat es diese Institution in Frankfurt nicht gegeben.

Viele Rechte, die die Frankfurter Bürger im Laufe der Jahrzehnte vom König erwarben, liegen explizit in Privilegien vor. Diese und andere, wie wir sie aus den Kämpfen und Erwerbungen der Bischofs- und anderer Städte bereits kennen, finden sich (ohne dass wir wüssten, wann und unter welchen Umständen sie erworben worden sind) in einer ersten Zusammenschau, einem so genannten Weistum, Frankfurter Rechte aus dem Jahre 1297. Um 1300 begann eine Phase, in der das Frankfurter Recht seitens des Königs an zahlreiche andere Gründungsstädte vergeben wurde (vgl. Stadtrechtskreise S. 95), ohne dass es in schriftlicher Form existiert hätte. Deshalb fragten die betroffenen Städte – so 1297 Weilburg, das zwei Jahr zuvor Frankfurter Recht erhalten hatte – in Frankfurt an und erhielten eine Auskunft, die gewiss vieles, aber vielleicht nicht alles, was den Frankfurtern als Vorrecht am Herzen lag, enthielt. So erhellend ein solches Schriftstück für den Forscher ist, so wenig darf es mit einer Stadtrechtsaufzeichnung oder gar -kodifizierung zu eigenen Zwecken verwechselt werden. Ein verschriftetes Stadtrecht sollte es in Frankfurt ebenso wie in vielen vergleichbaren Städten – und damit ganz anders als beispielsweise in Freiburg im Breisgau – erst am Ende des 15. Jahrhunderts geben. Zugleich aber wird aus der Frankfurter Rechtsauskunft aus dem Jahre 1297 deutlich, dass die Frankfurter im Laufe der Zeit viele der Rechte und Freiheiten mehr oder weniger stillschweigend erworben hatten, die sich die Bürger der rheinischen Kommunen zwischen Bischof und König mühevoll und quellenträchtig erkämpft hatten.

Schultheiß, Schöffen, Rat und Bürger zu Frankfurt beurkunden die Freiheiten und Rechte, deren sie sich in ihrer Stadt von alters her bedienen, 24. Januar 1297
ed. Johann Friedrich Böhmer/Friedrich Lau, Urkundenbuch der Reichsstadt Frankfurt I, Frankfurt am Main 1901, Nr. 704

[...] dass wir [...] die Freiheiten und Rechte, die unten aufgelistet sind, seit alters in unserer Stadt nutzen [...] Niemand kann uns außerhalb die Mauern Frankfurts laden wegen unserer Güter, wenn er nicht vorher in der Stadt vor den dazu bestimmten Richtern Klage geführt hat. Unsere Freiheit ist, dass uns niemand zum Zweikampf rufen [...] und niemand kann uns auch buteilen. Unsere Freiheit ist, dass weder Kaiser noch König unsere Söhne und Töchter ohne Zustimmung der Eltern verheiraten können. Kaiser und König können von keinem einzelnen Bürger irgendeine besondere Zahlung fordern, es sei denn eine Strafe, die für ein Vergehen verhängt wird: und darüber entscheiden die Schöffen. [...] (Regelungen den Friedensbruch betreffend) [...] Kein Bürger zahlt Zoll in unserer Stadt, doch andere auswärtige Gäste müssen zahlen. [...] Die Bürger, die *palburgere* heißen, müssen an St. Martin mit Frauen und Familie in die Stadt kommen und darin an eigener Herdstelle Residenz nehmen, bis Cathedra Petri (11. 11. – 22. 2.), dann dürfen sie wieder hinaus ([...] und sie müssen ihre Pfarrabgaben leisten, wo sie zu Hause sind). [...] Wenn ein Adeliger oder Ritter unter sich und seiner Gerichtshoheit Menschen hat, von denen er Abgaben erheben will, wie es Brauch und Recht und alte Gewohnheit ist, muss er das mit seinen Beamten bekanntmachen und fordern von Haus zu Haus, so dass die Abgabe offen nachvollzogen werden kann. [...] Niemand bei uns darf einen Mann vor den Forderungen seines Herrn verbergen oder festhalten [...] Keiner unserer Mitbürger muss Fastnachtshühner geben, es sei denn, er besitzt Güter, von denen er zu Recht seit alters gehalten ist, sie zu geben.

b) Reichsstadt – freie Stadt – Landstadt? Alternativen und Übergangsformen

Die wenigstens Städte im Reich, gerade auch die großen unter ihnen, verhielten sich in ihrer Entwicklung den geschilderten Modellen gemäß. Nicht alle Königsstädte waren am Ende des Mittelalters noch reichsunmittelbar, nicht alle Bischofsstädte wurden früher oder später zu freien Städten. Vielmehr konnten auch herrschaftlich nicht an den König gebundene Städte zu Reichsstädten werden und mächtig aufgestiegene herrschaftliche Städte es weitgehend selbstbestimmt vorziehen, die Herrschaft nicht abzustreifen, weil der erreichte Zustand in Kombination mit den Vorteilen, einer größeren herrschaftlichen Einheit anzugehören, als am besten erkannt wurde. Und natürlich gab es ungezählte kleinere Städte, die niemals die Kraft und den Wunsch aufgebracht hätten, sich von sich aus ihres Herrn zu entledigen.

Nürnberg

Neben Frankfurt gehört sicher Nürnberg (vgl. S. 26) zu den Königs- und dann Reichsstädten par excellence. Doch während Frankfurt auch in einer Phase, in der der König offenbar mit Absicht fern blieb, etwa von der Mitte des 11. bis zur Mitte des 12. Jahrhunderts rechtlich fest in königlicher Hand blieb, gab es einen Punkt in Nürnbergs Geschichte, an dem sich dieses Schicksal wohl auch hätte wenden können. Die Burg nämlich geriet fest in die Hände der Burggrafen, so dass Kaiser Friedrich Barbarossa nur neben der Anlage eine Pfalz errichten konnte, von der aus er die Herrschaft über die wachsende Stadt in für die Landeserschließung zentraler Lage dann allerdings intensivierte. Neben Burggrafen traten um 1200 königliche Schultheißen (vgl. S. 68), auf welche die Hochgerichtsbarkeit für den Bereich der Stadt überging, während der königliche Reichsgutsverwalter (Butigler) zum burggräflichen Amtmann mediatisiert wurde. Gleichzeitig erscheint jedoch bereits eine starke Gemeinde der Bürger, die sich gegen sämtliche herrschaftlichen Kräfte durchzusetzen begann. Aus dieser komplexen Konkurrenzsituation erwuchs eine kaiserliche Rechtsprivilegierung, wie es sie in dieser Form für Frankfurt nie gab: Der „Große Freiheitsbrief" Kaiser Friedrichs II. von 1219 schrieb gesammelt Freiheiten der Bürger und besonders der Kaufleute fest (*universitas civium* ca. 1245). Generell lässt sich sagen, dass Schriftliches zu den Rechten und Freiheiten dann besonders intensiv überliefert ist, wenn die Stadtherrschaft angefochten war.

Während sich die Könige um Städte wie Frankfurt und Nürnberg als Eckpfosten der Herrschaft über das Reich bemühten, gingen andere, die aus königlicher Wurzel gewachsen waren, verloren. Als die Könige im Spätmittelalter zunehmend den Mangel am immer mehr benötigten Geld verspürten, wurden solche Städte oft verpfändet und nur selten wieder zurück erworben. Städtische Steuern und Marktabgaben waren eine wichtige Einkommensquelle, die ebenso wie Zölle gut zu „kapitalisieren" waren, indem man sie gegen eine feste Summe einem Herrn verpfändete.

Nur ein Beispiel dafür ist Duisburg, eine zunächst hoffnungsvoll aufstrebende Siedlung, hervorgegangen aus einem Königshof und einer späteren Pfalz an der Mündung der Ruhr in den Rhein und am Ausgangspunkt des Hellweges. Schultheiß und Schöffen sind schon im 12. Jahrhundert bezeugt, ebenso wie eine erste Mauer. Doch die Entwicklung wurde entscheidend gehemmt, als sich das Bett des Rheins verlagerte. Ab 1204 wurde die Stadt mehrfach verpfändet, bis sie 1290 endgültig an die Grafen von Kleve fiel.

Lübeck

In ganz anderer Richtung entwickelte sich Lübeck (vgl. S. 30). Zwar war die Stadt seit der Mitte des 12. Jahrhunderts Bischofssitz, doch war die Verlegung der Diözese Oldenburg unter der Herrschaft Herzog Heinrichs des Löwen (der die örtlichen Grafen verdrängt hatte) erfolgt, und die Bischöfe kamen nie in die Lage, eine Stadtherrschaft auszubilden. Eng gebunden an das wechselvolle Schicksal des welfischen Hauses unterstand Lübeck um 1200 fast fünfzig Jahre lang wechselnden Herrschaften, darunter der des römischen Königs, aber auch desjenigen von Dänemark. Während letztere Periode entscheidend zu Lübecks wirtschaftlich dominierender Position im Ostseeraum beitrug, setzte sich die Herrschaft des römischen Königs durch, als Friedrich II. unter Rekurs auf ein älteres, möglicherweise gefälschtes Privileg seines Großvaters 1226 Lübeck die Reichsfreiheit verlieh und es so dauerhaft zur Reichsstadt machte; Lübecks Erfolg und Lage machte das lübische Recht als Quintessenz des Erfolges erstrebenswert (vgl. S. 95).

Regensburg

Einen ganz besonderen Fall bietet Regensburg (vgl. S. 19), das oben schon als befreite Bischofsstadt unter den freien Städten aufgezählt wurde, das aber ebenso traditionell dem Königtum wie dem bayerischen Herzogtum nahe stand. Die Trias blieb prinzipiell bestimmend und sollte letztlich über die Emanzipationserfolge der Bürgergemeinde hinaus wirksam werden. Die im Italienhandel reich gewordenen Bürger verdrängten auch hier seit dem späten 12. Jahrhundert mit Hilfe der Könige (als dem fernsten der drei möglichen Stadtherren) Bischof wie Herzog aus der Stadtherrschaft. Während allerdings die Bischöfe dauerhaft verdrängt blieben, sorgte die frühe Territorialisierung des Herzogtums Bayern – einhergehend mit wirtschaftlichen Schwierigkeiten – dafür, dass sich die Regensburger gegen Ende des Mittelalters freiwillig herzoglicher Herrschaft unterstellten. Dies jedoch wussten wiederum die habsburgischen Könige (nicht zuletzt aufgrund dynastischer Konkurrenz zu den bayerischen Wittelsbachern) zu verhindern, die Regensburg nach 1492 zur Reichsstadt erhoben (und zum häufigen Tagungsort des Reichstags), und die damit die selbstbestimmte Aufgabe städtischer Freiheit durch die Bürger verhinderten.

Augsburg

Maßgeblich vom wirtschaftlichen Niedergang Regensburgs profitiert hatte die alte Bischofsstadt Augsburg (vgl. S. 19), die sich im 12. Jahrhundert ebenfalls mit Hilfe der staufischen Könige zu emanzipieren begann. Zunächst jedoch war es der Bischof, der das Freiheitsstreben zu steuern versuchte, indem er sich 1156 von Barbarossa zur Sicherung einer durch die Bürgergemeinde eingeschränkten Stadtherrschaft eine Stadtrechtsurkunde ausstellen ließ. Barbarossa begann jedoch auch damit, maßgebliche stadtherrliche Rechte selbst zu erwerben (1168: Hochstiftsvogtei und Blutgerichtsbarkeit in der Stadt). Nachdem im Interregnum des 13. Jahrhunderts Bürger und Bischof Wittelsbacher Zugriffsversuche gemeinsam abgewehrt hatten, wussten die Bürger das neu erstarkte Königtum unter Rudolf von Habsburg wieder zum Ausbau ihrer Rechte gegenüber dem Bischof zu nutzen (erweitertes Stadtrecht 1276). Die Konstellation kulminierte im Erwerb des Status einer Reichsstadt unter dem Wittelsbacher König Ludwig dem Bayern.

Hamburg

Zwischen örtlichem Grafen und fernem Bischof stieg Hamburg auf (vgl. S. 28). 1188 war neben der alten Domsiedlung die gräflich-holsteinische Neustadt entstanden (mit günstigen Ansiedlungsbedingungen nach lübischem Recht und eigener Stadtrechtsaufzeichnung ab 1270), deren rascher wirtschaftlicher Aufstieg sogleich durch einen vom Grafen erworbenen königlichen Freiheitsbrief (1189) gefördert wurde. Als durch ein Intermezzo dänischer Herrschaft (1201–1227) der Zugriff der alten Herren unterbunden war, schlossen sich die beiden Stadtteile kommunal zusammen. Anschließend gelang es Hamburg, nachdem der Bischof auf seine Rechte verzichtet hatte, die bleibende Abhängigkeit vom Grafen weitgehend formal zu gestalten und in der Praxis zur immer reicheren und mächtigeren Hansestadt aufzusteigen, die auch nach 1460 den Grafen jegliche Huldigung zu verweigern imstande war, obgleich diese inzwischen dänische Könige waren.

Magdeburg

Wieder anders verliefen die Versuche der Bürger von Magdeburg (Kaufmannsrecht S. 50, Magdeburger Recht S. 95), sich gegenüber ihrem Bischof durchzusetzen. Weil sie 1325 im Zuge kriegerischer Auseinandersetzungen den Bischof ermordeten, geriet die Stadt in die Reichsacht und musste sich unterwerfen. Letztlich blieb Magdeburg seither, bei allen Verselbständigungsansätzen, dem Zugriff seines Herrn weitgehend ausgesetzt.

Eine Besonderheit der Bischofsstädte von entscheidendem Einfluss auf die Befreiungsbemühungen war, wie oben bereits ausgeführt, die Tatsache, dass sie zugleich als Amtssitze und grundsätzlich dauerhafte Residenzen ihrer Herren dienten. Das unterschied sie nicht nur von königlichen Städten, sondern auch von den meisten Land- oder Territorialstädten unter fürstlicher oder gräflicher Herrschaft. Wirtschaftliche Prosperität im Verein mit hinreichendem Schutz bei gleichzeitiger Ferne der Herren konnten hier den kommunalen Aufstieg begünstigen.

Erfurt

So war Erfurt (vgl. S. 30) Stadt des Mainzer Erzbischofs, doch lag es fern genug und wurde rasch sehr groß und wirtschaftlich mächtig, so dass es frühzeitig eine kommunale Selbstregierung erringen konnte. Lüneburg wiederum (vgl. S. 31) wurde zwar einer der Zentren nach der Zerschlagung des welfischen Herzogtums Sachsen, doch konnte es gerade wegen der Schwächung des Fürstenhauses weitgehende Autonomie erwerben und durch seine führende Position in der Hanse auch bewahren.

Braunschweig

In mancherlei Hinsicht ähnlich waren die Bedingungen für Braunschweig (vgl. S. 42). Durch die häufigen welfischen Teilungen (zwölf zwischen 1202/03 und 1495), bei denen die zentrale (und immer reichere) Stadt stets Gemeineigen blieb, nahm Braunschweigs Bedeutung als Residenzstadt kontinuierlich ab und zugleich seine Selbständigkeit gegenüber den Herren stetig zu. Diese, die zudem für die Kommunalentwicklung gerade rechtzeitig geschwächt worden waren, veräußerten sukzessive die wichtigsten stadtherrlichen Hoheitsrechte an den unterschiedlichen Teilen der aus mehreren Kernen zusammenwachsenden Stadt an die Bürger. Das **Zeremoniell der Huldigung** beim ersten Besuch eines neuen Herrn in der Stadt führte die gegenseitige Bindung und das ausgewogene und stabile Verhältnis immer wieder allen Beteiligten, Bürgern wie Vasallen des Herrn deutlich vor Augen. Die klare Regelung erlaubte es Braunschweig im gesamten Spätmittelalter (ungeachtet innerer Differenzen, die auch die Herrschaft berührten, vgl. S. 108), zum eigenen Vorteil landständig zu bleiben und nicht nach einer rechtlichen Reichsunmittelbarkeit (mit entsprechenden Verpflichtungen) zu streben.

E

Braunschweiger Huldigungsordnung von 1345

Der neue Herzog kam zusammen mit seinen Rittern als Landes- und zugleich Stadtherr ins Altstadtrathaus als dem Kern der kommunalen Herrschaft vor den gemeinen Rat der fünf Teilstädte. Er bestätigte alle von seinen Vorgängern verliehenen Privilegien und gelobte, sie bei Gelegenheit zu verbessern. Darüber fertigte er eine einseitige Urkunde mit seinem Siegel aus. Erst jetzt leistete der Rat den Huldigungseid. Und man betont: „Nur wenn der Stadtherr seine Verpflichtungen gegenüber der Stadt einhält, wolle auch sie ihre Verpflichtungen einhalten, jedoch nicht bei offenkundigen Rechtsbrüchen seitens des Stadtherrn. Denn durch Gottes Güte ist Braunschweig eine freie Stadt, das sollen diejenigen wissen, die nach uns kommen" (Garzmann). Von der Rathauslaube aus verliest anschließend der Große Bürgermeister der Altstadt der vor dem Rathaus versammelten Bürgergemeinde die Huldigungsformel.

Soest

Mit Erfurt und Braunschweig vergleichbar und doch ein besonderer Fall ist die Stadt Soest, am Hellweg von Aachen nach Ostsachsen gelegen und seit der Merowingerzeit vor allem als Ort von Salzgewinnung belegt. Soest entwickelte ein frühes und weit ausstrahlendes Marktrecht (vgl. S. 52) und früh ist auch ein Siegel belegt (vgl. S. 78). Auch hier wird der Bischof (der Kölner Erzbischof, an den als Herzog von Westfalen Soest nach dem Sturz Heinrichs des Löwen gefallen war) als Stadtherr verdrängt. Das allerdings geschah spät (1444, *pactum ducale*) und durch die Bürger der großen und blühenden Hansestadt sowie zugunsten des Herzogs von Kleve und Grafen von der Mark (unter dessen Herrschaft Duisburg zur Landstadt herabsank) als einem ganz neuen selbst gewählten Herrn, den man eher als Schutz- denn als Stadtherrn annahm, ohne dass die Handlungsfreiheit wesentlich eingeschränkt worden wäre.

c) Kleine Städte und Stadtrechtsfamilien

Das 13. Jahrhundert brachte ein Aufblühen der Städte, das vor allem gegen Ende des Jahrhunderts noch verstärkt wurde durch zahlreiche Neugründungen. Begonnen hatten bereits im 12. Jahrhundert die Zähringer mit Gründungen wie Freiburg im Breisgau oder Heinrich der Löwe mit Lübeck oder München. Nun folgten immer mehr Herren als Stadtgründer. Der Zeitpunkt der Gründung in Relation zum Maß des Ausbaus der Region, in der sie geschah, bildeten die Eckdaten für die Entwicklungschancen jeglicher Stadt. Die Neugründungen entstanden oft zu einem Zeitpunkt, da sie kaum mehr Chancen zu wachsen bekamen, und sie blieben meist „Stadtdörfer", das heißt Dörfer mit Stadtrecht, in denen nicht mehr als 100 oder 200 Menschen lebten. Man könnte sie – ebenso wie die im bereits früh territorialisierten Herzogtum Bayern entstehenden „Märkte" – als Übergangsformen zwischen Stadt und Land sehen, zeichneten sich doch auch die zeitgenössische Entwicklungen der ländlichen Gebiete durch die Entstehung von Dörfern mit Gemeindebildung und arbeitsteiliger Wirtschaft aus, in denen sich bäuerliche Tätigkeiten mit Basishandwerken und Kleinhandel mischten. Die kleinen und kleinsten Städte, die nun berechtet wurden, werden in der Stadtgeschichtsforschung (vgl. S. 25) charakterisiert als Minderstädte (wenn man den Maßstab der großen, meist viel älteren Städte anlegte) oder auch **Ackerbürgerstädte**.

E

Ackerbürgerstadt

Auf Max Weber (vgl. S. 25) zurückgehende Definition einer Stadt, „welche als Stätten des Marktverkehrs und Sitz der typischen städtischen Gewerbe sich von dem Durchschnitt der Dörfer weit entfernten, in denen aber eine breite Schicht ansässiger Bürger ihren Bedarf an Nahrungsmitteln eigenwirtschaftlich decken und sogar auch für den Absatz produzieren." (Max Weber, Wirtschaft und Gesellschaft).

Die Existenz dieses Typus der kleinen Stadt wird neuerdings wieder mehr betont, wobei allerdings die deutliche Abgrenzung von den Dörfern stark zurückgenommen wird und stattdessen die grundsätzliche Existenz von landwirtschaftlichen Bereichen in jeder, auch der größten mittelalterlichen Stadt betont wird, vor allem in Kontexten, in denen die enge Verflechtung und die oft nahtlosen Übergänge zwischen Stadt und Land betont werden sollen.

Amtsstädte

Funktional betrachtet konnten die kleinen Städte dennoch unterschiedlichen Zwecken dienen. So benötigten die mächtigeren Herren, die Bischöfe, Herzöge und großen Grafen, Amtsstädte zur herrschaftlichen Durchdringung ihrer werdenden Territorien. Aber auch viele Ritter wollten den Marktflecken oder die Siedlung bei ihrer Burg, die nicht selten ihre einzige war, zu Städten erhoben sehen, denn bald schon bedeutete der Besitz einer Stadt ein Statussymbol. „Die Stadtqualität, das in beziehungsweise über der Stadt liegende Schloss, die Kirchen, vor allem die noch bis ins 16. Jahrhundert hinein recht wirkungsvolle Ummauerung waren für die Ritterschaft Ausweise ihres Standes und Reichtums. Diese Versatzstücke von Urbanität inmitten von stadtähnlichen Dörfern wurden schließlich zu steinernen Zeugen der Reichsunmittelbarkeit dieser Kleinherrschaften." (Fouquet)

Stadtrechtsfamilien

Schon in Freiburg hatten die Herren nach dem Vorbild der rheinischen Kommunen Bedingungen wirtschaftlicher und rechtlicher Freiheit für die künftigen Bürger eingerichtet, die man offenbar für den Erfolg einer Stadt verantwortlich machte. Nach diesem Muster wurden auch weiterhin im 13. und 14. Jahrhundert erfolgreiche Städte imitiert, nun, indem man deren Recht weiterverlieh. Die Stadtgründer ließen sich vom König mit dem Recht einer großen, erfolgreichen und angesehenen Stadt in ihrer Nähe bewidmen. Besonders beliebte Städte bildeten ganze **Stadtrechtsfamilien** aus.

E

Stadtrechtsfamilien/Stadtrechtskreise – Oberhof

Einige der angesehensten deutschen Städte wurden zur Quelle für die Rechte zahlreicher später gegründeter, sehr oft (aber nicht zwingend) kleinerer Städte. So wurde im fränkischen Rheinland das Recht der Städte Aachen und Frankfurt weitergegeben, ebenso wie das von Nürnberg und Wien, und auch die frühe schwäbische Gründungsstadt Freiburg exportierte ihr Recht. Besonders sächsische Städte wie Münster, Soest und Dortmund (die Westfalen sind ein Stamm der Sachsen) sowie Braunschweig und Lüneburg, vor allem aber Lübeck und Magdeburg wurden zu Mutterstädten und – durch die gerichtlichen Rückfragen der Tochterstädte – zum „Oberhof" für oft zahllose jüngere Städte.

Der Oberhof ist dabei nicht misszuverstehen als höhere Instanz im Sinne eines Rechtszuges, an den eine Berufung oder Revision eines gesprochenen Urteils möglich gewesen wäre. An ihn wandten sich die Schöffen zum Beispiel einer Tochterstadt (denn manches städtische Schöffengericht wie das der Reichsstadt Frankfurt am Main besaß auch weit reichende Oberhoffunktionen für ländliche Gerichte) während des laufenden Prozesses um Rechtsauskunft in Zweifelsfällen.

Dabei wurden sehr häufig Rechte weitergegeben, die in der Ursprungsstadt nicht schriftlich oder gar kodifiziert vorlagen, sondern deren erste schriftliche Zeugnisse in Rechtsauskünften auf Anfragen der begünstigten Städte hin auf uns gekommen und wohl auch überhaupt entstanden sind. Ein

Beispiel ist die oben vorgestellte Rechtsauskunft Frankfurts für Weilburg von 1297, während die erste eigentliche Rechtsaufzeichnung in Frankfurt erst gegen Ende des 15. Jahrhunderts vorgenommen wurde. Die Auskünfte sind schon deshalb nicht mit einer Rechtskodifikation für den eigenen Gebrauch zu verwechseln, weil die Auskünfte nicht vollständig sein mussten. So besaß zum Beispiel Frankfurt am Main Privilegien, die man als exklusiv und unteilbar, gewiss aber nicht an nahe Städte und potentielle Konkurrenten übertragbar betrachtete (man denke nur an das Recht, zweimal im Jahr Handelsmessen abzuhalten).

Die als Beispiel herangezogene Auskunft Frankfurts ist bei weitem nicht die älteste; deutlich früher entstanden in vergleichbarer Weise die Zusammenstellung des Münsteraner Rechts für Bielefeld (vor 1214), des lübischen Rechts für Tondern (1243) oder Dortmunds für Memel 1252. Die letztere Rechtsauskunft verweist bereits auf den wohl wichtigsten Ausbreitungsraum deutscher Stadtrechte. Vor allem die Rechte von Lübeck und Magdeburg, aber auch von Nürnberg, wurden seit dem 13. und vor allem im 14. Jahrhundert durch den Willen der dortigen Herrscher weit in den Osten Mitteleuropas übertragen, nach Böhmen und Schlesien, an der Ostseeküste entlang, in die Königreiche Ungarn bis hin nach Transsylvanien (Siebenbürgen) und Polen, das seit der Mitte des 14. Jahrhunderts auch ganz Galizien (die heutige Westukraine) umfasste.

Oberhof

Im Falle von Rechtsunsicherheit war es unter vielen der bewidmeten jüngeren Städte üblich, in der Mutterstadt als Oberhof um Rechtsbelehrung nachzusuchen. Vor allem wenn der Weg weit war, wurden solche Auskünfte schriftlich gegeben. So entstanden zum Beispiel verschiedene Sammlungen Magdeburger Schöffensprüche. Diese dürfen nicht missverstanden werden als Auszüge aus einem verlorenen Rechtsbuch, sondern sie sind fallbezogene Rechtsauskünfte eines aufgrund von mündlichem Recht urteilenden Schöffengerichts. Man hat sie dennoch und irrig in der Forschung immer wieder herangezogen als Quelle für die Rekonstruktion des alten Magdeburger Stadtrechts. Dieses aber setzte sich so oft zusammen als Mischung aus ihnen, den auf städtische Bedingungen anwendbaren Sätzen aus dem Landrecht des Sachsenspiegel Eikes von Repgow (um 1230) sowie dem seit dem 12. Jahrhundert als typisches Gemeinderecht im sächsischen Raum nachweisbaren **Weichbild**recht.

E

Weichbild

Das Wort (mnd. *wikbelde*, mhd. *wichbilde*) ist etwa seit der Mitte des 12. Jahrhunderts in Nord- und Mitteldeutschland nachzuweisen. -bild bedeutet „Recht" und lebt heute nur noch in „Unbill" weiter; Weichbild ist also das Recht eines Wik und war verbreitet in Altsachsen, nicht zuletzt in den dortigen Bischofsstädten. Es benennt verschiedene Aspekte nun schon städtischen Rechts (auch Dörfer können es jedoch verliehen bekommen), weist möglicherweise auf frühere Verhältnisse zurück, enthält allerdings auch viele Züge, die so sehr den früher schriftlich belegten Marktrechten und frühen Kommuneprivilegien (vgl. S. 27) ähneln, dass eine Beeinflussung anzunehmen ist. So schreibt es Grundbesitz in freier Erbleihe und die Niederlassung nach diesem Recht fest, allerdings auch ausdrücklich den Erwerb persönlicher Freiheit nach Jahr und Tag. Als geschriebenes Recht wurde es sicher für die in der Region nach 1200 neu gegründeten Städte gültig.

IV. Die Stadt des späten Mittelalters

1. Die Ausdifferenzierung der Bürgerschaften: rechtliche und soziale Faktoren

Im Verlaufe des 12. und 13. Jahrhunderts emanzipierten sich die Bürger der größeren und wirtschaftlich prosperierenden Städte mehr oder weniger weitgehend von ihrem jeweiligen Stadtherrn. Sie traten als geschlossene Gruppe ihren Herren gegenüber und zogen die wichtigsten Herrschaftsrechte an sich. Sie nahmen (wenn sie nicht von vorneherein königlich waren) unmittelbare Verbindung zu den Königen auf. Auch darüber hinaus bewiesen sie Handlungsfähigkeit nach außen, indem sie in Vereinbarungen ihrer Herren mit Dritten eintraten oder aber solche Vereinbarungen selbständig schlossen, zum Beispiel mit Zisterzienserklöstern, für die städtische Märkte und Zollbefreiungen zentrale Bestandteile ihrer wirtschaftlichen Netzwerke bildeten – womit die Bürger wiederum zunächst nach der Selbstkontrolle der eigenen Wirtschaftkraft strebten.

Bei der Betrachtung dieser Emanzipationsbewegungen in den deutschen Städten begegneten wir immer wieder den Bürgern und ihrer organisierten Gemeinde. Im Folgenden wird es nun darum gehen, die Bürgerschaft, ihre Organe und beider Entwicklung im Inneren der Städte näher zu betrachten. In den Blick kommen werden vor allem die rechtliche Ausgestaltung der Stadt, der Bürgerschaft, der Repräsentativorgane und ihres städtischen Regiments sowie die Kämpfe innerhalb der Bürgerschaft um Beteiligung an der Regierung, die sich im Laufe des Spätmittelalters mehr und mehr in eine Herrschaft von Bürgern über Bürger, in eine Obrigkeit des jeweiligen städtischen Rates verwandelte. Jedoch sollen auch wirtschaftliche und soziale sowie Aspekte des religiösen und Alltagslebens der Stadt berücksichtigt werden.

a) Bürger und Rat, Ämter und Verwaltung

Wir wissen in den seltensten Fällen Genaueres darüber, wie sich die frühen Bürgerschaften sozial und rechtlich zusammensetzten, auch wenn wahrscheinlich ist, dass die meisten Bürger aus lokalen unfreien herrschaftlichen Zusammenhängen kamen (vgl. S. 71) oder im Rahmen eines Stadtgründungsaktes angeworben wurden. Nach der Konstitution der Gemeinden jedoch begannen diese mehr und mehr sich selbst sowie die Bedingungen der Zugehörigkeit und des Zuzuges zu regeln. Leistung eines **Bürgereides** oder Erwerb von Grundeigentum (oder, wohl sekundär, Rentenbesitz) in der Stadt, später oft abgelöst durch ein Aufnahmegeld, möglicherweise auch (wenigstens im Laufe der Zeit) beides zusammen, bildeten normalerweise die Aufnahmemodalitäten ins Bürgerrecht.

E

Bürgereid/Schwörtag
Die Verschwörung der Bürger einer Stadt dürfte in vielen Städten zum maßgeblichen Konstitutionsakt der fortan gemeinschaftlich handlungsfähigen Bürgergemeinde geworden sein. Dieser kollektive Eid und gegebenenfalls seine Wiederholung werden ebenso als Bürgereid bezeichnet wie der Einzeleid, den ein Bürger beim Eintritt in die Gemeinschaft zu leisten hatte. Ob es solche Bürgereide in allen Städten von Anfang an gegeben hat und ob sie von Anfang an als Rechtsgrundlage des gemeinschaftlichen bürgerlichen Handelns verstanden wurde, sei dahingestellt. Weit verbreitet ist in der Forschung die Überzeugung, dass der Bürgereid „Geltungsgrund und Gestaltungsprinzip des deutschen mittelalterlichen Stadtrechts" gebildet habe (Wilhelm Ebel).
In vielen, nicht in allen Städten wurde die bürgerliche Eidgenossenschaft bei jährlich wiederkehrenden Schwörtagen (in Norddeutschland *Bursprake, Echteding, Eddach*) aktualisiert, auf denen der Bürgereid erneuert wird (der sich mit zunehmender Verobrigkeitlichung der Ratsherrschaft, vgl. S. 128, immer mehr in einen Huldigungseid dem Rat gegenüber verwandeln konnte) sowie städtische Privilegien und Gesetze (Willküren), gegebenenfalls auch, vor allem in Süddeutschland, Schwurbriefe (mit Hilfe derer bürgerliche Unruhen, vgl. S. 104, beigelegt worden waren) verlesen und bestätigt werden konnten.

Bürgeraufnahme

Wer Bürger werden konnte und als Vollbürger zur eigentlichen Gemeinde gezählt wurde, war von Stadt zu Stadt sehr verschieden. Zudem umfasste die Bürgergemeinde, wenigstens in der frühen Zeit des 13. und auch noch 14. Jahrhunderts, Menschen durchaus unterschiedlicher Rechtsstellung bis hin zu solchen Personen, die auch innerhalb der Bürgergemeinschaft weiterhin Merkmale der Unfreiheit trugen (vgl. S. 90 das Frankfurter Stadtrechtsweistum, und zum Grundsatz „Stadtluft macht frei" S. 78). Lange Zeit genügte in vielen Städten den Zeitgenossen offenbar die Benennung als *civis* oder *burgensis*, dann *burger* (vgl. S. 70), um auch (in unseren Augen) disparate Personen und Personengruppen zu bezeichnen – in anderen kam es zu von Stadt zu Stadt ganz unterschiedlichen Sonderbezeichnungen mit sehr verschiedenen Inhalten (wie in Augsburg die „Bürger vom Rat" als Altinhaber des Bürgerrechts oder in Straßburg die *Schultheißenburger* mit gemindertem Bürgerrecht). Manche enger umrissene Begrifflichkeit scheint den mittelalterlichen Zeitgenossen auch erst nach und nach notwendig erschienen zu sein, zum Beispiel von *burgern ein zyt* (Bürgern auf Zeit) oder von *werntlichen burgern* (weltlichen Bürgern) oder aber *judenburger* zu sprechen. Nicht konsequent, sondern wohl fallbezogen erscheinen in den Quellen stadtübergreifend anmutende Spezifizierungen – wie der *concivis* oder *middeburger*, der *palburger*/**Pfahlbürger** oder der *uszburger*/**Ausbürger** –, ohne dass diesen Bezeichnungen je eindeutige Inhalte zuzuweisen wären. Diese Befunde erschienen der stadthistorischen Forschung seit dem 19. Jahrhundert uneinheitlich oder inkonsequent, so dass das Benennungswirrwarr eher verstärkt wurde durch Einführung von Umschreibungen, die allgemein anwendbar sein und Klarheit schaffen sollten, wie „eigentliche Bürger" oder „Bürger im vollen Rechtssinn".

E

Pfahlbürger und Ausbürger
Bei beiden niemals klar trennbaren (weder in den Quellen, noch in der Forschungsliteratur) Gruppen handelt es sich um Personen, die außerhalb der Mauern einer Stadt lebten, deren Bürgerrecht sie erworben hatten. Inwieweit die-

ses stets dieselbe Rechtsstellung umfasste wie bei „normalen" Bürgern, ist umstritten. Generell betrachtet ist „Ausbürger" der weitere Begriff, denn er umfasst adelige Personen (meist als waffenfähige Helfer) und geistliche Personen und Institute (vgl. S. 113) im Bürgerrecht ebenso wie die eigentlichen Pfahlbürger. Diese waren normalerweise Bauern, die (meist einem anderen Herrn als der Stadt gehörendes) Land bestellten, aber Vorteile städtischer Rechte (Schutz, Zollfreiheit u. ä.) in Anspruch nehmen wollten. Ihre Existenz wurde von den Grundherren als Aushöhlung von deren Rechten betrachtet, denn sie entzogen sich mit Hinweis auf ihren Bürgerstatus dem grundherrlichen Gericht (vgl. S. 47) und meist auch den Abgaben, da sie zu den Zinsterminen in die Stadt auswichen – so war ihre Aufenthaltsdauer in den Mauern seitens der Städte (die den Terminus „Pfahlbürger" mieden) oft vom 11. November bis 22. Februar vorgeschrieben. Die Herren versuchten, das Problem in bilateralen Verträgen mit den Städten in den Griff zu bekommen, und immer wieder veranlassten sie die Könige, das Pfahlbürgertum zu verbieten (besonders wichtig sind das „Statutum in favorem principum" von 1231/32, der Mainzer Reichslandfriede von 1235 und die „Goldene Bulle" von 1356).

Frauen, Juden, Adelige, Geistliche und Arme

Dabei gab es Städte, die eher als andere dem entsprachen, was moderne Stadthistoriker erwarteten. Zwischen Städten (vor allem manchen in Süddeutschland), die wenigstens anfangs nur einen ganz engen Kreis von wenigen Prozent ihrer Einwohnerschaft als Bürger betrachteten, und solchen, die wiederum wenigstens zeitweise Frauen, Juden, Adelige, geistliche Korporationen sowie auch die Ärmsten der Armen (notfalls unter völligem Verzicht auf finanzielle oder auch physische Leistungen) aufnahmen mit dem (manchmal erklärten) Ziel, möglichst die gesamte Einwohnerschaft unter Bürgerrecht zu stellen (wie Frankfurt am Main), liegt das weite und bunt schillernde Spektrum der Bürgerschaften mittelalterlicher deutscher Städte. Generell lässt sich sagen, dass es im Laufe des Spätmittelalters zu einer Entflexibilisierung des Bürgerrechts kam und dass es zunehmend zum Privileg wurde (Isenmann).

Mit dem Bürgerrecht verbunden war stets der Anteil an der Schutz- und Friedensgemeinschaft der Stadt (Verantwortung, das heißt das Eintreten der Gemeinschaft für ihre Bürger nach außen) sowie die Verpflichtung zur Beteiligung an dem Gemeinwohl – dem „gemeinen Nutzen" – dienenden Lasten wie der Stadtverteidigung (Waffendienst und Schanzarbeiten), dem Feuerschutz, der Brunnen- und Brückenpflege und ähnlichem. Das Bürgerrecht konnte von Stadt zu Stadt verschiedene finanzielle Verpflichtungen oder Erleichterungen mit sich bringen, so dass der Bürger steuerpflichtig war oder aber auch, dass er von Zöllen und anderen Marktabgaben befreit war. Politische Partizipation war ein Vorrecht der Bürger, galt aber prinzipiell nur für (erwachsene) männliche Angehörige der Gemeinde und war mit großer Wahrscheinlichkeit auch Bürgern aus Sondergruppen verwehrt, wenn diese eingebürgert wurden.

Rat

Was nun die Repräsentationsorgane der Bürgergemeinde betrifft, so entwickelte sich außer in der alten Stadt Köln (die in vielerlei Hinsicht und öfter, als es im vorigen Kapitel erschienen sein mag, einen besonderen Weg ging) überall ein Kollegium von *consules*, ein **Rat**, als primär agierendes Organ, auch wenn anfangs von *viri illustri* oder *officiati* die Rede ist oder die Schöffenkollegien in den Quellen auftreten. Viel spricht dafür, dass normalerweise die alten gräflichen, nun städtischen Hochgerichte mit ihren Schöffen den Nukleus dieser neuen städtischen Organe gebildet haben. Wir haben hier nach den „Bürgern" ein weiteres Beispiel für eine Institution, die unter demselben Namen überall auftrat, sich aber sehr unterschiedlich im Einzelnen präsentierte.

E

Rat (Kollegium der *consules*)
Früheste Belege für Räte liegen im Reichsgebiet aus Utrecht 1196 und Lübeck 1201 vor, doch bis Mitte des 13. Jahrhunderts sind Räte bereits in etwa hundert Städten nachzuweisen. Abgesehen von den rheinischen Bischofsstädten und den Zähringer-Gründungen kommt dem niederdeutschen Raum ein deutlicher Vorrang zu, doch war bis zum Ende des 13. Jahrhunderts Oberdeutschland ebenso flächendeckend erfasst, auch andere als Königs-, Bischofs- und große landständische Städte. Zahlenmäßig bestanden die Räte meist aus 12, auch 24, 32 und 36 Mitgliedern (wobei oft lang andauernde Vakanzen zu verzeichnen waren). Mit wachsender Verwaltungstätigkeit und in Krisensituationen (zur Herstellung einer breiteren Verantwortung) wurden besonders um 1400 Große Räte mit zwischen 50 und fast 200 Mitgliedern eingesetzt. Bestellt wurden die Räte entweder mit jährlicher (meist ohne Wiederwahlverbot) Wahl durch die Bürger oder Kooptation bei lebenslangem Mandat. Zugleich jedoch entstanden in manchen Städten auch Innere Räte, die die Beschlussfassung nach dem Prinzip des Ausschusses erleichtern (Ratschlagung der Neun in Frankfurt am Main) oder des Ältestenrates unterstützen (Geheime Stuben in Straßburg) oder auch sie auf bestimmte Kreise im Rat beschränken sollten (Innerer Rat in Nürnberg).

Ratsämter

Im Kontext der Räte differenzierten sich nach und nach Ratsämter heraus. Besonders wichtig wurden die **Bürgermeister**, die vielerorts an die Spitze der bürgerlichen Regierung traten. Dies geschah nicht selten konkurrierend oder substituierend zu den alten stadtherrlichen Ämtern (der Schultheißen, Vögte oder Ammänner, vgl. S. 68).

E

Bürgermeister
Ein typisches Amt in den Ratsverfassungen – andernorts auch Ammeister oder Stettmeister genannt – das seit dem 2./3. Jahrzehnt des 13. Jahrhunderts wiederum zuerst in den rheinischen Bischofsstädten, dann in Niederdeutschland aufkam, in der Mehrzahl der Städte jedoch eher erst im 14. Jahrhundert. Eine Ausnahme bildete Köln, wo *magistri civium* schon im 12. Jahrhundert, noch vor einem Rat, auftraten. Die Bürgermeister waren das bürgerliche Pendant zum stadtherrlichen Schultheiß oder Ammann, den sie sukzessive aus dem Ratsvorsitz verdrängten. Normalerweise wurden ein bis zwei Bürgermeister für ein Jahr gewählt, doch es gibt eindrückliche Ausnahmen, die eine sehr unterschiedliche Gewichtung des Amtes zeigen (und wie sehr unterschiedlich sich die Einzelverfassungen der Städte je nach lokaler Geschichte entwickeln konnten). So gab es in Lübeck zwei, später vier Bürgermeister auf Lebenszeit mit hohen Kompetenzen, während sie in Nürnberg als „Frager", d. h. eigentlich nur als Diskussionsleiter im Rat auftraten, als die sich sämtliche 26 Ratsherren das Jahr über abwechselten, indem immer zwei für 28 Tage amtierten.

Daneben gab es Ratsämter mit Zuständigkeiten vor allem für die städtischen Einnahmequellen und die Rechnungsführung aber auch für die Bürgeraufnahme, für die Gewerbeaufsicht, für zentrale Bereiche städtischer Infrastruktur wie Brücken, Brunnen und Straßen sowie abgeordnet für die Verwaltung von Einrichtungen, die Rat und städtische Kirchen gemeinsam hatten (zum Beispiel Bauhütten oder Hospitäler). Die meisten dieser Ämter entstanden und differenzierten sich weiter aus, weil sich die schriftliche städtische Verwaltung entwickelte, und deren Entwicklung machte wiederum neue Ämter notwendig. Wie an anderen Punkten der deutschen Stadtgeschichte darf bei aller Unterschiedlichkeit mit Nachahmungen und Austausch zwischen den Städten gerechnet werden, vor allem, wenn sie in enger Verbindung bis hin zum formellen Bündnis standen. Als weiterer wichtiger (wenngleich nicht zwingender) Anlass für Verschriftlichungsschübe ist Druck von außen und die Herausforderung durch andere, konkurrierende Rechtsträger im Inneren (vornehmlich kirchlicher Zugehörigkeit) anzunehmen, allgemeiner gesprochen (im Inneren wie im Äußeren) Krisenempfinden.

Verschriftlichung

Die Verschriftlichung von Recht und Verwaltung darf als typisch für die Ausbildung einer weitgehenden inneren Autonomie der jeweiligen Stadt betrachtet werden (vgl. S. 56). Das Führen von Büchern verschiedenster Art – oft mit entsprechenden Ämtern verknüpft – förderte zugleich die Kontrolle von immer mehr Bereichen durch den Rat. Vielfältige serielle Quellen, das heißt hier von fortlaufend geführten Büchern, geben dem Stadthistoriker bis heute Zeugnis davon. Das Bild erscheint in jeder Stadt ein wenig anders, denn kaum eine mittelalterliche Verwaltung brachte genau dieselben Bücher, dieselben „Ressort"-Unterteilungen, dieselbe Ordnung der Verwaltung und der Archivierung hervor. Besonders früh und wichtig waren (ohne dass im Folgenden versucht würde, die ganz unterschiedlichen zeitgenössischen Benennungen in den verschiedenen Städten zu berücksichtigen) Steuer- und Rechenbücher sowie Gerichtsprotokolle (des städtischen Schöffengerichts als Erbe des gräflichen Hochgerichts und oft bald auch des Rates als Gericht) und Bücher, die aus gerichtlichen Beglaubigungstätigkeiten hervorgingen (Pfand- oder Insatzbücher, Testamentsbücher). Vor der eigentlichen Aufzeichnung des eigenen Stadtrechts entstanden in vielen Städten Kopialbücher (mit Abschriften vor allem der wichtigsten Privilegien und anderer Rechtstitel der Stadt), die auch nach dem jeweiligen Vertragspartner aufgegliedert sein konnten. Nicht selten entstanden Sammlungen bilateraler Abkommen mit außerstädtischen politischen Kräften (Verbundbriefe [Bündnisse], Rachtungen [Rechtsausgleich], Urfehdebriefe [Verzicht auf Rache]) und andererseits Briefbücher, die eher den Ausgang der diplomatischen Korrespondenz der Räte zusammenstellten. Von der Tätigkeit der Räte selbst zeugten darüber hinaus Ratssitzungsprotokolle oder Ratswahl- und Mitgliederverzeichnisse sowie die Bücher einzelner Ratsämter. Schließlich wurden vielfach, aber aus unterschiedlichen Gründen, mit unterschiedlichen Zielen und vor allem mit unterschiedlichen Effekten, die Statuten städtischer Korporationen (so vor allem der Zünfte) verschriftlicht.

b) Zünfte und Stadtadel

Jene frühen Bürger, die die Gemeinschaft organisiert und sich an ihre Spitze gesetzt hatten, um immer mehr Autonomie den Grundherren gegenüber zu erwerben, führten sie auch lange Zeit und – nach Ausweis unserer Quellen – weitgehend unangefochten. Ihre soziale Zusammensetzung und ihre rechtliche Stellung innerhalb der Bürgerschaft waren von Stadt zu Stadt verschieden. Allen gemeinsam war nur ihre wirtschaftliche Abkömmlichkeit für die politische (im Sinne der Leitung des „Gemeinwesens") Betätigung. Vielfach handelte es sich um aus der grundherrlich-stadtherrlichen *familia* erwachsene Verwaltungsfachleute oder Burgmannen (der Stadt als Burg; vgl. Ministeriale S. 68). Dazu kamen Kaufleute und reich gewordene Handwerker (wobei die Übergänge von Großproduzenten hin zum Großhändler fließend gewesen sein dürften; zum Beispiel ein Viehgroßhändler kann als Metzger in den Quellen auftreten).

E

Bruderschaften

Genossenschaftlicher Zusammenschluss (vgl. Zunft; Schwureinung S. 57; die Gilde der Kaufleute von Tiel, S. 62; Hanse S. 138), wohl seit altkirchlichen Zeiten mit Gebetsverbrüderungen zum Totengedächtnis. Sie konstituierten sich und aktualisierten sich immer wieder durch gemeinsames Begräbnis und Almosenstiftung – sehr oft ortsgebunden durch Stiftung eines Altars oder einer Kapelle mit einem speziellen Heiligen – sowie durch gemeinsames Feiern (Trinkgelage und Mahl). Man band sich vielfach durch einen gegenseitigen Versprechenseid und gab sich mündliche oder schriftliche Statuten. Gemeinsam durch Beiträge angesammeltes Vermögen wurde nicht zuletzt zu Hilfeleistungen für in Not geratene Mitglieder, deren Witwen und Waisen aufgewandt.

Bruderschaften konnten die unterschiedlichsten Personen und Personengruppen umfassen (Priester, Adelige, Bürger, Männer und Frauen) und sie konnten auch ganz bestimmten Zwecken gewidmet sein, so der Fürsorge für Elende, Kranke, Pilger. Besonders wichtig wurden sie im städtischen Bereich: In vielen Städten hatten solche Vereinigungen neben den Gerichtsgemeinden offenbar wichtigen Einfluss auf die Gemeindebildung, wurden jedoch im Laufe der Zeit von den etablierten Gruppen auch oft als Geheimgesellschaften gefürchtet und verboten (Handwerkerzünfte, vor allem aber Gesellenbruderschaften). (Vgl. Brücken und Brunnen S. 130)

Führungsgruppen

In vielen gerade der älteren Städte gehörten den Führungsgruppen vom Grundherrn privilegierte Familien an, denen bestimmte, vor allem wirtschaftliche Vorrechte übertragen worden waren und nicht selten bis ins Spätmittelalter hinein verblieben (**Patriziat, Geschlechter, „Stadtadel"**). So konnte der Handel mit besonders lukrativen Gütern auf sie beschränkt werden, oder in ihren Händen lag das Recht, die für die städtische Wirtschaft zentrale Münze am Ort zu betreiben (Münzerhausgenossen). Solche durch alte Privilegien aufgerichteten Rechtsgrenzen innerhalb der Bürgergemeinde konnten, mussten aber nicht früher oder später durch die soziale Realität aufgehoben werden. Die Angehörigen der privilegierten Führungsschicht schlossen sich normalerweise zusammen zu „Hausgenossenschaften" oder anderen bruderschaftlich organisierten Gemeinschaften unterhalb der Ebene der Stadtgemeinde und oft älter als diese. Solche Gruppenbildungen zeichneten sich aus durch Beschränkung des Heiratskreises und damit auch Begrenzung der Erbengemeinschaft und des Vermögens und wurden auch in Führungsgruppen übernommen, die nicht rechtlich, sondern nur sozial abgehoben waren.

E

Patriziat – Geschlechter – Stadtadel

Städtische Führungsschicht, vielfach tatsächlich oder wenigstens in der Selbstdar-

stellung ministerialisch-niederadeliger Herkunft, zu der jene Familien zählten, die die Emanzipation erkämpft und die ersten Räte gebildet hatten (oft identisch mit ministerialischen Schöffenfamilien, vgl. S. 68). Als Geschlechter bezeichneten sich selbst die führenden Familien vor allem solcher Städte, in denen eine durch den Herrn privilegierte rechtliche Abgrenzung gegenüber der restlichen Bürgerschaft bestand. „Patriziat" ist der erst in der Frühen Neuzeit aus der Antike wiederbelebte Begriff, den die Forschung auf die mittelalterlichen Verhältnisse rückübertragen hat und wofür heute vielfach eher die neutralere (aber nicht unmissverständliche) Bezeichnung Stadtadel bevorzugt wird.
Schon früh gibt es Belege dafür – mit den Hausgenossenschaften oder der Kölner Richerzeche, aber auch anderswo – dass sich diese „Stadtadeligen" bruderschaftlich organisierten. Ob sie nun rechtlich ohnehin gesondert waren oder nicht, in ihren Trinkstubengesellschaften zeigten sie gegen Ende des Mittelalters immer stärker soziale Abgrenzungstendenzen durch immer strengere Überwachung von Connubium (beschränkter Heiratskreis, der weniger in der eigenen Stadt und mehr in den parallelen Führungsschichten anderer Städte oder im ländlichen Niederadel seine Ergänzung suchte) und Ahnenprobe (Beleg von vier Großeltern patrizischer Geburt).

Handwerker

Mit der Entwicklung und der zunehmenden wirtschaftlichen Prosperität gelangten breitere Kreise in den einzelnen Städten in die Lage, sich um Partizipation an den gewonnenen Freiheitsrechten zu bemühen, die mit zunehmender Autonomie der Städte zudem immer attraktiver wurden. Nicht zuletzt dürfte dahinter der uralte Wunsch gestanden haben, mitzubestimmen über die Verwendung der Abgaben, die man in zunehmendem Maße an die Gemeinschaft leistete. Vor allem handelte es sich dabei um reich gewordene Handwerker, denen offenbar immer schwieriger der Aufstieg konfliktfrei gelang. Das dürfte mit ihrer Zahl im Zusammenhang gestanden haben und mit dem Maß, in dem die Führungszirkel tatsächlich rechtlich und sozial abgeschlossen waren – wobei ein solcher Abschluss zugleich als Reaktion auf das zahlreiche Aufstreben von unten erfolgt sein wird. Möglicherweise in Reaktion darauf schlossen sich auch die Handwerker zu **Zünften** und Ähnlichem zusammen, oder aber sie nutzten ihre existierenden, bruderschaftlichen Zwecken dienenden Vereinigungen zur politischen Organisation und zur Ausübung sozialen Druckes. Auch die zünftischen Vereinigungen entwickelten, einhergehend mit dem wirtschaftlichen Aufstieg ihrer Mitglieder, immer mehr Selbstbewusstsein und zunehmend die Forderung, an politischen Entscheidungen mitbeteiligt zu werden.

E

Zünfte
Unter diesem Begriff werden in der Forschung gewöhnlich die Organisationen der Handwerker in den deutschen Städten zusammengefasst, die jedoch in den Quellen (regional) ganz unterschiedliche Namen trugen, so neben Zunft auch Amt, Handwerk, (Ge)werk, Meisterschaft, Einung/Innung, Gilde, Stube, Zeche, „Kerze". Manche dieser Namen verweisen auf den bruderschaftlichen Typus der Vereinigung, für die das gemeinsame Mahl und das Zechen ebenso konstitutiv waren wie die kultgemeinschaftlichen religiösen Handlungen (unter anderem die gemeinsame Finanzierung der Kerzen, die die Gruppe bei den städtischen Prozessionen trug). Letztlich sind die changierenden Begriffe für den mittelalterlichen Sprachgebrauch typisch; es wäre anachronistisch, zwischen zum Beispiel der Handwerkerzunft im Gegensatz zur Kaufsmannsgilde zu unterscheiden, wie das in modernen Darstellungen oft geschehen ist.

Die ursprüngliche Entstehung der Handwerkerzünfte ist ungeklärt (und die offenen Fragen müssen nicht für alle Regionen und Städte in gleicher Weise zu beantworten sein): Gingen sie aus bereits im grundherrlichen Verband eingerichteten Zusammenschlüssen unfreier Handwerker hervor oder aus solchen, die der Stadtherr organisierte („Amt"), oder waren es tatsächlich freie Einungen? Damit im Zusammenhang steht die Frage, ob das bruderschaftliche Element primär war oder das der Marktregulierung, also des Ausschlusses von Konkurrenz durch Zunftzwang (das heißt niemand darf in der Stadt ein bestimmtes Handwerk ausüben, es sei denn er wäre Mitglied der fraglichen Zunft).
Die weitere Entwicklung hing ebenfalls vom konkreten Verhältnis zwischen Herrschaft (nun meist des Rates) und den Zünften ab und bewegte sich zwischen völliger Selbstbestimmung bis hin zu gänzlicher Kontrolliertheit von oben.

c) „Bürgerkämpfe" oder „Zunftunruhen"

Als Folge der geschilderten Entwicklung kam es in vielen Städten seit etwa der 1. Hälfte des 14. Jahrhunderts zur Austragung von Konflikten, mit denen die Zünfte eine Beteiligung am Ratsregiment erstrebten. Nicht selten wurden die Forderungen gerade dann laut, wenn sich die Stadt in unruhigen Zeiten in finanziellen Schwierigkeiten befand und wenn die Räte entsprechende Lasten auf die Bevölkerung umzulegen hatten. Die Vorwürfe bewegten sich meist im Bereich von Geheimwirtschaft und Korruption, schlechter Amtsführung und Schaden für das Gemeinwohl. Am Ende gab es Städte, in denen die alten Geschlechter oder ein gemischtes Patriziat siegte, solche, in denen die Handwerker die Alten auf Dauer verdrängten, und solche, in denen sich – nach mehr oder weniger friedlichen Auseinandersetzungen – gemischte Räte mit sehr unterschiedlichen Mischungsverhältnissen dauerhaft etablierten. Wir können außerdem beobachten, wie sich solche Bewegungen wie ein Flächenbrand ausbreiten konnten und eine Stadt die andere, eine Zunftbewegung die benachbarte ansteckten. Zugleich gab es allerdings auch Städte, in denen – möglicherweise wiederum aufgrund dessen, was in Nachbarstädten zu beobachten war – der repräsentative Eintritt nicht nur von einzelnen Handwerkern, sondern von deren zünftigen Organisationen in den Rat offenbar reibungslos, jedenfalls ohne Niederschlag in der Überlieferung vor sich ging.

Weitgehend friedlich: Frankfurt am Main

Ein Beispiel für letzteren Fall ist Frankfurt am Main (vgl. S. 87). Erst in der Folge der Krise, in die die Wahlstadt des Reiches durch das Doppelkönigtum der Jahre 1346/48 gestürzt wurde, finden sich in dieser Stadt überhaupt Anzeichen von Unruhen in Kreisen der „Handwerke". Zu diesem Zeitpunkt zeigen uns die Quellen mehrere Meister, die als Vertreter der Handwerke „auf den Rat gehen".

Das Krisenempfinden und der Wunsch nach Absicherung hatte zu einem breiten Schub an Verschriftlichung geführt, der neben der Neuanlage eines Privilegienbuches nicht zuletzt eine Erst- oder Neuaufzeichnung der Ratsgesetze mit sich brachte. Im Zuge dieser Aufzeichnung wurden entweder Gesetze verschärft (oder ganz neu erlassen) oder aber ins Bewusstsein gerufen. Restriktive Verordnungen gegen die Neugründung von Zünften und deren Übergröße scheinen die 14 bestehenden Frankfurter Handwerke veranlasst zu haben, das Machtmittel der Verschriftlichung nicht mehr allein dem Rat zu überlassen (1354/55). Sie schlossen sich zusammen und forderten die Kodifizierung ihrer Gewohnheiten (aus denen die Ratsbeteiligung hervorgeht). Ob diese bis dahin ungeschrieben gewesen ist oder ob es sich gar um eine ganz neue Gesetzgebung handelte, wer von beiden Seiten – Rat oder Zünfte – auf Altem beharrte oder Neuerungen forderte, ist kaum zu klären – also auch nicht, ob die Aufzeichnung die folgenden Streitigkeiten erst auslösten oder ob sie von den Streitigkeiten veranlasst wurde. In jedem Fall wurde man auf die niedergelegten Regeln aufmerksam, und damit zugleich das in ihnen enthaltene Konfliktpotential. Das führte zu weiterem Regelungsbedarf, der nun ebenfalls schriftlich niedergelegt werden musste.

Forderungen nach stärkerer Beteiligung vor allem der Handwerker am Rat erhoben sich – wobei es offenbar um die Aufnahme der Wortführer unter den Schöffen ging, das heißt in die Reihen des königlichen Gerichts, dessen Mitglieder wohl schon damals die erste und vornehmste Bank des Rates bildeten. Es sieht ganz so aus, als hätten alte Führungsfamilien das Schöffenkollegium für sich reserviert gehabt und einen (realen, nicht rechtlichen) Abschluss der Führungsschicht praktiziert, der sich keineswegs gegen kleine Leute richtete: Zwar waren die meisten der Aufstrebenden Handwerker, doch entsprach ihre finanzielle und soziale Position längst der der alten Führungsschicht. So konnte einer der Aufständischen im Laufe des Konflikts Reichsschultheiß werden, also ein ritterliches Amt übernehmen. Andere besaßen Reichslehen, die eigentlich dem Adel vorbehalten waren und mit der Zeit auch von reichsten Bürgern erworben wurden.

Man wandte sich schon früh an den Kaiser. Dieser sandte seinen Landvogt aus (Herrn Ulrich von Hanau, einen der mächtigsten Herrschaftsträger des unmittelbaren Frankfurter Umlandes), und zunehmend waren die Frankfurter Parteien nicht mehr diejenigen, die das Spiel bestimmten. Wie in vielen Städten zu beobachten, standen entweder von vorneherein äußere Kräfte hinter den Unruhen, oder aber sie suchten sie sich zunutze zu machen. Es folgten Jahre der Verhandlungen, Richtungen und vieler kaiserlicher Befehle, hinter denen wechselnde Kräfte standen, neben Ulrich der Erzbischof von Mainz (auch er mit herrschaftlichen Ambitionen in der engeren Region). Beide trachteten, die Handlungen der Frankfurter Amtsinhaber mehr und mehr zu determinieren, und beiden ging es um eigenen Einfluss auf die und in der reichen Messestadt.

Der Rat wurde kurzfristig zugunsten der Handwerker verändert, doch am Ende siegten die alten Schöffenfamilien, die beste Beziehungen nach Mainz hatten. Die Handwerker verloren und mit ihnen der Herr von Hanau. Von nun an galten restriktive, wenngleich wirtschaftlich sinnvolle Zunftordnungen. Allerdings saßen weiterhin die Zunftmeister im Rat. Sie bildeten die dritte, die Handwerkerbank und damit ein Drittel des Rates, und waren als Ratsherren im Verhältnis eins zu zwei an sämtlichen, gerade auch den zentralen Ämtern und Ausschüssen beteiligt. Diese Machtverteilung war offenbar insgesamt zufrieden stellend, denn Frankfurt hat im Mittelalter keine Zunftunruhen mehr gesehen (auch nicht, als man nach der Niederlage im großen Städtekrieg 1389 – vgl. S. 38 – mit vereinten Kräften sehr viel Geld aufzubringen hatte), und der Rat redete stets mit einer Stimme.

Kampf bis in den Untergang: Mainz

Ganz anders die Nachbarstadt Mainz (vgl. S. 76). Hier war die Gemeindetradition viel älter, die alten (Ministerialen-)Geschlechter besaßen Privilegien vor der restlichen Bevölkerung, der Rat wies zu Zeiten tiefe Klüfte zwischen oppositionellen Gruppen auf. Schon in den 30er Jahren des 14. Jahrhunderts hatte es erste Zunftaufstände gegeben (und vielleicht vermied man ähnliches in Frankfurt, wohin die zeitweilig Unterlegen flüchteten, durch frühzeitige Öffnung des Rates). An deren Ende wurde der Rat je zur Hälfte mit den Geschlechtern und mit Handwerkern besetzt. Allerdings blieb er – im Bewusstsein und real, wenngleich nicht rechtlich – stets ein alter und neuer Rat, die gemeinsam tagten.

In den ersten Jahrzehnten des 15. Jahrhunderts dann geriet die Stadt Mainz in eine tiefe Krise, die zu ihrem wirtschaftlichen Zusammenbruch und letztlich zum Verlust der städtischen Freiheit führte. Jahrzehntelange Misswirtschaft (der Geschlechter) hatte die städtischen Finanzen zerrüttet, die Deckung von Schulden durch Kredite brachte die Stadt in einen Teufelskreis. 1428 war Mainz praktisch zahlungsunfähig, und die wirtschaftliche Situation blieb aussichtslos (zumal die Mainzer sich nicht einmal mehr auf die Frankfurter Messen wagen konnten, weil ihre Güter dort sofort von den Gläubigern der Stadt beschlagnahmt worden wären). Weder die Geistlichkeit noch die Alten waren bereit, für das gemeine Wohl auf ihre Privilegien zu verzichten, und viele zahlungskräftige alte Familien verließen die Stadt. 1444 stürzten die „Alten" endgültig, doch dies wie auch frühere Änderungen der Ratsverfassung zugunsten einer größeren Beteiligung der Zünfte verhinderten letztlich nicht, dass im Jahre 1462 der Erzbischof die wirtschaftlich wehrlose Stadt zurückeroberte (und die Schulden mit einem Federstrich tilgte).

Mainz war zusammengebrochen, nachdem jahrelange Konsolidierungsversuche (nicht zuletzt unter Heranziehung der benachbarten Städte und Hauptschuldner Frankfurt und Worms, deren Ratsherren gegenüber Mainz sogar die Bücher offenlegte) nicht gegen das tiefe Misstrauen angekommen waren, gegen das geradezu feindselige Gegeneinander der privilegierten „Alten" und der restliche Bürgerschaft, die oft durch die Zünfte vertreten war. Nun sind derartige rechtlichen Grenzen stets nur so undurchlässig, wie das Sozialverhalten es zulässt – eine privilegierte Gruppe kann sich ohne weiteres nach unten öffnen und von unter ergänzen. Sie können jedoch auch das Verhalten determinieren. In Mainz dürften sie dazu beigetragen haben, dass die privilegierten „Alten" Geschlechter das Connubium besonders des ländlichen Adels pflegten. Das Fehlen solcher Rechtsgrenzen in Frankfurt dagegen bereitete möglicherweise den Boden für einen ungewöhnlichen, offenbar kollektiv vollzogenen Schritt. Bis in den Beginn des 14. Jahrhunderts hinein verheirateten die Frankfurter Schöffen ihre Kinder immer wieder mit ritterlichen Ministerialem, mit *milites.* Dann aber brach dies Praxis plötzlich ab und innerhalb der Frankfurter Führungsschicht geben die Quellen nicht einen einzigen Hinweis mehr darauf, dass eine Ehefrau oder ein Ehemann aus dem Niederadel gekommen wäre. Entweder war der Niederadel nicht mehr bereit, die Frankfurter Patrizier als ebenbürtig zu akzeptieren, oder der Verzicht auf das adelige Connubium ging auf Frankfurter Initiative zurück – vieles spricht für die zweite Option.

Sozialer Ausgleich: Straßburg

Auch ganz anders konnten solche Unruhen oder Kämpfe ablaufen und ausgehen. Straßburg (vgl. S. 20) bietet ein Musterbeispiel, wie städtische Unruhen in kurzer Zeit hin zu sozialem Ausgleich laufen konnten. 1262 hatten sich die Straßburger Ministerialengeschlechter in offener Feldschlacht (ähnlich Köln) gegen ihren Bischof durchgesetzt, wobei auf beiden Seiten Helfer aus dem lokalen Adel beteiligt waren. Ausdifferenzierungen innerhalb der Geschlechter in solche, die eher niederadeliger Lebensweise zuneigten (aber in der Stadt lebten und damit, analytisch gesprochen, die Entscheidung zwischen Stadt und Adel nicht treffen wollten), und solche, die Handel trieben, führten 1332 dazu, dass sich die großen Kaufleute der wichtigsten Ratsämter bemächtigten. Schon 1349 kam es erneut zum Umsturz, bei dem die Handwerker siegten. Der Chronist Mathias von Neuenburg schildert diesen anschaulich und dabei nicht zuletzt den engen Zusammenhang mit den von der Krise der Großen Pest ausgelösten Judenpogromen (nicht gerade handwerker- oder adelsfreundlich, aber unter Beschwörung der guten alten Zeit). Fortan übernahmen die Zünfte das Amt des Ammeisters und damit die Leitung der Stadt, während sich der Rat paritätisch zusammensetzte und die Geschlechter auch sonst an der Macht beteiligt blieben – eine ausgeglichene Verfassung (festgeschrieben noch einmal 1482 im „Schwörbrief"), die dauerhaft bestehen blieb.

Q

Mathias von Neuenburg, Chronik
ed. Adolf Hofmeister, 3 Bde., Berlin 1924/40 (MGH SRG NS.4), I, S. 264–68

(1348) Den Juden wurde nachgesagt, dass sie diese Pest gemacht oder gefördert hätten, indem sie Gift in die Quellen und die Brunnen getan hätten [es passieren bereits erste Pogrome; erste Unruhen auch in den Städten Basel, Freiburg und Straßburg, wo man sich seitens der Räte um den Schutz der Juden bemühte. Juden wurden aus Basel vertrieben [...] Dann kamen zahlreiche bessere Boten der drei genannten Städte zusammen, denen es am Herzen lag, die Juden zu behalten, doch sie fürchteten das Geschrei des Volkes [...] Ein Tag wurde nach Benvelt im Elsass einberufen, wo der Bischof, die Herren und Barone und die Städteboten zusammentrafen. Als aber die Boten Straßburgs sagten, sie wüssten nichts Schlechtes über ihre Juden, wurden sie gefragt, weshalb denn dann die Trinkgefäße von ihren Brunnen entfernt worden seien. Das ganz Volk hetzte nämlich gegen sie. Der Bischof, die elsässischen Herren und die Reichsstädte beschlossen, keine Juden mehr haben zu wollen. Und so wurden sie bald am einen Ort, bald am anderen verbrannt. Aus einigen Orten wurden sie vertrieben. Die, die das Volk zu fassen bekam, verbrannte es, andere tötete es, andere ertränkte man in den Sümpfen. Der Ammeister Petrus Swarber und einige andere Straßburger versuchten weiterhin, sie zu beschützen, indem sie dem Volk sagten: „Wenn der Bischof und die Barone ihnen hierin Befehle erteilen könnten, dann vielleicht auch in anderem, sie würden sich sicher nicht hiermit begnügen". Doch nichtsdestoweniger schrie das Volk immer mehr.
[Judenpogrom in Basel, in Speyer, in Worms – auch in Straßburg weiter Unruhen] Besonders verhasst wegen seiner Macht aber machte sich der vorgenannte Ammeister Petrus von Straßburg bei den Edlen wie beim Pöbel. Und so wurde durch Reform der schwere Unwillen der Besseren abgestellt, die nämlich vier Bürger-

meister haben wollten, die jeder einen Teil des Jahres regieren sollten, wie es seit alters her gehalten worden war, außer in den 18 Jahren [seit 1332] nach dem großen Morden zwischen den Parteien, während derer zwei Bürgermeister und ein Ammeister, auf Dauer eingesetzt, die Bürgerschaft regiert hatten. Im Jahre des Herrn 1349 nun trafen am Tage vor Valentin [13.2.] der Bischof und die Herren von Straßburg wegen der Sache der Juden zusammen, und am folgenden Tag kamen einige Metzger zum Haus des vorgenannten Petrus und forderten ihn auf, den Handwerkern doch etwas vom Vermögen der Juden abzugeben. Als jener ... einige von ihnen im Rathaus festsetzen wollte, brachen sie bis auf einen mit Gewalt aus und riefen durch die Gassen „zu den Waffen". Und die Handwerker kamen mit ihren Bannern [vgl. andere Unruhen!] vor der Hauptkirche zusammen, und die Edlen und ihre Parteigänger bewaffneten sich. Und als viele Banner mit dem Ammeister zusammenkamen, befahl dieser ihnen erschreckt, nach Hause zurückzukehren. Die Metzger blieben aber und als erste halfen ihnen die Kürschner, aus Angst, verbannt zu werden. Als dann im restlichen Volk, das sich zurückgezogen hatte, bekannt wurde, dass jene geblieben seien, kam man wieder zurück, um den Metzgern beizustehen. Als die Bürgermeister ihnen befahlen, abzuziehen, griffen sie nach den Spießen. Nachdem aber Petrus nach Hause gegangen war, traten die beiden anderen Meister auf Befehl des Volkes von ihrem Amt zurück und gingen gemeinsam zum Haus des Petrus, um ihn zu bitten, sie von ihrem Eid zu entbinden, sein Amt aufzugeben und die Torschlüssel, die Glocken, die Siegel und alle derartigen Dinge herauszugeben. Nachdem er das aus Angst getan hatte und verschwunden war, bestimmten sie vier Meister und einen Metzger als Ammanmeister, alle für ein Jahr, und neue Ratsherren, nachdem sie viele Urteile gegen Petrus verkündet und verbreitet hatten.

Die Unterschiede, aber auch die Gemeinsamkeiten der verschiedenen Städte werden vielleicht bei nichts so deutlich wie im Falle innerer Konflikte. So war stets die Außenwelt beteiligt, nicht selten der Stadtherr (und sei es mittelbar, durch sein Fernbleiben). Diese Eingebundenheit in eine Außenwelt, in ein Netz von Außenbeziehungen wird besonders deutlich im Hanseraum. Die Hanse als großer Städtebund (vgl. S. 138) und damit als Interessengemeinschaft nahm ab einem bestimmten Entwicklungsstand ihrer Organisation starken Einfluss auf die inneren Angelegenheiten ihrer Mitglieder und nahm dabei fast immer Partei für Kontinuität und damit die alten Führungsschichten. Umsturzversuche wurden mit der Verhansung bestraft, was nicht zuletzt deshalb aus Sicht des Bundes berechtigt erscheint, wenn man betrachtet, wie stark sich gerade im Hanseraum die innerstädtischen Konflikte immer wieder wenigstens chronologisch aneinander orientiert zu haben scheinen.

in der Hanse: Braunschweiger Schichten

Um einen Einblick in den Charakter und auch in die Vernetzung der Unruhen in Hansestädten zu bekommen, soll kurz eine große Stadt mit besonders vielen typischen Konflikten ins Auge gefasst werden. In Braunschweig (vgl. S. 42) gab es immer wieder blutige Unruhen (dort „Schicht" genannt), die zudem, wenngleich spät im 15. Jahrhundert, im Chronisten Hermen Bote in seinem „Schichtbuch" ihren mittelalterlichen Analytiker fanden! Bote wollte in karrikierend-polemischer Weise zeigen, wie unsinnig und verhängnisvoll

Aufruhr jedweden Anlasses und jedweder Art und Beteiligung in der Stadt sei, wie sehr er der Stadt als Ganzer, ihrer Wohlfahrt und dem Wohlstand ihrer Bürger schade (vgl. dazu vor allem Wilfried Ehbrecht). So berichtete er über den Aufstand der Ochsen (die Schicht der Gildemeister von 1292/94), den der Säue (die Schicht des Rates oder die Große Schicht 1374–1386) den Streit der Hunde (der Pfaffenkrieg 1413–1420) sowie über Wölfe, die die Schafsherde gefährdeten (die Schicht der ungehorsamen Bürger 1445/46) sowie zwei weiteren bis in seine eigene Zeit hinein. Nur die beiden ersten sollen uns hier interessieren (wenngleich wir auf das Problem der innerstädtischen Auseinandersetzung mit der Geistlichkeit zurückzukommen haben).

1292 standen (eine Konstellation wie anderswo auch) die Geschlechter (in Braunschweig grundbesitzende Fernhändler) gegen die Gilden der Handwerker. Fast gleichzeitig oder kurz vorher hatte es im nahen Magdeburg Unruhen gegeben und zudem in Erfurt, Stendal und Rostock (alle Mitglieder der Hanse). Eine Besonderheit Braunschweigs, die geteilte Stadtherrschaft, sorgte für den Anlass des Konfliktes sowie für deine Dauerhaftigkeit, weil die beiden Herzöge aus eigenen Gründen die verschiedenen Parteien in der Stadt unterstützten. Den Rahmen aber bildete eine Stadt, die sich aus rechtlich differenten Weichbilden (siehe S. 96) zusammensetzte, zwischen denen rechtliche, wirtschaftliche, kirchliche und soziale Differenzen immer deutlicher wurden: Den Rat bestimmte die Altstadt, die Gilden entstammten vor allem der Neustadt und dem Hagen (vgl. den Stadtplan S. 43).

Die Gildemeister nun begründeten einen 12er-Ausschuss zwecks eigener Gerichtsbarkeit für die Gildegenossen, hielten eigene Versammlungen ab, veranstalteten ein Gegenfest zur Prozession mit dem Heiligen Auctor, der Hauptveranstaltung zur Demonstration städtischer Einheit. Sie fischten in den Ratsteichen – keineswegs ein so unbedeutendes Zeichen des Widerstandes, wie es scheinen mag, denn Fischen ist uraltes Herrenvorrecht –, schufen sich ein eigenes Siegel, setzten eigene Bauermeister (Bürgermeister) und Schreiber ein: Kurz, es ging um nicht mehr und nicht weniger als um eine Unabhängigkeitserklärung. Da Verhandlungen zu nichts führten, rannten die Parteien schließlich mit Waffen und Bannern (wieder Symbole der Souveränität; vgl. oben Mathias von Neuenburg) gegeneinander. Auch die folgende Forderung der Stadtschlüssel durch die Gilden (und damit des Symbols der Herrschaft über die gesamte Stadt) bedeutete einen Versuch, den alten Rat zu stürzen. Jetzt aber lehnte sich die Meinheit (die nicht-zünftigen Bürger) auf, es gab Tote und Verletzte, denn die Gilden hatten den Bogen in dem Moment überspannt, als sie über die ersten gewerblich-innerstädtischen Ansprüche hinausgingen. Jene Gildemeister, die nicht fliehen konnten, ließ der den Rat unterstützende Herzog hinrichten – eine willkommene herrschaftliche Hilfe, die, bezeichnend für Braunschweigs Position, der wachsenden Selbständigkeit gegenüber dem Herrn keinen Abbruch tat.

Nicht weniger heftig und geradezu brutal verlief auch die zweite große Braunschweiger Unruhe, die Große Schicht von 1374/80, wie die erste wohl eingebettet ins gesamthansische Ereignisse: Nach dem „Bannerlauf" von Bremen 1365 kochten die Gemüter nach und nach in Berlin, Magdeburg, Braunschweig, Göttingen, Stade, Hamburg, Lübeck, Danzig und Köln; in Lübeck sogar mehrfach und fast die ganze Zeit über in den Jahren 1376, 1380 und 1384. Der Auslöser war wie oft eine Finanzkrise im Kontext einer schweren Niederlage (1373) mit hohen Lösegeldzahlungen und die Absicht des Rates, die Gilden höher zu belasten. Doch erst das Gerücht, der (nach wie vor altstädtisch dominierte) Rat habe die Gildemeister des Hagen unter Todesandrohung gefangengesetzt, führte dazu, dass die Gilden acht Ratsherren hinrichteten und ihr Eigentum beschlagnahmten. Die Geschlechter flohen, Braunschweig wurde 1375 verhanst – eine Sanktion, die unter Einfluss der Interessengruppen erst 1380 aufgehoben wurde, als nicht nur (1376) der Gemeine Rat (der Gesamtstadt) mit patrizischen Zügen wiedereingesetzt worden war, sondern die alte Verfassung vollkommen restituiert und alle Verluste ersetzt worden waren. Inneren Frieden jedoch gab es erst mit der neuen Verfassung von 1386, die 28 Gildemeister im Rat sah. Damit waren die Schwierigkeiten in dieser kompliziert gestalteten Stadt nicht dauerhaft beigelegt.

d) Rechtliche und soziale „Fremdkörper" in der Stadt

Äußere Einflüsse als Basis oder Auslöser der Konflikte sind bei den angeführten Beispielen ebenso deutlich geworden wie innere Spannungen, die ihre Ursache in sozialen, aber auch rechtlichen Unterschieden hatten. In Braunschweig waren ganze Stadtteile rechtlich different, anderswo hoben sich die Geschlechter sozial und hier und da auch rechtlich ab.

Adel

Mehr noch, oft genug waren sie eng mit Adeligen des Umlandes verschwägert. Diese Adeligen hatten umgekehrt aus vorbürgerlichen, vorautonomen Zeiten Besitz in der Stadt und waren deshalb – repräsentiert durch ihre (steuerlich privilegierten) Stadthöfe – hochgradig präsent in manchen Städten. Zudem waren sie, wenngleich wirtschaftlich oft nicht allzu bedeutend, doch traditionell die Herren mit guten Kontakten bis an die Fürstenhöfe. Sie bildeten in der Stadt eine rechtlich ebenso wie sozial privilegierte Gruppe, die schwer kontrollierbar war. Auf diese Situation reagierten die Räte der verschiedenen Städte höchst unterschiedlich von der Akzeptanz bis hin zu weitgehenden und mehr oder weniger erfolgreichen Verdrängungsversuchen. Die Art der Reaktion war nicht zuletzt abhängig davon, wie stark in den jeweiligen Räten die alten Führungsschichten waren, die sich fast überall bis spätestens um 1500 sozial so sehr gegenüber der restlichen Bürgerschaft abgeschlossen hatten, dass sie sich vornehmlich aus dem Landadel ergänzten.

Und auch weitere besondere Rechtsgruppen waren von vornherein da (wie die Juden und die städtische Geistlichkeit) oder wurden durch die innerstädtische Rechtsentwicklung erst geschaffen, wie viele sozial benachteiligte Gruppen, die die Forschung inzwischen als Randgruppen bezeichnet.

Das innerstädtische Konfliktpotential speiste sich aus diesen Differenzen und aus dem wirtschaftlichen und sozialen Aufstieg der Handwerker und wurde zugleich gesteigert durch Veränderungen im Selbstverständnis der Räte, aus welchen innerstädtischen Gruppen sie sich auch immer rekrutierten. Aus der zunehmenden Autonomie nämlich ergaben sich die Möglichkeit und das Bestreben der Räte, die Bürgerschaften, die sie repräsentierten und regierten, immer grundsätzlicher und intensiver zu erfassen. Letztlich mündete diese Entwicklung in die Ausbildung veritabler Obrigkeiten, die immer mehr Bereiche und zunehmend deren Details des Innenlebens der Stadt als ihre Aufgaben ansahen und zu ihren Aufgaben machten. Dies betraf immer zahlreichere Sachbereiche (vgl. unten); zunächst und vor allem jedoch war diese sich entwickelnde Obrigkeit bestrebt, möglichst alle Gebiete innerhalb der Stadt unter ihre Kontrolle zu bekommen und alle Menschen einzubürgern oder in eine andere klare rechtliche Abhängigkeit mit Tendenz zur Unterordnung zu bringen.

Randgruppen

Unter die Randgruppen, die in den Städten von Maßnahmen der Obrigkeit betroffen waren (und für die Räte ihre eigenen Regelungen treffen konnten, es also nicht mit kriminalisierten Personengruppen wie Ketzern zu tun hatten), sind Besitzlose und „Elende" im weitesten Sinne zu rechnen, die in keiner Stadt gern gesehen waren, wenngleich man sich um die „eigenen" Armen kümmerte wie vom Evangelium gefordert. Fremde Bettler jedoch hielt man nach Möglichkeit fern. Vergleichbares galt für Aussätzige, die interniert, aber (oft voll ehrfürchtiger Scheu) geduldet wurden. Prostitution wurde in den mittelalterlichen Städten zwar fast immer räumlich marginalisiert (vgl. S. 133), aber als notwendiges Übel kontrolliert toleriert. Ähnlich verfuhr man auch mit Personen oder Personengruppen, die stadttypische unehrliche Berufe ausübten. Dabei ist zu unterscheiden zwischen Berufen, die offenbar aufgrund der Berührung mit Unreinem überall als unehrlich galten, und solchen, die das Verdikt aus nicht immer geklärten Gründen nur regional traf. So wollte man mit Scharfrichtern und Abdeckern, wenngleich sie unverzichtbare Tätigkeiten ausübten, nirgendwo etwas zu tun haben, doch mancherorts galten sogar zum Beispiel Leineweber als unehrlich. Außerordentlich suspekt waren schließlich Fahrendes Volk – auch hierunter manche fahrenden Handwerker (Kesselflicker) –, Vaganten und Scholaren als bettelnde Fremde, die zugleich als unehrlich galten. Schließlich kann man als typisch städtisch im Mittelalter eine weitere gesellschaftliche Randgruppe betrachten, die als solche besonders stark das Interesse der Forschung gefunden hat: die Juden.

Juden

Juden

Sie spielten eine spezielle gesellschaftliche Rolle, denn sie bildeten als Nicht-Christen einen grundsätzlichen Fremdkörper in der sich als christlich verstehenden mittelalterlichen Gesellschaft. Bereits im Frühmittelalter sind Juden in den rheinischen Bischofsstädten nachweisbar, wo sie im Zuge des ersten Kreuzzuges (seit 1095) erstmals Opfer von Pogromen wurden. Doch lebten sie generell in dieser Zeit noch als durchaus geachtete Mitbewohner der Städte. So genossen sie wirtschaftliche Vorrechte und waren zum Beispiel in Worms offenbar an der Stadtverteidigung beteiligt. Judengassen und Judenviertel, auch ummauert und mit verschließbaren Toren (wie in Speyer 1084 vom Bischof den Juden erlaubt), waren damals noch keine Zwangseinrichtungen der christlichen Umgebung (wie die späteren Ghettos), sondern freiwillige Zusammensiedlungen, wo sich die Juden um ihre Gemeinschaftseinrichtungen (Synagoge, Bad und andere) versammelten. In vielen Städten konnten Juden noch im 14. Jahrhundert Bürger werden.

Die Lage der Juden als die einer weit verbreiteten und auffälligen Sondergruppe verschlechterte sich jedoch kontinuierlich. Handwerkstätigkeiten ihrerseits wurden mit der zunehmenden Beschränkung auf (religiös fundierte) Zünfte erschwert und schließlich unmöglich. Das Ausweichen ins Kreditgeschäft wurde hingegen erleichtert durch das Verbot für Christen, von Christen Zinsen zu nehmen. Auch jüdische Ärzte (und Ärztinnen) sind verbreitet in den Quellen zu finden und waren offenbar bei der Bevölkerung wegen ihren Fähigkeiten meist beliebt und von manchem Rat per Dienstbrief an die Stadt gebunden.

Bei all dem ließ man den Juden die längste Zeit ihr eigenes ziviles Leben, ließ ihnen ihre Synagogen, ihre interne Gerichtsbarkeit, ihr eigenes Bildungswesen und ermöglichte ihnen das Leben nach ihren eigenen Gesetzen (nicht zuletzt konnten sie ihre Speisevorschriften auch dann einhalten, wenn sie dabei mit der christlichen Bevölkerung in Berührung kamen: das Vieh schächten und ihren Wein so durch den Zoll bringen, dass er koscher blieb). Und wenngleich es mittelalterliche Städte ganz ohne Juden gab (wie Lübeck), so wurden sie doch zunehmend zu einem Kennzeichen städtischer Qualität: Ließen sich doch Herren, die um 1300 eines ihrer Dörfer zur Stadt erheben wollten, oft zugleich die Ansiedlung von Juden vom König (unter dessen Schutz die Juden immer standen) genehmigen.

Es waren nicht so sehr ihre Lebensformen, sondern ihre religiöse Identität, die Juden anders machte. Die Religion nahm in der mittelalterlichen Gesellschaft einen völlig anderen Stellenwert ein als in unserer post-aufklärerischen: Religion, der Glaube war keine Privatsache. Er war nicht eine unter anderen Äußerungen des menschlichen Lebens, sondern dessen zentraler Fokus. Es gab zudem nur einen Glauben, nicht deren mehrere: Die Gesellschaft verstand sich als grundsätzlich christlich, die Verchristlichung der gesamten Welt galt als auf lange Sicht heilsnotwendig und die eine allein heilsnotwendige Religion stand nicht zur Disposition. Die Juden unterschieden sich deshalb in einem negativen Sinne von der restlichen Bevölkerung, denn sie irrten bei dem, was den Kern des menschlichen Lebens ausmachte. Man empfand sie als Fremdkörper und, schlimmer, sie stellten durch ihre bloße Existenz die christliche Heilserwartung in einem transzendenten ebenso wie von Fall zu Fall sehr konkreten Sinn in Frage. Damit wurden sie zur Verkörperung der gefährlichen Fremden und zugleich ein schwaches Opfer, also geeignete Sündenböcke für Übergriffe in Krisenzeiten. Im 13. Jahrhundert kamen Ritualmordvorwürfe in Verbindung mit Verfolgungen gegen Juden auf; im Kontext der Pestjahre um 1348 ereigneten sich weit verbreitete Pogrome (vgl. Mathias von Neuenburg, S. 107/8).

Im Laufe des 12. und 13. Jahrhunderts gerieten die Juden immer mehr in den Fokus von Kaiser- und Kirchenrecht, nicht zuletzt um gegen die Ordnung gefährdende Übergriffe vorzugehen. Als Schutzbedürftige wurden sie zu Kammerknechten des Königs und damit zugleich zu einem fiskalischen, kapitalisierbaren Objekt. Hatte der Königsschutz sie zunächst den städtischen Räten grundsätzlich entzogen, so verpfändeten die spätmittelalterlichen Könige, stets in Geldnöten, ihre Juden immer öfter an finanzkräftige Herren, darunter auch manchen städtischen Rat.

Bereits das Vierte Laterankonzil hatte 1215 Maßnahmen vorgeschrieben, um zu engen, gar sexuellen Kontakten zwischen Juden und Christen vorzubeugen. Unter anderem wurde die Kennzeichnung mit einem gelben Ring gefordert, jedoch im Reich zunächst nicht in die Praxis umgesetzt. Erst im 15. Jahrhundert, als die Räte als Obrigkeiten auf das immer dichtere spätmittelalterliche städtische Leben zugriffen und sich zudem die Frömmigkeitsvorstellungen innerhalb der Christenheit veränderte, begann eine aktive Ausgrenzungspraxis gegenüber den Juden. So kam im 15. Jahrhundert im Frankfurter Rat das Argument auf, die Juden könnten, wenn man sie an ihren alten Wohnplätzen wohne lasse, den christlichen Prozessionen zusehen: Dieses Gefühl, von den als Ungläubige und damit verunreinigend angesehenen Juden beobachtet zu werden und die mitgeführten Heiligtümer deren Blicke auszusetzen, war zunehmend zum tief empfundenen Problem geworden in einer Gesellschaft, in der die individuelle Religiosität und Spiritualität immer wichtiger wurden.

Frankfurt am Main, wo die jüdische Gemeinde zwar im Vergleich mit den alten rheinischen Bischofsstädten verhältnismäßig jung war (Erstbeleg um 1150), taugt auch weiterhin als Beispiel für eine Möglichkeit der Behandlung der Juden gegen Ende des Mittelalters. Nach den Pogromen 1242 und 1349 und einer steten Verschlechterung des Status von der Möglichkeit des Erwerbs der (soweit die Quellen tragen: uneingeschränkten) Bürgerschaft über Einbürgerung „auf Zeit" hin zu nur noch für Jahresfrist gewährtem Aufenthaltsrecht (Stättigkeit) beschloss der Rat (der die Pfandschaft und damit die finanziellen Vorteile an den Juden innehatte) auf Druck von Kaiser und Papst die Umsiedlung. Aus bester Lage in der Stadt in unmittelbarer Nähe von Brücke und Pfarrkirche verlegte man sie 1462 in die außerhalb der alten (inzwischen durch eine neue) Mauer errichtete Judengasse, das erste Ghetto Europas – dessen drängende Enge allerdings erst entstand, als immer mehr Juden aus anderen Städten nach Frankfurt auswichen. Denn aus den meisten anderen deutschen Städten – Ausnahmen waren neben Frankfurt letztlich nur noch Prag und Worms – wurden die Juden nun ganz vertrieben; die frühe Neuzeit ist eher eine Zeit des deutschen Landjudentums.

Geistlichkeit

Geistliche

Ganz anders musste sich die städtische Position der wichtigsten rechtlichen Sondergruppe entwickeln, der Geistlichkeit in ihren zahlreichen Repräsentanten und multiplen Erscheinungsformen gerade im Stadtraum. Auch sie stand, obwohl gewiss keine Randgruppe im Sinne des Forschungsbegriffes, rechtlich immer mehr am Rande der Gemeinschaft, die sich in der Stadt um die Bürgerschaft als Kern scharte – waren dabei jedoch generell und in mehrfacher Hinsicht viel stärker.

Die für das städtische (Rechts)leben wichtigsten altüberkommenen geistlichen Standesprivilegien waren erstens das **Privilegium immunitatis** und zweitens das **Privilegium fori**. Es ist wichtig für das Verständnis des mittelalterlichen städtischen Lebens, dass zahllose Geistliche niemals mehr als eine oder mehrere niedere Weihen erwarben und damit verheiratet sein konnten und weder durch ihre Kleidung noch durch ihre Tätigkeiten und ihren Lebenswandel von der weltliche Bevölkerung abgehoben sein mussten, aber in den vollen Genuss der Vorrechte ihres Standes kamen. Es war eine oft gänzlich unsichtbare Linie, die durch die Stadteinwohnerschaft und auch durch grundsätzlich jede Familie verlief, die aber die ohnehin im täglichen Leben vorhandenen Konfliktmöglichkeiten und -weiterungen vermehrte und verschärfte, weil sie grundsätzliche rechtliche Differenzen begründete.

E

Privilegium immunitatis* und *Privilegium fori*/Bulle *Clericis laicos

Die geistlichen Standesprivilegien. Beide wurden erworben zum Zeitpunkt des Übertritts in den geistlichen Stand durch die *prima tonsura*, also noch vor Erwerb auch nur der niederen Weihen. Die Ausstattung des christlichen Klerus mit Sonderrechten begann in der staatlichen Gesetzgebung der Antike seit Konstantin dem Großen, wobei offenbar die rechtliche Gleichstellung der Kleriker mit hohen Staatsbeamten und zugleich die Freistellung von weltlichen Diensten, Ämtern und finanziellen Lasten das Ziel war. Wichtig war der Schutz einer relativ wehrlosen Gruppe – was für die waffenlosen Geistlichen auch in der Einschätzung des Früh- und Hochmittelalters galt.

Nach dem im gesamten Mittelalter bekannten und immer wieder von Herrschern zum Beispiel an Klöster verliehenen *Privilegium immunitatis* waren Geistliche von weltlichen Abgaben befreit. Das *Privilegium fori* andererseits befreite die Geistlichen vom Zugriff der weltlichen Gerichtsbarkeit bei (im Sinne des römischen Rechts) zivilen ebenso wie Straffällen. Kleriker konnten erst dann von weltlichen Gerichten wegen schwerer Verbrechen bestraft werden, wenn ihnen kirchlicherseits die Standesrechte durch Degradation entzogen worden waren, oder wenn der Kleriker diesen Schutz durch eigene Schuld (Ablegung der geistlichen Gewandung und Tragen von Waffen) verloren hatte.

Die Standesprivilegien waren ohne größere Schwierigkeiten akzeptiert worden, bis es, offenbar im Zuge der Stadtentwicklung (zuerst in Italien) ersten Klärungsbedarf gab. Kaiser Friedrich II. erkannte die diesbezüglichen Gesetze seiner spätantiken Vorgänger formell an; die päpstliche Dekretalengesetzgebung trat im Laufe des 13. Jahrhunderts bei weiterem Klärungsbedarf ein. Im Jahre 1296 schließlich schärfte Papst Bonifaz VIII. mit der Bulle *Clericis laicos* ein, dass die Geistlichen nicht von sich aus auf ihre Privilegien verzichten durften: Nicht vom Papst gebilligte Besteuerung von Kirchengut sollte auch bei Zustimmung des Klerus unter Androhung der Exkommunikation sowohl gegen den Klerus als auch gegen die weltlichen Gewalten verboten sein.

Clericis laicos

An dieser Situation stießen sich zunehmend auch die städtischen Räte und die Inhalte der Privilegien wurden mehr und mehr Anlass zu Streitigkeiten auf institutioneller Ebene. Ende des 13. Jahrhunderts reagierte der Papst mit der Bulle ***Clericis laicos***. Die scharfe päpstliche Einlassung hatte gute Gründe. Zwar wandte sich Bonifaz VIII. weniger gegen städtische Praxis als gegen Entwicklungen im werdenden französischen Staat. Doch auch in vielen Städten wuchs der Druck auf den Klerus, sich als Teil der städtischen Gemeinschaft und Nutzer der städtischen Vorteile auch an den Lasten zu beteiligen. Und es gelang dem städtischen Klerus nicht in jeder einzelnen spätmittelalterlichen deutschen Stadt dauerhaft, auf diesen Privilegien beharren zu können oder zu wollen.

Privilegium immunitatis

Vor allem das *Privilegium immunitatis* hatte früh tief greifende Konsequenzen für die spätmittelalterlichen Städte. Denn durch Stiftungen und auf anderen Wegen von Geistlichen erworbener Grundbesitz in der Stadt ging, so nannte man es, „an die Tote Hand", weil er der generell auf den Grundbesitz bezogenen Stadtsteuer entzogen war. Amortisationsgesetze dienten dazu, den Grunderwerb der Toten Hand einzuschränken oder zu verhindern. Selten gelang es, den Immobilienerwerb durch Geistliche ganz zu verbieten, doch bemühte man sich, ihn durch Bedingungen zu behindern wie der Verpflichtung zur Wiederveräußerung nach Jahr und Tag.

Wichtig war darüber hinaus das so genannte Introitus-Verbot, wonach es herrschaftlichen Amtsträgern untersagt war, zwecks Ausübung ihrer Pflichten geistliches Gebiet zu betreten (daher die Bezeichnung der geistlichen Besitzungen selbst als Immunitäten) – denn dieses machte die Grundstücke des Klerus zu exterritorialen, für den Rat unberührbaren Gebieten innerhalb der Stadt.

Mit dem Immunitätsprivileg verbanden sich nicht nur Streitigkeiten um Grundsteuern, sondern auch solche um Verbrauchs- und Handelsabgaben. Viele Geistliche und Klöster beteiligten sich an der Wirtschaft der Stadt. Das geschah nicht selten in ungeliebter Konkurrenz zu den Handwerkern, weil es sich abgabenfrei billiger produzieren ließ. Besonders wichtig war der geistliche Eingriff in den Naturalmarkt. Die Städte waren auf Versorgung aus dem Umland angewiesen und waren nicht zuletzt als Sammelplätze landwirtschaftlicher Mehrproduktion entstanden. So ließen sich auch Geistliche und Klöster (inner- wie außerstädtische) ihre Naturalabgaben in ihre Stadthöfe in die Städte liefern. Vom Einfuhrzoll waren meist auch die Bürger befreit, nicht aber vom so genannten Mahlgeld, das den Umsatz des Grundnahrungsmittels Korn besteuerte, sowie nicht vom Ungeld, das beim Ausschank des zweiten wichtigen Massenproduktes, Wein oder Bier, fällig wurde. In manchem städtischen Klosterkreuzgang scheint schwunghafter Weinschank betrieben worden zu sein, nicht nur zum Ärger der Wirte der Stadt, sondern auch der Kistenherren des Rates. Die Konkurrenz der Stifts- und Klosterbrauereien scheint besonders in den Niederlanden gestört zu haben, wo die Bierakzisen und andere Brautaxen fast die Hälfte der Stadteinkünfte ausmachten und einen erheblichen Prozentsatz des Bierpreises darstellten – man erlegte den Klosterbrauereien eine Kontingentierung auf. Auch anderswo gelang es in mancher Stadt in zähem Ringen, die Geistlichen zu zwingen, ihre abgabenfreie Einfuhr streng kontrolliert wenigstens auf die engeren persönlichen Haushaltungsaufwendungen zu beschränken – und damit weltliche Immunitätsbewohner und bürgerliche Angestellte von den Vergünstigungen auszuschließen.

Ein beliebtes Mittel bei manchem Rat war es, die Geistlichen oder besser ihre Korporationen einzubürgern, wobei nicht zuletzt außerstädtische Klöster (vor allem der Zisterzienser, aber auch in benachbarten Städten angesiedelte Stifte) und ihre vom städtischen Markt profitierenden Stadthöfe erfasst wurden. Aber auch andere Arten der vertraglichen Bindung, teilweise nicht generell, sondern bezogen auf einzelne geistliche Besitzungen waren möglich. Offenbar hingen gewählte Maßnahmen und Durchsetzungserfolg vom Kräfteverhältnis zwischen den Verhandlungspartnern ab: War es oft sehr schwierig, alte adelige Stifte zur Kooperation welcher Art auch immer zu bewegen, so waren die Bettelorden (vgl. unten) generell eher in einer schwachen Position den Räten gegenüber. Denn grundsätzlich traten die Räte ja nicht einem geschlossenen Klerus gegenüber, sondern mit jeder Gruppe von

Klerikern, jedem Stift oder Kloster musste gesondert verhandelt werden. Besonders früh und besonders weit reichend gelang es der Stadt Zürich, ihre Kleriker an die Stadt zu binden. Auf der anderen Seite der weit gespannten Erfolgsskala steht das bereits vorgestellte Beispiel der Stadt Mainz, der es auch angesichts des drohenden Bankrotts nicht gelang, den Klerus zur Beteiligung an den Lasten zu bewegen.

Privilegium fori

Auch gegenüber dem *Privilegium fori* konnten die städtischen Räte versuchen, durch Einbürgerung die Geistlichen auf die weit verbreitete bürgerliche Verpflichtung festzulegen, Recht zu geben und zu nehmen vor dem Gericht der Stadt.

An sich war es nichts Ungewöhnliches, dass der Rechtsstand eines mittelalterlichen Menschen von dem des Nachbarn abweichen konnte. Gerade in den werdenden Städten waren die unterschiedlichen familialen Bindungen der Einwohner geradezu charakteristisch gewesen. Jedoch sahen wir unter den frühen Errungenschaften der sich emanzipierenden Bürger auch deren Recht, Gericht nur innerhalb der Stadt suchen und geben zu müssen. Darüber hinaus gehörte es zu den frühen Forderungen der Räte im Zuge der Entwicklung ihres obrigkeitlichen Kontrollbedürfnisses, möglichst alle Einwohner unter einem Gerichtsstand zu vereinigen. Oft noch vor den entstehenden Landesherrschaften arbeiteten so die Städte an der Durchsetzung eines territorialen (statt personalen) Rechtsstandes. (Von einem Territorialprinzip kann schon deshalb noch nicht gesprochen werden, weil die gleichen Räte, die einheitlichen Gerichtsstand im Inneren ihrer Städte forderten, von den umliegenden Herrschaften die Exemtion ihrer Bürger und deren Landbesitz aus der dortigen Gerichtsbarkeit forderten, also Privilegien nutzten, die sie im Inneren dem Adel und der Geistlichkeit verweigern wollten.)

Dennoch bestritt man die Berechtigung der Existenz einer Standesgerichtsbarkeit für Kleriker untereinander nicht. Problematisch waren Überschneidungen, also die im dichten Zusammenleben der Städte zunehmend vorkommenden Rechtsfälle zwischen Personen unterschiedlichen Standes. Musste nur ein Geistlicher vor seinem eigenen Standesgericht verklagt werden, oder konnte oder durfte er auch nur vor diesem klagen? Hinzu kam die angesichts der mittelalterlichen Rechtspraxis nur scheinbar klar geregelte Frage, wer denn als Geistlicher zu gelten hatte. Waren die Standesprivilegien anwendbar nur für Kleriker im Rechtssinne, oder konnten sie ausgedehnt werden auf deren Bedienstete, soweit sie (oder auch wenn sie nicht einmal) innerhalb der Immunitäten wohnten?

Ebenso unbestritten war die Existenz einer geistlichen Gerichtsbarkeit auch für Laien in geistlichen Sachen. Das Sendgericht tagte regelmäßig und war unbestritten für das religiöse Verhalten der Bürger zuständig (während sich selbst beim sittlichen Verhalten bald die Räte zuständig fühlten). Doch war höchst unklar und zunehmend umstritten, was denn als geistliche Sache zu gelten habe; gewiss ist nur, dass diese ein wesentlich weiteres Feld umfasste, als es uns heute noch ohne weiteres vorstellbar ist. So waren Auseinandersetzungen über zum Beispiel Stiftungen und damit über Grundstücks- und Vermögenswerte nicht selten innerhalb der Städte Sache des Gerichts des Bischofs oder seines Stellvertreters. Ebenso waren Ehe und Testament, also Erbrecht, Wucher sowie alles, was mit Eidesleistungen beziehungsweise deren Bruch zu tun hatte, stets Sache des Kirchenrechts gewesen, wovon sich die Räte zunehmend beeinträchtigt fühlten.

Ungeklärte Zuständigkeiten und mangelnde Schärfe der Abgrenzung führten dazu, dass in den Räten zunehmend der Eindruck von Missbrauch entstand. Denn nicht nur Geistliche scheinen sich auf ihren Gerichtsstand zurückgezogen zu haben. Auch Laien dürften sich das Gericht nach dem zu erwartenden Urteil ausgesucht haben. Dabei differiert allerdings die Einschätzung der Wirksamkeit in der Forschung: Könnte das geistliche Gericht wegen der Zuständigkeit für Wucher und der Möglichkeit der Androhung der drakonischen Strafe der Exkommunikation als besonders geeignet zum Eintreiben von Schulden gegolten haben, so werden andererseits gerade die milden kirchlichen Strafen bei anderen Vergehen hervorgehoben.

Die Problematik lag für die städtischen Räte nicht zuletzt deshalb früh auf der Hand, weil in den Städten wie insgesamt in der mittelalterlichen Gesellschaft eine Gewaltenteilung unbekannt war: Die Räte scheinen sich sehr bald fast überall selbst zu Gerichten entwickelt zu haben. Sie hatten von Amts wegen zumindest die niedere Gerichtsbarkeit (über Ordnung, Markt etc.) in der Hand, und vielfach übte ein Teil von ihnen – eben die Schöffen – von vornherein die Hochgerichtsbarkeit aus. Vielerorts waren Ratsstuben und Gerichtsstuben identisch oder die Gerichtslaube (denn traditionell gehörte ein Gericht eigentlich unter freien Himmel) befand sich wenigstens im Erdgeschoss des Rathauses oder in seiner unmittelbaren Nähe, wo gleichzeitig auch Handel getrieben wurde und sich die Stadtwaage befand.

Somit hatten die Räte nicht nur als Obrigkeit zunehmend Grund und das Bedürfnis, die alten Rechte der Geistlichen einzuschränken. Doch die Geistlichen besaßen eine meist mächtige (und oft genug auch wirtschaftlich bedeutsame) rechtlich privilegierte Position, die sie nicht aufgeben durften. Auf sie konnte die Stadt auch keinesfalls verzichten – dies soll im Folgenden deutlich werden. Das war der Stoff, aus dem erbitterte, lang andauernde Konflikte entstanden, die in sehr vielen Städten früher oder später zu – in den Quellen zu Hansestädten oft so genannten – „Pfaffenkriegen" führten.

2. Stadt und Kirche als Symbiose

Diese anscheinend grundsätzliche rechtliche Dissonanz hat in der Forschung vor allem des 19. Jahrhunderts dazu geführt, die Geistlichkeit als uneinsichtigen „Fremdkörper" in der spätmittelalterlichen Stadt zu charakterisieren und ihr zu bescheinigen, dass sie sich als „Störfaktor" und „die Bürgerschaft in ihrer Entwicklung hemmendes Element" verhielt, die sich den modernen Entwicklungen (bei der die Stadt als Vorläufer oder Frühformen liberaler Staaten verstanden wurde) verschlossen habe.

Diese Einschätzung ergriff stets ein wenig zu sehr (und zu teleologisch) für die Stadt als das anscheinend zukunftsträchtige Modell Partei. Doch war in der Zeit selbst die Stadt das neue, expansive, sich zeitweilig mit hoher Geschwindigkeit entwickelnde Sozialgebilde, das in die Bereiche und Rechte der bestehenden Gruppen und Institutionen eindrang – der städtische Rat war die neue Kraft und dann Obrigkeit, die ihre Rechte arrondierte und dabei keineswegs nur in neue oder bis dahin rechtsfreie Räume vordrang, sondern in altüberkommene Bereiche anderer übergriff. Zwar werden die städtischen Kleriker viele Entwicklungen keineswegs als so revolutionär empfunden haben, wie sie für uns im Rückblick und Zeitraffer erscheinen. Aber sie kannten ihre (schon lange schriftlich fixierten) Rechte und registrierten gewiss den Wandel der Ansprüche der Räte. Selbst wenn dieser in mittelalterlicher Manier fast stets noch als Reform und Wiederherstellung der rechten Ordnung dargestellt wurde, waren die Veränderungen bemerkbar und wurden bemerkt.

Diese Einseitigkeit der Stadtgeschichtsforschung ist heutzutage meist in den Hintergrund getreten oder verschwunden. Stattdessen wird der Konflikt als produktiver Beitrag zur historischen Rechtsentwicklung analysiert. Die Streitigkeiten zwischen Rat und Kirche in den Städten hatten ihre historische Funktion, weil der Konflikt geradezu ein konstitutives Element der mittelalterlichen Rechtsentstehung und -entwicklung gewesen ist.

Konflikt und Rechtsbildung

Mittelalterliches Rechtsleben war bestimmt von der Alltäglichkeit der Rechtsunterschiede, des Privilegienwesens und der Selbstverständlichkeit der Personen- und Standesgebundenheit der Rechtsstellung des Einzelnen oder der Gruppe. Ständige Rechtskonkurrenz und Notwendigkeit der Auseinandersetzung mit einander widersprechenden Ansprüchen ohne Instanz für grundsätzliche und dauerhafte Lösungen entsprachen der zeitgenössischen Erfahrung und Normalität. Recht entstand aus Fallentscheidungen; konkurrierende Rechte führten so verstärkt zu Rechtsbildung. Wenn zwei Rechtsstandpunkte unvereinbar aufeinander trafen, antworteten die Parteien mit Erklärung ihres „Rechts". Diese Erklärungen wurden als Verhandlungsangebote verstanden und von den Verhandlungen wurde erwartet, dass sie zu einem Kompromiss führten. Die Angebote waren dementsprechend Maximalforderungen, bei denen alle einander überschneidenden, einander widersprechenden „Rechtsmittel", wie kaiserliche und päpstliche Privilegien, Appellationen etc., genutzt werden konnten. Je nach Stärke der Parteien bevorzugte der Kompromiss, der vertraglich niedergelegt werden konnte, eine der Parteien, ließ aber beide das Gesicht wahren, so dass für uns nur manchmal bei näherem Hinsehen Gewinne und Verluste erkennbar sind. Zugleich wurde meistens betont, dass der Kompromiss unbeschadet der Rechte und Privilegien der Parteien (*ane geverde*) niedergelegt werde: Es handelte sich nicht um eine Grundsatzentscheidung, die von nun an als „geltendes Recht" zu betrachten gewesen wäre. Da eine grundsätzliche Klärung der Verhältnisse undenkbar war, kam es immer wieder zu neuen Konflikten und Verträgen, von deren Einhaltung wir nicht unüberprüft ausgehen dürfen. All diese Verträge waren im Grunde niedergeschriebene Zwischenergebnisse permanent unabgeschlossener Verhandlungen, die je nach Wandel der Kräfteverhältnisse, unter dem Einfluss äußerer Verhältnisse, wieder aufgenommen und zugunsten der einen oder anderen Seite weitergetrieben werden konnten.

a) Städtische Kirchen

Austragung von Konflikten bringt mehr Quellen hervor als ihr Fehlen, deshalb zeigen uns die Quellen den Rat und die Kirchen in den spätmittelalterlichen Städten überwiegend im Konflikt. Doch darf dabei das symbiotische Verhältnis beider grundsätzlich aufeinander angewiesener Partner – auch wenn es in den Quellen eher zwischen den Zeilen erscheint – nicht zu gering eingeschätzt werden.

Nur scheinbar sprechen die städtischen „Gravamina" (Klagen) gegen den Klerus im 15. Jahrhundert eine deutliche Sprache, wenn sie immer mehr, immer detaillierter und zugleich immer prinzipieller wurden. Sie bewegten sich auf zwei unterschiedlichen Ebenen. Neben dem angesprochenen Vorwurf, die Geistlichen nutzten die Stadt, entzögen sich jedoch der Beteiligung an den gemeinsamen Lasten, traf die Kritik Mängel bei der Ausführung der geistlichen Aufgaben. Man beklagte den Lebenswandel vieler Kleriker („Pfaffenmägde") und weiteres Abweichen von den Standespflichten sowie den niedrigen Ausbildungsstand vieler Priester. Zudem warf man ihnen oft vor, dass sie beide Ebenen verquickten und ihre geistliche Position missbrauchten im Kampf um wirtschaftliche und rechtliche Vorteile. Ein gutes Beispiel hierfür bietet der Frankfurter Chronist Bernhard Rorbach, der eine eben nicht ordentliche Fronleichnams-Prozession schildert zu einer Zeit, in der in einem Konflikt um geistliche Abgabenleistungen das Interdikt (das Verbot, die Messe zu lesen und Sakramente zu spenden) über die Stadt verhängt worden war.

Q

Bernhard Rorbach, Liber gestorum
ed. in: Richard Froning, Frankfurter Chroniken und annalistische Aufzeichnungen des Mittelalters, Frankfurt am Main 1884 (Quellen und Forschungen zur Frankfurter Geschichte. 1), S. 188: Die Frankfurter Fronleichnams-Prozession im Juni 1395

Im Jahre 1395 am Fronleichnamsfest trugen die Brüder der drei Bettelorden in Frankfurt das Sakrament des Leibes Christi gemeinsam mit den Schülern, [Söhnen] einiger Stadtbewohner. Alle trugen grüne Kränze aus Blumen und duftenden Kräutern auf ihren Köpfen. Und Bruder Johannes, genannt Rosenbeinchen, vom Dominikanerorden trug anstelle des Dekans des Heiligen Bartholomäus das Heiltum der Kirche. Er trug auf dem Kopf einen Kranz aus Rosen und verschiedenen anderen Blumen. All das geschah wegen der Verwirrung (*confusio*) und der Voreingenommenheit (*preiudicium*) des gesamten Frankfurter Klerus. Und der weltliche Richter Jakob Neuhaus führte die Schüler an, die ohne ihre Lehrer und deren Genossen gehen mussten.

Man hat die Kritik bereits für das 15. Jahrhundert als ausgewachsenen Antiklerikalismus beschreiben wollen, doch ist das ein unglücklicher Begriff für ein zwiespältiges Verhältnis, in dem die Notwendigkeit eines Klerus weiterhin grundsätzlich außer Frage stand. Und die führenden Bürger machten im Rat Gesetze gegen steuerfreien kirchlichen Besitz, hörten aber selbst niemals auf, Grund und Boden für ihr Seelenheil an die Kirche wegzuschenken und damit praktisch der eigenen Stadt zu entziehen. Weit verbreitete sich allerdings die Überzeugung, dass dieser Klerus, dass die Kirche reformiert werden müssten, und gewiss mündete diese Haltung in die allmählich ganz andere Töne anschlagende „Reformation" der Jahre nach 1517. Im Spätmittelalter hingegen zeigen die Gravamina bei aller Kritik noch eher, wie essentiell geistliches Wohlverhalten erschien. Sie trafen die eigentliche Funktion der Geistlichen, die und deren ordentliche Verwaltung von den Menschen nach wie vor als für ihr eigenes Seelenheil unabdingbar empfunden wurde. Bernhard Rorbach beklagt nicht zuletzt den Entzug von Teilen des Klerus, der seine geistlichen Leistungen nicht erfüllte, die aber erbracht werden mussten.

Kirche und Welt waren vielfältig symbiotisch miteinander verwoben: Im Leben des Einzelnen und der Gruppen, in sämtlichen Lebensbereichen von Geburt bis Tod, in Alltag und Festtag, in Wirtschaft, Politik, Bildung, Recht und Gesellschaft. Die Geistlichen beteiligten sich am Leben der Laien und wurden von diesen selbstverständlich als dazugehörig angesehen. Es war selbstverständlich, dass sich die Kirche, ihre Institute und Personen weltlich betätigten und andererseits Laien sich geistlich-religiöser Dinge bedienten.

Die mittelalterliche Stadt war nicht nur eine politische, sondern vor allem auch eine Sakralgemeinde, in der Laien und Geistliche gemeinsam, nicht in voneinander abgetrennten Sonderbereichen lebten. Der Anteil des Klerus an der Gesamtbevölkerung bewegte sich zwischen 7 und 10%, wobei generell betrachtet Bischofsstädte über mehr kirchliche Einrichtungen verfügten als andere Städte. Eine mittelgroße Bischofsstadt wie Hildesheim zum Beispiel (die Zahlenangaben hier nach Isenmann) zählte um 1500 ca. 5000 Einwohner und mehr als 50 Kirchen und Kapellen. Köln, die größte Stadt im Reich, hatte um 1350 das Domstift und 10 weitere Stifte, 20 Ordensniederlassungen, 19 Pfarreien und 24 selbständige Kapellen (das heißt Kirchen, die eigene Baulichkeiten waren, aber keine Pfarr- oder Stiftseigenschaften hatten), mehr als 20 weitere Kapellen in Hospitälern, Stiftsgebäuden und den Höfen auswärtiger Klöster, zudem etwa 62 kleine Beghinen- und Begarden-Konvente.

Pfarrei

Die Pfarrei war nicht nur kirchenrechtlich der normale Mittelpunkt des religiösen Lebens ihrer Mitglieder. Das Pfarreisystem erfasste flächendeckend alle Menschen auf dem Land wie in der Stadt; mit der Pfarrei war die Spendung der Sakramente verbunden und damit neben der wöchentlichen Sonntagsmesse und Kommunion sowie regelmäßiger Beichte nicht zuletzt Taufe, Firmung, Ehe und Begräbnis der Gläubigen. Die Pfarrei begleitete also die Menschen auf ihrem Lebensweg und hatte eine wichtige Funktion an den wichtigsten Stationen. Zugleich aber war die Pfarrei eine altüberkommene Einrichtung, weder von der Zahl der Menschen noch von den seelsorgerischen Bedürfnissen her der Stadt mit ihren neuen Wirtschaftsformen und der hohen Mobilität ihrer Bewohner adäquat. Die Kirche aber passte sich, so könnte man sagen, dem neuen Sozialmodell an und integrierte neue Formen der spirituellen Versorgung, die in und aus den Städten wuchsen: die **Bettelorden oder Mendikanten**.

E

Bettelorden/Mendikantenorden
Um 1200 entstanden im städtischen Milieu vor allem Italiens und Südfrankreichs mönchische Lebensformen, die mit der altüberkommenen Zurückgezogenheit aus der Welt brachen und zu den Menschen gingen, um ihnen zu predigen (zunächst auch als Gegengewicht zu den erfolgreichen Predigten von Ketzern wie den Katharern – so wurden Bettelmönche auch zu den wichtigsten frühen Inquisitoren –, dann auch in der Mission eingesetzt). Sie predigten apostolische Armut nicht nur der Einzelnen, sondern des gesamten Konvents, und lebten vom Betteln (*mendicare*). Zunächst scheint ihnen auch der Grund und Boden ihrer Niederlassungen nicht gehört zu haben. Vor allem Franziskus von Assisi und Dominikus wurden zu Stiftern bedeutender, europaweit agierender Orden (Franziskaner/Minoriten und Dominikaner). Weniger verbreitet waren die Augustiner-Eremiten und die ebenfalls zu den Bettelorden gezählten, im Heiligen Land entstandenen Karmeliter.

Bettelorden

Die neuen Orden wurden sehr bald vom alten Weltklerus als Konkurrenz erkannt und bekämpft. Schon allein wegen dieses dauerhaften Spannungsverhältnisses konnten Bürger und Räte in vielen Städten auf die Mendikanten rechnen, wenn der Weltklerus sich entzog, wie es in der bereits zitierten Prozessionsbeschreibung des Bernhard Rorbach sichtbar wird. Sehr oft standen die Bettelorden dadurch in deutlicher Abhängigkeit von den städtischen Räten und mussten nicht selten offenbar stillschweigend auf die Standesprivilegien verzichten. Andererseits gab es auch Städte, in denen die Bettelorden sich gegen den Zugriff des Rates zu Wehr zu setzen versuchten.

Die Bettelorden waren aber nicht nur sozusagen die Antwort der Kirche auf die Stadt, sondern man könnte sie auch als deutliches Symptom dafür ansehen, wie sehr die neue Sozialform die alte Ordnung veränderte. Waren sie jedoch weitgehend einzubinden, so blieb eine weitere typisch städtische religiöse Lebensform größtenteils ungreifbar: Die **Beghinen** und ihr selteneres männliches Pendant, die **Begharden**. Ihr offiziell ungeregeltes Leben zwischen den Ständen führte nicht selten zum Verdacht häretischer Betätigung und im 14./15. Jahrhundert vor allem am Rhein zu regelrechten Verfolgungen. Nicht zuletzt um die Klientel dieser ungeregelten Lebensform aufzufangen, entstanden vor allem im 13. Jahrhundert die Laien- oder „Dritten Orden" (Tertiarier) der Mendikanten.

Beg(h)inen/Beg(h)arden
Beghinen waren Frauen (normalerweise Jungfrauen oder Witwen), die aus unterschiedlichen Gründen nicht in einen Orden eintreten wollten oder konnten, aber ihr Leben dem Gebet und der Askese sowie der Armenpflege und anderen frommen Werken widmen wollten und ihren Lebensunterhalt aus Stiftungen (zumal sie zunächst meist den Führungsschichten der Städte entstammten) und Handarbeit bestritten. Sie lebten allein oder in Gruppen (unter einer Meisterin und geistlich versorgt sehr oft von Bettelmönchen) – in den Niederlanden vielfach in großen, befestigten Beghinenhöfen – ohne approbierte Regel und ohne Gelübde. Seltener ist die männliche Form der Begharden.

Neben diesen spezifisch städtischen kirchlichen Formen gelang es den Bürgern in vielen Städten auch, die Pfarrei(en) unter die eigene Ägide zu bekommen. Vor allem wenn die Bürgergemeinde in den Besitz des Patronats über eine oder mehrere Pfarrkirchen gelangte, waren auch die Pfarrer oft bürgerlicher Herkunft und familiär der Bürgerschaft eng verbunden. Beim Patronat oder Präsentationsrecht handelte es sich um das Recht, die Person des Pfarrers zu bestimmen. Das Patronat lag bei der Bürgergemeinde vor allem dann, wenn diese es vom (zum Beispiel königlichen) Stadtherrn ableitete oder eine gestiftete Kirche zur Pfarrkirche erheben lassen konnte. Ausgeübt wurde das Patronat normalerweise entweder vom Rat (früher oft von familiären Gruppen der Führungsschicht), oder es konnte sich zum Pfarrerwahlrecht entwickeln. Auch diese Konstellation konnte das Verhalten des Weltklerus zwischen Bürgerschaft und geistlichen Gewalten beeinflussen, nicht zuletzt das Maß, in dem sich der Klerus an den Lasten der Stadt beteiligte.

Denn ein Pfarrer ebenso wie jeder andere städtische Kleriker aus bürgerlicher Familie besaß wesentlich weniger Handlungsfreiheit als jemand von außerhalb, sich gegen städtische Interessen zu stellen, wenn diese zu fördern nachhaltig von ihm gefordert wurde – ganz abgesehen davon, dass seine Erziehung bürgerlich gewesen war. Zwar veränderte der Eintritt in den Klerus die Rechtsstellung eines Menschen grundsätzlich, aber seine sozialen, emotionalen, ja sogar viele Rechtsbindungen an die Blutsverwandtschaft blieben bestehen. Viele enge und lang anhaltende Beziehungen mancher Familien und geistlichen Institute wurden durch solche Eintritte ebenso wie durch Stiftungen zum Totengedenken geschaffen und aktualisiert. Alle religiösen Institute in der Stadt aber dienten – wie das auch schon bei den Klöstern und Stiften früherer Zeiten gewesen war – dem Lebensunterhalt und der Aufnahme unverheirateter und wirtschaftlich „überzähliger" Töchter und Söhne der Bürger, so dass unter den Klerikern viele Bürgerkinder waren. Und auch vom Klerus in die Bürgerschaft (wenngleich nicht unbedingt ins Bürgerrecht, sieht man von den seltenen Einbürgerungen ab) gab es einen Weg: Die hohen schreibkundigen Stadtbediensteten hatten ein beachtliches Sozialprestige aufgrund ihrer Ausbildung und ihrer Position und so gelang manchem von ihnen, der von außen in die Stadt gekommen war, das Connubium mit einer der führenden städtischen Familien.

Kirche im städtischen Leben

So sehr Immunitäten in fiskalischer und gerichtlicher Hinsicht die Herrschaft der Räte behinderte, so wenig sind die kirchlichen Bauten im städtischen Leben als Sonderbereiche empfunden worden. Die Gemeinde der Laien finanzierte und schützte ihre Kirche, Bauten wie Personen, und damit ihre eigene Seelsorge in einem Vertrag auf Gegenseitigkeit, und gleichzeitig standen die Bauten als städtische Versammlungsorte oder für diplomatische Missionen zur Verfügung.

Um die Stadt als Gemeinde sichtbar zu machen, bediente man sich uralter, im Laufe des Frühmittelalters christianisierter Rituale und Kulte: Keine politische Aktion war ohne sakrale Einbettung denkbar, der Stadtheilige bildete den Kern städtischer Selbstdarstellung. Prozessionen – wie diejenigen an Fronleichnam 1396 zu Frankfurt am Main – zu hohen Feiertagen und den Festen des oder der Stadtheiligen gerieten normalerweise zu Gemeinschaftsveranstaltungen, bei denen jeder seinen Platz im großen Miteinander aller hatte und zeigte. Einzüge des Rates geschahen oft in Form des Adventus, der schon viel früher auch für den Einzug des Bischofs in seine Kirche, des Königs in seine Stadt gewählt worden war: Anthropologisch betrachtet mag solch ein Einzug nichts spezifisch Christlich-Kirchliches haben, doch die Zeitgenossen wussten als Hintergrund vom Einzug Jesu in Jerusalem. Ähnlichen Ursprungs, dienten vor allem Prozessionen als bedeutsames Mittel der Selbstvergewisserung der Gemeinde.

Bevor es Rathäuser als Gerichtsorte gab, scheint man sich bei Gerichtsverhandlungen in den Städten normalerweise vor der (Pfarr-)Kirchentür – oft vor einer eigenen Gerichts- oder Roten Pforte – eingefunden zu haben. Es gibt Hinweise darauf, dass frühe Räte sich nicht selten überhaupt in Kirchen versammelten; die Kanzel oder ein Balkon an der Kirche diente vielfach als Ort für Bekanntmachungen unter anderem von Ratsverordnungen und anderen, die auch gerne an die Kirchentüren angeschlagen wurden. Vor der Einrichtung von Archivräumen wurden gerade die wertvollsten städtischen Privilegien in Kirchen bewahrt, die städtische (Geld-)Kiste fand ebenfalls einen sicheren Aufbewahrungsort in kirchlichen Gebäuden. Selbstverständlich waren auch die städtischen Richter den göttlichen Gesetzen verpflichtet, so dass nicht nur die Gerichtspforte an der Kirche, sondern später auch die neu errichteten Ratssäle oft mit Darstellungen des Jüngsten Gerichts geschmückt wurden.

Ratssitzungen begannen mit einem Gottesdienst. Räte waren als temporäre funktionale Gruppen (zumal sie nicht selten mit lebenslangen Mandaten verbunden waren) ähnlich organisiert wie Bruderschaften und versammelten sich um eigens gestiftete Altäre oder in eigenen Kapellen mit eigens eingesetzten Priestern. Mit zunehmendem Selbstbewusstsein wollten die städtischen Räte nicht nur für ihre Ratsmessen eine Kirche nutzen können, die durch diese Nutzung funktional zur Ratskapelle wurde, sondern sie wollten die Ratskapellen besitzen. Eigene Ratskapellen bildeten sich im Laufe der Zeit heraus, die weitestgehend der Kontrolle des Rates unterlagen, gestützt meist auf alte Rechtstitel wie stadtherrliche Patronate. In Köln wurde 1424 nach der endgültigen Vertreibung der Juden gar die Synagoge in die Ratskapelle St. Maria in Jerusalem umgewandelt. Bei den Ratskapellen wird besonders deutlich, dass die Entwicklung zu mehr Obrigkeit und Ratsherrschaft in keiner Weise im Gegensatz zur Hochschätzung der altüberkommenen klerikalen Institute stand: Es ging um Kontrolle der Verwaltung des höchsten Gutes (der geistlichen Versorgung), aber nicht um ihre Abwertung!

Der Kampf um die Glocken

Vielleicht am ehesten als Symbol für diese Haltung und ihre Entwicklung samt den damit verbundenen Spannungen kann der Kampf um die Glocken dienen, der früher oder später in den meisten Städten ausbrach. Die Glocken wurden vielfältig genutzt, besaßen ganz alltägliche bis hin zu herrschaftlichen Funktionen. Sie hatten schon in früheren Jahrhunderten die Mönche zu den Stundengebeten gerufen, die den Tag beginnen und schließen ließen und auch weitere wichtige Abschnitte markierten, und so dienten sie auch in jenen Zeiten, in denen Uhren noch Raritäten waren, dazu, den Tagesablauf der Stadtbewohner einzuteilen.

Die Glocken begleiteten die gemeinsamen Prozessionen; die städtischen Räte trafen sich auf das Signal von den Kirchtürmen, Handwerker beschlossen ihren Arbeitstag, wenn die Glocken ihrer Kirchen läuteten, und ebenso richteten sich die Torhüter nach den Glocken für das Öffnen und Schließen der Stadttore. Die Sturmglocke warnte vor Feuer und sie rief bei Feindesgefahr die Bürger zu den Waffen. Auch rein weltliche Ereignisse wurden von der Sturmglocke aus- und eingeläutet, ein unverzichtbares, rechtsrelevantes Zeichen. Welche Bedeutung die Zeitgenossen dem Besitz einer Glocke zumessen konnten und wie wichtig es ihnen war, sie ihrer Hoheit zu unterwerfen, illustriert eine Frankfurter Episode, die sich in 1483 zutrug.

Q

Kampf um die Hosianna-Glocke zu Frankfurt am Main 1483, Bericht aufgezeichnet im Bartholomäusstift
ed. in: Richard Froning, Frankfurter Chroniken und annalistische Aufzeichnungen des Mittelalters, Frankfurt am Main 1884 (Quellen und Forschungen zur Frankfurter Geschichte. 1), S. 36/7 (vgl. S. 20)

1483 ließ der Frankfurter Bürgermeister Arnold Holzhausen für die große Glocke, die das Hosianna läutete, ohne Wissen oder gar Zustimmung des Pfarrstiftskapitels einen schweren eisernen Klöppel machen, um damit vom Turm die einzelnen Stunden schlagen zu lassen – und vielleicht auch, um sie für den Rat zu usurpieren (*animo fortasse usurpandi consulato ius huiusmodi campane*). Denn auf allen vier Seiten des Klöppels war das Wappen der Stadt angebracht, wie schon 1448 das Kapitelsiegel auf der Sturmglocke. Als die Kanoniker den Klöppel wegnahmen, ließ der Rat einen neuen machen, bis der als Vermittler bemühte Mainzer Domdekan ihn darauf aufmerksam machte, dass es ihm vertraglich zustehe, eine ganz neue Glocke für sich gießen und zur Sturmglocke hängen zu lassen. Zähneknirschend beugte sich der Rat – eine Glocke kostete viel Geld, und beim ersten Versuch misslang zudem der Guss – doch waren Ratsleute und Bürger sehr ärgerlich vor allem auf diejenigen Kanoniker, die Söhne der Stadt (*filii civitatis*) waren: So beklagte der Verfasser, Sohn und Bruder eines Schöffen, das wieder einmal schwere Los eines bürgerlichen Klerikers.

Ein Problem lag darin, dass die Glocken in den Kirchtürmen oder auf Dachreitern auf dem Kirchendach hingen und der Zugang zu ihnen somit prinzipiell nur durch die Kirche und das hieß zugleich, unter Besitz des Kirchenschlüssels möglich war. Die Kirchenschlüssel aber – wie Schlüssel überhaupt – bedeuteten nicht nur konkrete Eingriffsmöglichkeiten, sondern sie waren ein Hoheitszeichen. Wer Schlüssel wie Glocken besaß, hatte die Macht inne. Jahrzehnte-, wenn nicht jahrhundertelang war Platz für eine Teilung der Glocken zwischen Kirche und Welt gewesen; nun brauchte es oft viele Jahre, bis der Streit um die veränderten hoheitlichen Auffassungen beigelegt war und der Zugriff auf die Glocken meist sorgfältig zwischen dem Rat und der betroffenen geistlichen Institution aufgeteilt worden war.

b) Schrift, Bildung, Schule

Zu allen bisher genannten Bereichen der spannungsbeladenen Symbiose zwischen Stadt und Kirche, Bürgern und Klerus müssen noch jene altüberkommenen kirchlichen Leistungen gezählt werden, die den Bürgern und den Räten dienten, solange im weltlichen Bereich nichts Entsprechendes existierte, die aber zunehmend von weltlichen Instituten übernommen wurden und sich zu (heute völlig unbestritten) kommunalen Aufgabenbereichen entwickelt haben.

Städtisches Schriftwesen

Das galt für das gesamte städtische Schriftwesen. Die Kleriker als Schriftkundige konnten schreiben, die Kirche hatte bereits eine lange Geschichte schriftlicher Verwaltungsführung hinter sich. Auch auf dem Land ging man zum Pfarrer, wenn man etwas zu schreiben hatte; in der Stadt dienten den Bürgern zunächst kirchliche Gerichte (nicht zuletzt wegen der oben angesprochenen Zuständigkeiten) in schriftintensiven Angelegenheiten wie dem Aufsetzen von Testamenten, aber auch bei Eigentumsübertragungen und Verpfändungen jeglicher Art. Als die Räte diese Bereiche übernahmen (Bürger-Testamente vom Rat in Köln und Lübeck ca. ab 1280) und als die zunehmende Verschriftlichung der städtischen Verwaltung immer mehr Schreibarbeiten verlangte, bedienten sie sich weiter der Kleriker meist niederer Weihegrade (oder auch einmal in geistlichen Bereichen ausgebildeter Laien) als Schreibkundiger: Diese wurden Stadt- oder Ratsschreiber (*Syndicus*), Notare, Advokaten und Prokuratoren (das heißt rechtskundige Fürsprecher an herrschaftlichen und vor allem kirchlichen Gerichten) in städtischen Diensten. Eine Ironie der Forschungsgeschichte: Die Sprache des dem 19. Jahrhundert als so modern geltenden städtischen Rechts ist kirchenrechtlich und biblisch-theologisch geprägt. Nicht zuletzt sind offenbar gerade die bürgerlichen Gleichheitsvorstellungen mit Hilfe von Worten formuliert worden, die Prediger den Bürgern in den Mund gelegt hatten.

Dies lässt sich auch für einen weiteren wichtigen Bereich städtischen Bewusstseins beobachten. In sehr vielen Städten entstand im Spätmittelalter eine der kommunalen Selbstdarstellung dienende Geschichtsschreibung, und auch sie lag weitestgehend in der Hand der schreibkundigen Geistlichen. Meist waren es allerdings Bürgerkinder, die sich in den Stadtstiften oder in den Mendikantenkonventen der Tradition ihrer Vaterstadt annahmen – auch Hermen Bote (vgl. S. 108), der Analytiker der Braunschweiger Schichten, ist Kleriker gewesen. Erst im 15. Jahrhundert können wir weltliche Historiographen beobachten.

Schulwesen

Das gesamte Schulwesen war bis ins späte Mittelalter eine durchwegs kirchliche Sache, ja sogar die Schreib- und Lesefähigkeit als solche wurde mit dem Kleriker verbunden: der *litteratus*, der Schriftkundige, war der Kleriker (bis heute erinnert daran das englische *clerc*). Der Bildungskanon war am geistlichen Bedarf ausgerichtet und vermittelte elementare Schreib- und Lesekenntnisse in Latein (anhand der antiken Grammatiker Donat und Priscian und dann seit ungefähr 1200 am auf Letzterem aufbauenden *doctrinale puerorum* des Alexander de Villa Dei). Dazu kam vor allem der Gesang als zentrales Bildungsgut. Soweit Unterricht institutionell organisiert war, diente er von der Idee her dazu, den Klerikernachwuchs heranzuziehen, doch wurden wohl immer auch nicht zu Geistlichen bestimmte Kinder aufgenommen. Als Lehreinrichtungen dienten die frühmittelalterlichen Klosterschulen und seit dem 12. Jahrhundert vor allem die Stiftsschulen in den Bischofsstädten.

Das Bildungswesen hat sich also generell in die Städte verlagert, bevor dort ein laikal-bürgerlicher Bedarf entstand. So schickten die Bürger ihre Kinder noch lange in die vorhandenen Lateinschulen von Stiften. Bei zunehmendem Bedarf richteten kirchliche Institute entweder zusätzliche (Stifts)-

schulen ein, oder es entstanden bescheidenere Grammatikschulen ganz unterschiedlichen Niveaus. Wir können Lehrer, die ihre Dienste außerhalb der institutionalisierten Schulen anboten, hin und wieder in den Städten finden. Auch sie unterrichteten – manche auf rein privater Basis im eigenen Haus – Latein und boten teilweise den Schülern Kost und Logis (Privat- oder Winkelschulen). Zusätzlich nutzten sie wohl eine Marktlücke, indem sie begannen, deutsch Lesen und Schreiben zu lehren. Auch Mädchenschulen sind, nicht allzu oft, belegt.

Erst in einem weiteren Schritt haben sich manche städtischen Obrigkeiten der Schuldbildung angenommen. In solchen Städten kam es schon relativ früh zu Streitigkeiten, zum Beispiel im schnell wachsenden Lübeck oder auch in Braunschweig, wo die kirchliche Schulinfrastruktur offenbar rasch nicht mehr zufrieden stellen konnte und ganz allmählich – in teilweise heftiger Auseinandersetzung mit der kirchlichen Schulaufsicht – vom Rat organisierte städtische höhere Schulen entstanden. Andere Städte jedoch, wie Frankfurt am Main, sahen noch im frühen 14. Jahrhundert die Gründung zusätzlicher Stiftsschulen, ohne dass sich bis zur Reformation die geringste Spur von Konflikten finden ließe.

In allen Fällen ist jedoch festzuhalten: Es ging nicht in erster Linie um die Befriedigung inhaltlich neuer Bedürfnisse, sondern um Versorgung und um Kontrolle. Denn auch bürgerliche Gründungen geschahen nach dem Muster der alten Lateinschule ohne erkennbare Veränderungen am Curriculum bis ins 16. Jahrhundert hinein. Weiterhin wurde Latein gelernt, gelesen und gesprochen, weiterhin an antiken und religiösen Texten geübt. Nur der Chorgesang, zentraler Unterrichtsgegenstand mit Wurzeln in der ursprünglichen Funktion der Schulen für die Kirche und die Kleriker, die zeitaufwendige Beschäftigung der Schüler mit gottesdienstlichen Aufgaben, geriet öfters in die Diskussion und wurde reduziert. Offenbar ging es zunehmend um eine Bildung von Bürgerkindern, die weniger dem Kaufmann nützen als zum gesellschaftlichen Aufstieg führen konnte. Nur hie und da sind in einzelnen Städten Schulen belegt, auf denen Kaufmannssöhne Rechenkunst (*abacus*) und lebende Sprachen lernten, ebenso wie es im ausgehenden Mittelalter bereits einige Schulen mit praktischer und technischer Ausrichtung (*artes mechanicae*) gab.

Auch die Lehrer blieben dieselben wie in den kirchlichen Schulen, so dass Lehrer weltlichen Standes extrem selten sind, wenngleich sie in den Schulen Oberdeutschlands, vornehmlich in der Eidgenossenschaft, im 14. und vor allem 15. Jahrhundert vermehrt zu belegen sind. Auch die Winkellehrer waren normalerweise Leute mit einer mehr oder weniger rudimentären kirchlich geprägten Ausbildung. Die Räte schlossen auch nach hartem Kampf um die eigene Schulgründung die neuen Schulen meist an die Pfarrkirchen an, wenn sich diese unter ihrem Einfluss befanden und nutzten ihre Präsentationsrechte, um geeignete Lehrer einzustellen und ohne städtische Kosten auszustatten. Wo es Institutionen gab, musste man keine neuen schaffen: Immer wieder wurden kirchliche geprägte Organisationsformen in den frühen Phasen städtisch-bürgerlicher Institutionalisierung genutzt und dienten auch danach zumindest noch als Vorbild.

c) Sozialfürsorge

Dies galt in vergleichbarer Weise für eine weitere Reibungs- und Übernahmefläche, den gesamten Bereich der, modern gesprochen, Sozialfürsorge. Auch hier war bereits in der Spätantike die Kirche an die Stelle des zerfallenden (römischen) Staates getreten und hatte Funktionen und Institutionen entwickelt. Man kümmerte sich besonders um Armenspeisungen, aber auch die Fürsorge für Kranke und Fremde (wie Pilger), und dies geschah im Früh- und Hochmittelalter besonders in Klöstern. Finanziert wurden diese karitativen Betätigungen durch Stiftungen von (in der Welt lebenden und damit der Versuchung zur Sünde ausgesetzten) Laien, die Geld und Güter an kirchliche Institutionen übergaben, damit stellvertretend für sie selbst gute Taten getan würden sowie durch Gedenken (*memoria*) und Gebet der Armen ihrer (oder ihrer Vorfahren) nach ihrem Tode gedacht und damit ihr Seelenheil gefördert würde.

In den Städten wurde die vermehrte Notwendigkeit solcher Tätigkeiten durch die Einrichtung spezieller Bruderschaften (vgl. S. 102) sowie durch Beghinen abgedeckt, jedoch waren auch viele Priesterstellen mit Armenstiftungen ausgestattet. Man legte die Verantwortung für solche Stiftungen schon deshalb gerne in kirchliche Hände, weil damit Ewigkeit des Gedenkens garantiert schien. Erst ganz allmählich entstand eine Art „öffentlich-rechtlicher" Idee sozialer Einrichtungen, und viele Stiftungen, über die zunehmend der Rat als Treuhänder die Aufsicht führte, wurden in „Allgemeine Almosenkästen" und ähnliche dem Rat unterstehenden und in ihrer Dauerhaftigkeit vom Rat garantierten (aber nichtsdestoweniger immer noch sehr oft an Kirchen angegliederten) weltlichen Instituten die städtische Armenfürsorge organisiert.

Hospitäler

Eine ähnliche Entwicklung von rein kirchlicher Sache zu immer stärkerem obrigkeitlichem Zugriff ist im Bereich des Hospitalwesens zu verzeichnen. Hospitäler gab es bereits im Frühmittelalter in Klöstern und zunehmend in den werdenden Städten. Hier entstanden früh neue bruderschaftlich organisierte Spitäler, sehr oft dem Heiligen Geist geweiht (ohne dass sie alle dem von Italien ausgehenden Spitalorden zum Heiligen Geist angehört hätten). Hier kümmerte man sich um Kranke (Sieche), doch waren sie nicht für eine geregelte medizinische Krankenpflege (die im Mittelalter noch weitgehend unbekannt war) eingerichtet: Die Hospitäler dienten zwar durchaus Kranken als Aufenthalt, mehr jedoch allein stehenden Frauen und Waisenkindern, vor allem aber dienten sie in wachsendem Maße als Altenheime (mit der Sonderentwicklung der Pilgerhospize). Die Insassen waren entweder Zahlende, so genannte Pfründer, oder arme, alte Leute, die vielfach als Brüder und Schwestern unter einer einfachen Hausordnung zusammenlebten.

Hinzu kamen die „Sondersiechen"-Einrichtungen wie Leprosenhöfe (Gutleuthöfe, Klapperhöfe) oder auch die Spitäler des Antoniterordens, der sich vor allem der Pflege vom an Antoniusfeuer (Mutterkornbrand) Erkrankten widmete. Auch die kommenden der im Heiligen Land meist aus Pilgerhospitälern entstandenen Ritterorden (vor allem Johanniter und Deutscher Orden) können Hospitalbetriebe enthalten haben, waren jedoch oft auch nur als

Wirtschaftseinrichtungen zur Unterstützung der Aufgaben an der Heidenfront gedacht.

Hospitäler konnten große eigene Vermögen ansammeln und wurden im Spätmittelalter oft zu prachtvollen Exponenten der städtischen Profanarchitektur, wie eines heute noch in Lübeck erhalten ist (architektonisch vergleichbar auch das Spital im burgundischen Beaune), wo auch die Innenausstattung vom Reichtum der Stiftungen zeugt. in großen Hospitälern wurde bald eine Ämterteilung mit verschiedenen Aufgabenbereichen (Meister, Kellermeister, Baumeister, Rechnungsführer etc.) notwendig und durchgeführt. Schon zu Beginn des 14. Jahrhunderts führten sie gerade in den Städten selbständig ihre Kasse, woraufhin das Konzil von Vienne (1311) eine neue kirchenrechtliche Pflegschaftsverfassung verordnete. Hiernach mussten die in Städten liegenden, aber unter geistlicher Verwaltung stehenden Hospitäler einen städtischen Pfleger in den Vorstand nehmen, um die Wahrung bürgerlicher Interessen zu gewährleisten. Immer mehr sah man auch seitens der städtischen Räte darauf, dass die Hospitäler möglichst ganz ihrer Kontrolle unterstellt waren oder die Meister wenigstens auch direkt dem Rat verantwortlich waren. Je nach Kräfteverhältnissen konnten sich mehr oder weniger paritätisch von zuständiger Pfarrei und Rat besetzte Aufsichtsgremien bilden. Vielerorts entstand früh ein Ratsamt eigens für die Spitalaufsicht und vor allem für die Kontrolle der Vermögensverwaltung, damit der an die Hospitäler gestiftete bürgerliche Grundbesitz der Stadt nicht entzogen würde.

Zunehmend einer gemeinschaftlichen Verwaltung durch Laien und Kleriker unterworfen wurden auch die Kirchenfabriken, das heißt die Bauhöfe, die die ständige nötige Aufsicht und Reparatur der Kirchenbauten vornahm. Oft lag auch hier dem Rat vor allem an der Kontrolle der Kasse, die durch den Inhalt spezieller Opferstöcke und zusätzlich nicht selten vor allem vom Rat gefüllt wurde.

Wie bei all diesen vorgenannten Beispielen ging es den Räten einerseits stets um die Kontrolle der Finanzen, zum anderen aber auch um die Aufsicht über die Qualität der jeweiligen Amtsführung. Sogar um die gottesdienstliche Versorgung der Bürger kümmerten sich viele Räte und übernahmen damit letztlich auch wieder die Verantwortung für ein früher durch Privatinitiative reicher Bürger versorgtes Feld. Verbreitet empfand man zum Beispiel offenbar einen Mangel an Frühmessen für solche Städter, die schon bei Morgengrauen, wenn die Tore gerade öffneten, aufs Feld mussten und erst abends spät zurückkehrten.

3. Städtische Herrschaft – Herrschaft der Stadt

a) Obrigkeit, Verwillkürung und Polizei

Im Zuge der allenthalben beobachtbaren Entwicklung der kontrollierenden und fürsorgenden Obrigkeit wurden alte herrschaftliche Aufgaben übernommen, so Verteidigung und Feuerwehr, Rechtswesen und Polizei in einem weiten Sinne, Marktaufsicht und andere wirtschaftliche Bereiche (Land- und

Waldwirtschaft, Fischerei), Ver- und Entsorgung, Bauwesen. Es entstanden dabei auch ganz neue Verantwortungsbereiche, die früher eigentlich gar keine „öffentlichen" Aufgaben oder sogar überhaupt keine Aufgaben gewesen waren. Entweder gehörten sie vordem einfach in den Bereich „privaten" Lebens, oder aber sie waren Resultate der veränderten, dichteren Lebensform Stadt. Doch auch die wachsende Verwaltung schuf immer neue zu verwaltende Bereiche durch Ausdifferenzierung und durch Neuentdeckung und -erschließung von Feldern, die organisiert und überwacht werden konnten und sollten. Die Obrigkeit wurde ausgebaut: Ihr wuchsen immer mehr Aufgaben zu, sie kontrollierte immer mehr, nutzte immer weniger fremde Handlungsfelder und nahm sie stattdessen in die eigenen Hände. Im Folgenden werden wir somit zwar immer noch auf ehemals kirchliche Organisationsformen stoßen, jedoch zunehmend solche neuen Bereiche in den Blick bekommen – anhand einiger breit gestreuter Beispiele, die besonders symptomatisch für das städtische Leben sind, ohne den Anspruch, dieses vollständig zu erfassen.

Viele Bauten, die wir heute eher als die öffentlichen bezeichnen würden, waren im städtischen Leben wichtig, jedoch in der frühen Zeit der Stadtentwicklung weitgehend der Privat- oder Gruppeninitiative überlassen. Auch hier wirkte das Bruderschaftswesen, indem zunehmend Baubruderschaften entstanden (für Straßen, Brücken, Brunnen – und auch Kathedralen). Ein wichtiger altüberkommener Bereich war der Befestigungs-, das heißt Mauerbau; neu war im Bereich öffentlichen Bauens zum Beispiel die Einführung von Straßenpflaster.

Brücken

Seit dem 12. Jahrhundert entstanden überall in Europa Brücken, vor allem, um für Pilger und vor allem den stetig zunehmenden Handelsverkehr die Infrastruktur zu verbessern. So war Bau und Pflege von Brücken für die Prosperität der meisten Städte ein zentrales Anliegen. Zuständig waren oft zunächst die Brückenbruderschaften, später das Ratsamt des Brückenmeisters. Über den reinen Verkehrszweck hinaus hatte die Brücke vielseitige Funktionen – meist im Zusammenhang mit ihrer überbrückenden, zwischen den Ufern stehenden Eigenschaft –, so dass auch die Verantwortlichkeiten für den Brückenbau sehr unterschiedlich sein konnten.

Sie wurden oft selbst zum Marktplatz (Erfurt, Venedig, Florenz, London) und trugen nicht selten Mühlen. Brücken markierten oft die Grenze und über Grenzflüsse hatten sie einen neutralen Charakter. An Brücken endete auch nicht selten das Geleitrecht. Auf der Brücke konnte Gericht gehalten werden, und sie diente als Richtstätte für die Bestrafung des Ertränkens. So wurde ein danach besonderer Brückenschützer, der Heilige Johannes Nepomuk, 1393 auf der Prager Brücke hingerichtet. Auch die Köpfe von Verrätern wurden gerne auf Brücken aufgespießt und ausgestellt.

Geschützt wurden Brücken oft auch vom Heiligen Nikolaus, aber auch anderen Heiligen geweihte Kapellen finden sich immer wieder auf Brücken. Denn Brücken verbanden manchmal Teile derselben Stadt, konnten aber ebenso gut schwache Stellen in der Außenverteidigung der Stadt sein – und sie waren auch anderweitig gefährdet durch Feuer (da sie meist aus Holz waren), Hochwasser oder Eisgang, Sturm und Schnee. Kapellen wie Brückentürme trugen Bilder auch des Stadtheiligen oder das Stadtwappen und präsentierten dem Ankömmling so zusätzlich das Selbstbewusstsein der Stadt.

Die religiöse Seite der Brückenpflege wird noch deutlicher bei ihrer Finanzierung: Seelenheilstiftungen galten oft Brücken, denen zu dienen als ein Werk der Nächstenliebe verstanden wurde, weshalb auch Wohltaten für Brücken ablassfähig sein konnten. Darüber hinaus wurden Bau und Erhalt von Brücken durch Brückenzoll und Brückengeld bezahlt, und oft beteiligten sich sogar geistliche Institute, die andere Abgaben zurückwiesen. Das könnte den Geistlichen hier leichter gefallen sein als bei mancher anderen Abgabe, denn die Brücke als allen dienliche und dementsprechend von allen zu unterhaltende Gemeinschaftssache war alt und so schon in den römischen Kaisergesetzen zu finden – in Anlehnung daran enthob wenigstens das frühmittelalterliche Immunitätsverständnis nicht von der Beteiligung an Straßen- und Brückenbau.

Brunnen

Ein zweiter lebenswichtiger Bereich waren die städtischen Brunnen, denn sie stellten die Wasserversorgung der Stadt sicher und lieferten auch Löschwasser. Zugleich dienten Marktbrunnen – manchmal auch „Ratsbrunnen" – der städtischen Repräsentation. So ist der Schöne Brunnen auf dem Nürnberger Markt ein Denkmal für Rechtsverleihungen durch Kaiser Karl IV. Nicht selten waren gerade diese Brunnen durch ein Bild der Justitia geschmückt, denn wie die Brücken waren auch Brunnen alte Rechtsorte, möglicherweise abgeleitet von entsprechenden Funktionen uralter Kultorte, die durch die Erinnerung an die Taufe verchristlicht waren. Hier wurden viele private Rechtsgeschäfte abgeschlossen, und an zentral gelegenen Brunnen stellte man Übertäter an den Pranger, doch dienten sie auch für Bekanntmachungen und als Sammelplatz in Kriegszeiten.

Stadtherren ebenso wie Räte förderten den Brunnenbau, auch den von einzelnen Bürgern – deren Brunnen frei für alle zugänglich sein mussten –, mit hohen Investitionen, um die Trinkwasserversorgung sicherzustellen. Für diese war man auch technisch innovativ. Antikes Wissen war zwar großenteils verloren gegangen, doch lernte man, natürliche Gegebenheiten gut auszunutzen. Das wohl berühmteste Beispiel dafür ist Freiburg im Breisgau, dessen Brunnenmeister sich auch andere Städte ausliehen. Hier konnte man Quellwasser aus dem Schwarzwald und das Gefälle nutzen. Von der Brunnenstube unterhalb des Bromberges (Brunnenberg) am Schwarzwaldabhang konstruierte man ein weit verzweigtes hölzernes Deichel-Leitungssystem für die Altstadt und zwei der Vorstädte, das an einer Stelle sogar die Dreisam auf der Brücke am Schwabentor überquerte. Um 1535 waren zwanzig öffentliche und elf private Brunnen (meist in Klöstern) angeschlossen, ein Neuanschluss kostete bereits recht hohe Erschließungsgebühren.

Auch die Reinigung, die „Brunnenfege", wurde von Rats wegen immer wieder eingefordert, aber auch unterstützt. Brunnengenossenschaften der Nutzer übernahmen die Pflege, oder beeidete Brunnenmeister (Röhrenmeister, Brunnenseher, -hüter, -herren) waren von Rats wegen mit der Aufsicht betraut und zogen Brunnengeld oder Brunnenzins dafür von den Bürgern. Immer mehr wurde städtischerseits die Brunnen- und (Wasser)grabenreinigung organisiert und bezahlt. Absichtliche Verunreinigung der Brunnen zog nicht selten den Tod durch Ertränken nach sich, was die Schwere des im 14. Jahrhundert aufgekommenen antijüdischen Vorwurfs der Brunnenvergiftung (vgl. Mathias von Neuenburg, S. 107/8) verdeutlichen kann.

Gewiss stand dahinter nicht zuletzt die Beobachtung, dass auch nicht sichtbar verschmutztes Brunnenwasser krank machen konnte, wenngleich das Hygienewissen in den mittelalterlichen Städten generell noch sehr begrenzt war. Manche Orte untersagten das Waschen am Brunnen oder schränkten es ein; manchmal wurde das Waschen von Schuhen, Windeln, Kleidern, Tüchern, Fleisch, Fisch, Kraut und anderem im Brunnen verboten. Gleichzeitig aber wurde die Nähe von Abortgruben zu Brunnenschächten nicht registriert, und die Abfallentsorgung der städtischen Haushalte wurde kaum überwacht. In Freiburg im Breisgau dienten die heute noch zahlreich existierenden Stadtbäche (am Rand der Gassen, die dorthin abfielen; schon 1246 erstmals urkundlich erwähnt) der Versorgung mit wie auch der Entsorgung von Brauchwasser und Trinkwasser für die Tiere. Wenn man den Ratsgesetzen Glauben schenken darf, dann warfen die Freiburger ihren Mist hinein und versuchten offenbar, sogar sperrigere Abfälle wegschwemmen zu lassen.

Die aus schriftlichen wie archäologischen Quellen zusammengetragenen Daten über Ver- und Entsorgung geben moderner Umweltgeschichtsforschung das Material, um die mittelalterliche Stadt unter humanökologischen Aspekten (so Britta Padberg) zu charakterisieren. Dabei geht es nicht um zeitgenössische Wahrnehmung, sondern um wissenschaftliche Analyse der ökologischen Grundbedingungen städtischen Lebens und der Veränderungen durch menschliche Eingriffe. Denn in die Stadt als offenes Ökosystem gelangten ständig vor allem organische Materialien. Daraus ergaben sich – auch durch eine im Vergleich zu frühmittelalterlichen und vor allem ländlichen Verhältnissen dichte Bebauung und einen bereits versiegelten Boden – erhebliche Folgen für die Wasserverhältnisse, das Klima und damit die Lebensbedingungen, und letztlich hingen davon die (Re)aktionen der an den Symptomen korrigierenden Räte ab.

Schweine

Für Letzteres besonders bezeichnend ist die Ratsgesetzgebung bezüglich der Schweinehaltung, die sich in jeder größeren Stadt finden lässt. So wurde den Bäckern, die zur Abfallverwertung Schweine hielten, in der Stadt die Haltung immer weniger der Tiere erlaubt; die Wege zu den Toren sollten immer kürzer sein, der Trieb durch die Stadt immer zügiger. Man solle sie, so hieß es schließlich in einem Frankfurter Gesetz, nicht vor den Türen der Leute stehen lassen und die Leute so „erstinken“ (*vor der lude turen adir hoben lazsen steen unde die lude irstencken*). Erst ganz am Ende des 15. Jahrhunderts aber wurde es der bedeutenden Messestadt, der Reiches Kammer, peinlich, dass Schweinemist und *ubel geroch* in den Gassen liege und sie ungesund mache.

Es gab auch außerstädtische Gelegenheiten, die Schweine zu reglementieren, denn man trieb sie zur Eckernmast in den Wald. Dieser aber, altes Regal und Herrenrecht, lag den Räten schon früh am Herzen. Bald sprach man von des Rates Wald und sogar von des Rates Eckern. Die Waldnutzung wurde zur lukrativen Einnahmequelle für den Stadtsäckel. Immer war es nötig gewesen, den Einschlag von Langholz (als wertvolles Bauholz) restriktiv zu kontrollieren, um dauerhaften Schaden vom Wald fernzuhalten. Doch vielerorts ließen die Räte am Ende des Mittelalters sogar das Brennholz, das trockene Leseholz, das sich früher jeder hatte holen dürfen, zu Bündeln binden und (oft kontingentiert) an die Bürger verkaufen – auch hier lag übrigens ein möglicher Streitpunkt mit der Geistlichkeit, deren Klöster und Stifte oft schon früh in den Besitz von Privilegien gelangt waren, die ihnen die Beholzung pro Jahr wagenweise und unentgeltlich gestatteten.

Immer wieder war in den letzten Absätzen von Ratsgesetzen die Rede, mit Hilfe derer eine immer striktere Kontrolle und Aufsicht über immer mehr Bereiche des städtischen Lebens und seine gute Ordnung verwirklicht werden sollten. In diesem Zusammenhang begann man in Deutschland, den Begriff der Polizei zu benutzen und auszubauen. 1464 erstmals belegt (aus dem Griechischen über das Lateinische) in einem kaiserlichen Privileg für die Reichsstadt Nürnberg, bezeichnete *policey* zunächst den Zustand guter Ordnung eines Gemeinwesens, dann die auf den regelnden Eingriff zur Herstellung beziehungsweise Erhaltung dieses Zustandes gerichtete Rechtssatzung.

Ratsgesetzgebung

In der sich rasch ausweitenden gesetzgeberischen Tätigkeit der Räte spiegelt sich eine der entscheidenden Neuerungen des Spätmittelalters, bei der sich das Verständnis von Recht deutlich wandelte, und hier zeigt sich vielleicht am besten das Neue am Sozialgebilde Stadt. Es entsteht ein Recht neuen Stils, bei dem neues Recht besser ist als altes, Gesetze jederzeit aufgehoben und ersetzt werden können. Altes Recht war immer da gewesen und musste gefunden werden, doch eine fest umrissene Gemeinschaft von (wenigstens von der Idee her) gleichen und freien Bürgern kann sich auf der Basis gemeinsamer Interessen auf Satzungsrecht einigen. „Das autonome Stadtrecht ist rationales Willkürrecht, Einigungsrecht, rechtsgeschäftlich begründete Satzung. Es ist ein durch Übereinkunft, durch Willensakt bewusst geschaffenes Recht, dessen Grundlage nicht auf Gewohnheit beruht, mag es auch inhaltlich vielfach noch auf Gewohnheitsrecht und Landrecht zurückgreifen" (Isenmann mit Ebel). Dabei meint Willkür im mittelalterlichen Sprachgebrauch nicht, eigenmächtig eine vorhandene Ordnung zu brechen, sondern Verwillkürung bedeutet ganz im Gegenteil willentliche Normsetzung und damit bewusste Schaffung von Recht und Ordnung.

Der Bereich des Strafvollzuges insgesamt war stets „Privatsache" gewesen. Man holte sich von einem Gericht einen Rechtsspruch und hatte ihn selbst zu exekutieren, gleich worum es sich handelte. Auch in den Städten sperrten lange Zeit die Leute noch selbst die Übeltäter ein – oder der Rat stellte dafür einen Turm in der Stadtmauer zur Verfügung und übernahm im 15. Jahrhundert zunehmend auch die Versorgung und Verköstigung der Übeltäter. Diese Entwicklung führte zuerst zur Erweiterung des Polizeibegriffs um die Strafgewalt der Obrigkeit und schließlich zur Einschränkung darauf. War der Galgen früher ein Symbol der königlichen Blutgerichtsbarkeit gewesen, so wurde er nun immer mehr zu einem Symbol der öffentlichen Ordnung der Städte, gewahrt durch den Rat. Er wurde als Zeichen der Hochgerichtsbarkeit zur Machtdemonstration weithin sichtbar auf Galgenbergen neben Verkehrswegen aufgestellt. Zugleich sollte diese Position abschrecken, denn wie im Falle der auf Brücken aufgespießten Köpfe Enthaupteter ließ man auch an den Galgen die Leichen der Hingerichteten oftmals hängen, bis sie von selbst herabfielen.

Neben den bereits aufgeführten Bereichen wurde zum Beispiel der städtische Markt mehr und mehr reglementiert. Die Räte versuchten, die Eichgerechtigkeit in ihre Hände zu bekommen; Gewichte, Hohlmaße ebenso wie Brotmaße wurden genau bestimmt – und zur allgemeinen Kenntnis gerne an den steinernen Außenmauern der (Markt)kirche angebracht, wie dies bis heute in Freiburg im Breisgau zu sehen ist.

Zur Wahrung der öffentlichen Ordnung gehörte schon früh die nun immer besser und von der Obrigkeit durchorganisierte Bewahrung der Stadt vor Schaden – nicht zuletzt deshalb kämpfte mancher Rat um die Glocken, die gegen Feuer und Krieg zu Hilfe riefen. Besonders in den Städten als dicht bebauten Großsiedlungen wurde die Feuerwehr als Pflicht der ganzen Einwohnerschaft zur Abwehr gemeinsamer Gefahr verstanden. Sehr oft war die Feuerbekämpfung bürgerlich organisiert und Einsatzpläne nach Stadtviertel, Nachbarschaft oder auch Rotten (die ihren Ursprung in der Stadtverteidigung hatten) aufgeteilt. Scharwächter oder ähnlich benannte Wachleute waren zu nächtlichen Umgängen verpflichtet, um rechtzeitig den Ausbruch eines Feuers melden zu können. Daraus entwickelte sich – wiederum streng vom Rat kontrolliert – eine generelle Aufsicht zuerst über die Sicherheit der Straßen und dann das Wohlverhalten der Bürger (eine Vorform der späteren Sittenwächter-Umgänge vor allem in reformierten Gemeinden). Jeder Bürger war nicht nur verpflichtet, beim Löschen zu helfen, sondern hatte Feuerpatschen und Wassereimer (meist aus Leder) zu besitzen und instand zu halten, manch größerer Haushalt (auch Klöster) sollte Leitern und anderes größeres Gerät zur Verfügung halten.

Im Sinne der guten Ordnung als Zuständigkeit der städtischen Ratsobrigkeit und dem, was man in immer erweiterter Form darunter verstand, nahmen sich die Räte schließlich weiterer Störfaktoren an, und dazu gehörte auch die Prostitution.

Die Kirche als altüberkommene moralische Instanz hatte zu ihr stets ein ambivalentes Verhältnis gehabt. Noch der Dominikaner Thomas von Aquin (†1274) verteidigte die Existenz der Prostitution als notwendiges (kleineres) Übel. Dagegen predigte sein Zeitgenosse, der Franziskaner Berthold v. Regensburg (†1272). Beide gehörten also einem der modernen städtischen Bettelorden an, aber Berthold war derjenige, der bezeichnenderweise als Prediger in den wachsenden Städten auftrat. Denn mit dem Entstehen der Städte wandelte sich auch das Wesen der Prostitution, die den Quellen zufolge erst seit dem 13. Jahrhundert sesshaft wurde.

Seit dem 14. Jahrhundert entstanden in den Städten Frauenhäuser (in Gassen am Stadtrand mit Namen wie Rosenthal). Diese Frauenhäuser unterstanden strenger Ratskontrolle und wurden von einer Frauenwirtin oder einem Frauenwirt geleitet. Die Frauen erhielten so ein Dach über dem Kopf und Verpflegung, Kleidung (gekennzeichnet mit bunten Bändern in Schandfarben) und Lohn sowie Schutz bei Menstruation und Schwangerschaft – und sie durften die Messe besuchen. Der Bordellbesuch wurde nur unverheirateten Männern gestattet, Ehemännern, Klerikern und Juden jedoch strikt untersagt. Dagegen sind die in der Literatur gerne in die Nähe von Bordellen gerückten Badehäuser wenigstens in Deutschland offenbar zu Unrecht in Verdacht geraten (P. Schuster).

b) Mauer, Stadt und Umland

Zu den städtischen Gemeinschaftsaufgaben gehörte die Stadtverteidigung, die schon früh bürgerlich organisiert war und an der sich jeder zu beteiligen hatte. Wie die Feuerwehr waren auch die Bürger nach Stadtvierteln, Scharen oder Rotten unter Führung des Scharwächters für einen Mauerabschnitt zuständig. Auch die zentrale Aufgabe der Errichtung und Erhaltung der Verteidigungsanlagen wurde kollektiv erledigt. Ursprünglich dürften die Mauern wohl noch aus einem Wall mit Palisade und Graben bestanden haben, denn die Verpflichtung aller Stadtbewohner zu Schanzarbeiten, das heißt zur Beteiligung an Bau und Erhalt, heißt *graben*.

Stadtmauer

Das Befestigungsrecht war altes königliches Regal, das die Fürsten stets auch für sich in Anspruch nahmen und das – hiermit kehren wir zu einem alten Thema zurück – bereits in der Frühzeit kommunaler Emanzipationsbemühungen – unterstützt von Heinrich IV. – auf die Kölner Bürger übertragen worden war. Eine der wichtigsten städtischen Verbrauchsabgaben, das Ungeld (vgl. S. 115), scheint ursprünglich von den Herren, vorzüglich dem König, zur Finanzierung des Mauerbaus eingerichtet worden zu sein.

Für die Frühzeit herrschaftlichen städtischen Mauerbaus besitzen wir in der Wormser Mauerbauordnung (offenbar aus dem frühen 10. Jahrhundert unter Bischof Thietlach) eine hervorragende Quelle (Porsche). Es scheint sich nicht um einen normativen Text zu handeln (der festgeschrieben hätte, wie die Mauer zu bauen sei), sondern eher um eine Momentaufnahme von Ausbesserungs-, vielleicht Verstärkungsnotwendigkeiten, wahrscheinlich entstanden, als die Normannen die großen europäischen Flüsse hinauf zogen und die Rheinstadt gefährdeten. Vieles wird hier deutlich, was sich anderswo erst in späteren Zeiten findet oder nur aus den Quellen herauslesbar ist.

So waren neben einigen Gruppen der Bürgerschaft und auch der *familia* eines der in der Stadt begüterten Klöster, auch die wohl außerhalb der Stadt am Rhein siedelnden Friesen sowie auswärtige Dörfer für bestimmte Abschnitte der Mauer zuständig. Eine Gegenleistung ist weder genannt noch erkennbar. Doch deutet die Entfernung der Verpflichteten von Worms an, dass sie zur Flucht im Falle der Gefahr berechtigt waren – Grundlage des Instituts des Burgrechts, das noch im Spätmittelalter viele Städte und die umliegenden Dörfer verband. Eine andere, ebenfalls belegte Möglichkeit bestand auch darin (und dies ist bereits früh in Mainz, Bingen, Boppard und Speyer belegt), statt des Schutzes der Fluchtburg wirtschaftliche Vorrechte im Wirtschaftsmittelpunkt Stadt als Gegenleistung einzuräumen, nämlich die Befreiung der schanzenden Dörfer vom Marktzoll.

Nicht nur Gegenleistungen konnten sich unterscheiden oder auch entwickeln, sondern auch die Leistungen selbst. So zogen viele Räte im 15. Jahrhundert nicht mehr die Dorfbewohner (und auch nicht die erst recht zum Mauerbau verpflichteten Bürger) heran, sondern ließen sie ihre Pflichten mit Geld ablösen. Das hieß, dass man einerseits nicht arbeitsungeeignete Leute ertragen musste und andererseits kurzfristig über Gelder für öffentliche Arbeiten verfügte – was dem gemeinen Nutzen insofern noch weiter dienen konnte, als sich eine Möglichkeit der städtischen Beschäftigung der Armen mit ehrlicher Lohnarbeit (statt des „unehrlichen" Bettelns) bot. Da Mauerbauen teuer war, entlastete der finanzielle Beitrag die Stadtkassen. In kleineren landesherrlichen Städten fraßen die Befestigungskosten bis zu einem Drittel des städtischen Gesamtetats (ein Hinweis darauf, dass die Mauern nicht nur – wie oft in der Forschung behauptet – ausschließlich symbolischen Wert hatten, sondern tatsächlich der Verteidigung dienten). Die vielen Kriege des 15. Jahrhunderts konnten gerade kleine Städte in hohe Schulden stürzen: Im 16. Jahrhundert hatte Nürnberg 340mal höhere Ausgaben als das nur siebenmal kleinere Siegen, das dennoch einen deutlich höheren Anteil am städtischen Haushalt für die Verteidigung aufwenden musste (Fouquet). Nicht immer allerdings bot die Stadt dann noch den Schutz, den sich die inzwischen konsolidierten und selbst umfriedeten Dörfer wünschten: Frankfurt am Main kündigte 1438 zahlreichen seiner vormaligen Burgrechtsdörfer das Burgrecht wegen Nichterfüllung der Verpflichtungen auf.

Stadt und Umland

Ein weiteres im Spätmittelalter immer wieder auftretendes Problem deutet sich ebenfalls bereits in der Wormser Ordnung an: Am Mauerbau sind Dörfer beteiligt, über deren Arbeitskraft der Bischof gewiss nicht als Grundherr verfügen konnte. Möglicherweise war ihm dieses Recht vom König (im Zuge der Übertragung von Grafschaftsrechten, vgl. S. 67) verliehen worden, denn meistens basierten die Schanzarbeitsverpflichtungen auf den Frondienstverpflichtungen gegenüber den Grundherrn. Die Verfügung darüber ging jedenfalls mit der Mauerbauverpflichtung an die städtische Bürgerschaften beziehungsweise ihre Räte über. Dies führte ebenso wie die Pfahlbürgerschaft (vgl. S. 98) im Spätmittelalter zu Schwierigkeiten mit den Herren im Umland der Stadt, denen die Arbeitskraft ihrer Grundholden und dann der Dörfler entzogen wurde.

Schon mehrfach wurde hier deutlich, dass die Stadt als klar abgegrenztes Gebilde eine (zeitgenössische ebenso wie forschungsgeschichtliche) Fiktion war. So sehr die Stadtmauer ab dem 13. Jahrhundert zunehmend zum Signum des eigenständigen städtischen Rechtsbezirkes, zum Symbol einer Rechtsgrenze wurde, so wenig war dieser Rechtsbezirk territorial geschlossen oder endeten städtische Rechte, Ansprüche und Begehrlichkeiten an der Mauer. In vielfacher Weise durchdrangen Land und Stadt einander, und vor allem bemühten sich gerade die größeren Städte im Spätmittelalter, ihr Umland möglichst herrschaftlich zu durchdringen.

Wirtschaftlich wie demographisch, das wurde bereits bemerkt, war die Stadt ohnehin vom Land abhängig, bot jedoch dem Land auch den (über)regionalen Markt. Das Umland diente weiterhin den reich gewordenen Bürgern als Geldanlage, woraus sich veritable Herrschaftsrechte entwickeln konnten. Auch kirchliche Bezirke endeten selten an den Mauern – in extremen Fällen, wie dem der Stadt Ulm, lag sogar die einzige Pfarrkirche bis 1395 weit außerhalb der Stadt (vgl. S. 22). Von familiären Beziehungen zwischen Geschlechtern und Landadel haben wir ebenfalls schon gehört, und auch auf niedrigeren sozialen Ebenen blieben wohl stets Verwandte der Migranten in die Stadt in den nahen Dörfern zurück und mit den Neu-Städtern in Kontakt.

Die spätmittelalterlichen Räte betrieben eine regelrechte Umlandpolitik, erstrebten den Erwerb eines Territorium oder Landgebietes, indem sie oft kleine und kleinste Rechte oder auch nur Einflussmöglichkeiten akkumulierten. Die Bürger kauften nicht nur Land, sie erwarben auch Lehen, bevor hier der Rat als Institution tätig wurde, ebenso wie bei Dorfherrschaften. Die Burgmannschaft musste in vielen umliegenden fremden Burgen stets persönlich erworben werden. Man hatte die Pflicht, einen Verteidiger zu stellen (ursprünglich persönlich), wofür man kleine Einkünfte erhielt und vor allem das Recht, die Burg jederzeit zu betreten. Die institutionelle Entwicklungsstufe hierzu waren städtische Öffnungsrechte an solchen Burgen (womit die fragliche Burg wenigstens als Festung von Angreifern auf die Stadt ausgeschaltet war). Über bloße Einflussnahme ging die Funktion als Oberhof (vgl. S. 95), die einige Städte für viele Dörfer im Umland besaßen, nicht hinaus – doch sollte man die persönlich-patriarchalische Wirkung solcher Bindungen auch nicht unterschätzen.

Manche Städte, die in einer bereits zur Zeit ihrer Entstehung relativ dicht besiedelten und von den Rechten zahlloser kleiner, mittlerer und großer Herren durchsetzten Landschaft entstanden und wuchsen, gelangten selten zu einem wirklich großen und gar geschlossenen Territorium. So kam zum Beispiel Frankfurt am Main zum Ende des Mittelalters nur auf 2 Quadratmeilen Landgebiet (mit etwa 10 Ratsdörfern und einer kleinen Stadt), gegenüber 30 für Nürnberg, 17 für Ulm, 16 für Erfurt (das 1480 über 80 Dörfer, Burgen und Vorwerke herrschte). Sogar das relativ kleine Rothenburg ob der Tauber entwickelte eines der größten reichsstädtischen Territorien mit 180 Ortschaften.

Um solche Landgebiete zu sichern, errichteten die spätmittelalterlichen Städte – wie meist auch die benachbarten Landesherren – Landwehren, die meist aus Wall und vorgelegtem Graben bestanden, bewachsen mit Hecken oder Dornsträuchern, die verflochten oder geknickt sein konnten. Durchlässe waren nur die (in Kriegszeiten besetzten) Schlagbäume sowie an prominenten Stellen Wachttürme (Warten).

c) Städte als politische Einheiten im Reich

Auf diese Schaffung von Herrschaft im städtischen Umland – wozu nur große oder mittlere Städte, die eine weitgehende Unabhängigkeit von ihrem Herrn erreicht hatten, überhaupt in der Lage waren –, beschränkte sich das, was man eine städtische Außenpolitik nennen könnte, normalerweise nicht. Hier entwickelten die großen deutschen, vor allem die freien Städte und die Reichsstädte, viel weitergehende Ambitionen. Spätestens seit dem 13. Jahrhundert hatten König und Fürsten die einzelnen Städte als lokale Machtfaktoren wahrnehmen müssen, und die Konsolidierung dieser Macht stärkte die Position der Städte im Geflecht der Stände des Reiches insgesamt. Die Städte schlossen sich zusammen, um ihre Interessen – erst vornehmlich wirtschaftlichen, dann immer mehr reichspolitischen Charakters – gemeinsam zu vertreten. Vor allem lag ihnen die regionale und dann überregionale Friedenssicherung am Herzen, von der die Sicherheit der Handelsstraßen und damit die Prosperität der Städte selbst abhing.

Im alten Rechtsverständnis bestand Friede nicht von selbst, sondern bedurfte der konkreten Errichtung. Dies war Aufgabe der Herrschenden, für die bei Versagen andere eintreten mussten. Genau das war geschehen in der im 11. Jahrhundert in Frankreich von der Kirche ausgehenden Gottesfriedensbewegung (vgl. S. 62). Nicht zuletzt davon angeregt, errichteten wenig später im deutschen Reich die Könige Friedensbünde für eine bestimmte Region und auf eine bestimmte Zeit, die von den beteiligten Fürsten durch gegenseitige Eide bekräftigt werden mussten. Seit dem 13. Jahrhundert benannte man derartige Schwureinungen mit dem deutschen Wort Landfrieden.

Inhaltlich ging es darum, bestimmte schutzlose Orte (insbesondre die Kirchen) und einen schutzbedürftigen Personenkreis (insbesondere Kleriker, Frauen, Kaufleute und Juden) unter einen durch Strafandrohung erhöhten Frieden zu stellen und zumindest teilweise die Fehde zurückzudrängen. Für die Strafverfolgung war nicht mehr in erster Linie das Opfer zuständig. Vielmehr wurde es als Aufgabe einer werdenden öffentlichen Gewalt angesehen, die Friedensbrecher zu bekämpfen. Seit dem 13. Jahrhundert wurden diese mehrständigen Bünde immer mehr um Städte erweitert – ja oft ging die Initiative von Städten aus.

Städtebünde

So gründeten 1254 – in der Zeit des schwachen und umstrittenen Königs Wilhelm von Holland – Mainz und Worms einen Bund, der sich bald um Oppenheim und Bingen erweiterte. Dieser „Rheinische Bund" („das erste gemischte Städte- und Adelsbündnis") schloss immer mehr Städte und zunehmend auch Herren ein und umfasste schnell ein Gebiet von Basel bis Bremen, von Aachen bis Regensburg. Man sagte allen Friedensbrechern den Kampf an und hatte bereits im Oktober 1254 eine schlagkräftige Organisation entwickelt. Immer selbstbewusster fungierten Mainz und Worms als Vororte des Bundes, dessen Bundesversammlung vierteljährlich zusammentrat. Nach dem Tode Wilhelms von Holland (Januar 1256) beschloss der Bund den Schutz des Königsgutes und kam überein, nur einen einhellig gewählten König anzuerkennen. Der Rheinische Bund brach aber schon 1257, mit der Doppelwahl, zusammen.

Chronologisches Verzeichnis wichtiger überregionaler Landfrieden und Städtebünde im Reich

- Mainzer Reichslandfrieden 1231
- erster Sächsischer und Westfälischer Städtebund je 1246
- Rheinischer Bund 1254–1257
- Wetterauer Städtebund 1285–1364
- Hanse seit Ende des 13. Jahrhunderts
- Thüringer Städtebund seit 1304
- Schwäbische Bünde seit 1331
- Lausitzer Sechsstädte 1346
- Dekapolis (Elsass) seit 1354
- Goldene Bulle 1356
- Schwäbischer Städtebund 1376
- Rheinischer Städtebund 1381
- Nürnberger Herrenbund 1383
- Landfriede von Eger 1389
- Ewiger Reichslandfriede Worms 1495

Anders als dieser Bund waren exklusive Städtebünde den Herren ein Dorn im Auge. Königliche Verbote gab es seit 1231 (Mainzer Reichslandfriede) und das Städtebund-Verbot wurde mit der Goldenen Bulle Reichsgesetz. Nichtsdestoweniger schlossen sich Städte auch im 14. Jahrhundert immer wieder zu lokalen oder auch überregionalen Bünden zusammen. Der wohl erfolgreichste dieser Bünde war die **Hanse**, in der sich seit dem späten 13. Jahrhundert immer mehr Städte und Herren zusammenschlossen mit dem ursprünglichen Ziel, sich gegenseitig beim Ostseehandel zu unterstützen und diesen dann auch unter Kontrolle zu bekommen.

E

Hanse

Zunächst Zusammenschluss von Kaufleuten (schon um 1157 belegt als Hanse der Kölner Englandfahrer). „Die" Hanse entstand seit Ende des 13. Jahrhunderts im Kontext des intensivierten deutschen Ostseehandels, vor allem Richtung Gotland und Novgorod; dann wurden auch Handelsniederlassungen (Kontore) über diesen Raum hinaus gegründet, so in Brügge, in London (Stalhof) oder in Bergen (Deutsche Brücke). Im Zuge der Hanseaktivitäten kam es auch zu Neugründungen von Städten im Baltikum, meist mit Lübecker Recht (vgl. S. 95). Die Hanse umfasste bald praktisch alle Handelsstädte des norddeutschen Raumes, schloss sich auch Landesherren an, und baute eine schlagkräftige Organisation auf, die sowohl nach außen (Handelssperren, aber auch Krieg gegen Seeräuber und auch gegen konkurrierende Mächte wie Dänemark) als auch nach innen (Ausschluss auf Zeit und damit Blockade – Verhansung – einzelner Mitglieder) mit massivem Druck ihre wirtschaftlichen und politischen Ziele durchzusetzen suchte. Man traf sich auf Hansetagen (der Gesamthanse und der seit Mitte des 14. Jahrhunderts eingeführten Drittel, die den Riesenbereich unterteilten) und führte darüber Protokoll in den Hanserezessen.

Eines der dauerhaftesten Bündnisse war das der schwäbischen Städte, das seit 1331 immer wieder erneuert wurde (1349 waren es zwischenzeitlich 25 Städte). Als Kaiser Karl IV. seine Hausmachtpolitik und die Wahl seines Sohnes Wenzel zum König durch Steuern der Reichsstädte und durch Verpfändungen von städtischen Rechten und Ämtern an Fürsten und Herren finanzierte, sahen die Städte ihre Freiheiten und ihre Unabhängigkeit, aber auch die inzwischen erlangte Bindung zum König und Reich gefährdet. Dazu kam die alte Feindschaft gegen den Grafen von Württemberg, so dass 1376 in Ulm 14 schwäbische Reichsstädte den Schwäbischen Bund begründeten, der schließlich 40 Mitglieder erreichen sollte. Der Bund siegte 1377 in offener Feldschlacht gegen die Württemberger Grafen.

1381 schlossen sich Speyer, Worms, Mainz, Frankfurt, Straßburg, Hagenau und Weißenburg/Elsass zum Rheinischen Städtebund zusammen und verbündeten sich mit dem Schwäbischen Bund. Nun aber erkannten auch die Fürsten die Notwendigkeit konzertierter Aktionen und bildeten 1383 dagegen den Nürnberger Herrenbund (der aber aufgrund der Konkurrenz der Fürsten untereinander keineswegs alle in Frage kommenden Herren umfasste), der 1384 in der Heidelberger Stallung zu einer faktischen Anerkennung des großen Städtebundes gedrängt wurde, sich damit aber letztlich nicht zufrieden gab. 1386 brach der Große Städtekrieg aus, der schließlich im August und November 1388 in getrennten Schlachten den Schwäbischen und Rheinischen Städten bei Dörffingen beziehungsweise Pfeddersheim vernichtende Niederlagen beibrachten.

Obwohl die reichspolitischen Ambitionen der Städte damit einen starken Dämpfer erlitten hatten (die politisch-militärische Macht der Schwäbischen Städte war dauerhaft gebrochen), blieben die Städte generell reich und mächtig genug, um sich von den Niederlagen weitgehend zu erholen. Sie hatten sich als Teile des Reiches etabliert, in dem die Fürsten ihre Führungsrolle jedoch klar unterstrichen hatten.

Reichsstandschaft

Das zeigte sich auch bei der Eingliederung der Städte in die sich immer mehr verfestigende Reichsverfassung. Hier wird der bereits früher angesprochene Status – Reichsstadt, Freie Stadt, landesherrliche Stadt – wieder wichtig, beziehungsweise es entscheidet sich während des 15. Jahrhunderts, welcher Status welcher Stadt zukommen wird. Die Entscheidung fällt, weil sich die Hof- und jetzt Reichstage immer mehr institutionalisierten. Im Zuge von Reichsreformbestrebungen – die den Zeitgenossen notwendig erschienen angesichts der Tatsache, dass die Könige fern waren und sich oft mit anderen Dingen als Reichsangelegenheiten beschäftigten – wurden die königslosen Hoftage als Reichstage immer mehr zu Ständeversammlungen, die den Anspruch hatten, das Reich gegenüber dem Herrscher zu vertreten. Sie setzten sich zusammen aus drei Kollegien von Reichsständen, wobei die Reichsstädte eine Sonderrolle einnahmen. Sie beanspruchten nämlich im 15. Jahrhundert immer lauter Mitsprache, erhielten aber nur minderes Stimmrecht, wurden allerdings seit 1495 zumindest regelmäßig zum Reichstag geladen (volles Stimmrecht erst Ende des 16. Jahrhunderts).

Konstitutive Merkmale einer rechtlich-politischen Autonomie der Stadt nach Isenmann
- Existenz einer korporativen Bürgergemeinde, vertreten von Bürgermeistern und Rat = Rechts-, Handlungs- und Verpflichtungsfähigkeit
- eigene Satzungsgewalt
- eigener Friedens-, Rechts- und Gerichtsbezirk
- eigene „Behörden"
- Herrschaft über Stadt- und Landgebiet und dessen Bewohner
- Finanz- und Steuerhoheit (Münze, Markt und Zoll)
- Wehrhoheit (Mauerbau und Aufgebot)
- Fähigkeit, „außenpolitische" Verträge und Bündnisse zu schließen
- politisches Standschaft = Vertretung auf Land- oder Reichstagen
- Inanspruchnahme des Widerstandsrechts gegen den Stadtherrn im Konfliktfall

Entscheidend für den Status einer Stadt im Reich wurde dennoch zunehmend, wie sie sich zum Institut des Reichstages verhielt und dieses ihr gegenüber: Eine Stadt (in Frage kamen nur Städte, die ein hohes Maß an **rechtlich-politischer Autonomie** erreicht hatten) wurde geladen oder nicht – und war dementsprechend zu Reichshilfe, das heißt finanzieller Beteiligung an den Aufgaben des Reiches, verpflichtet – und sie leistete einer solchen Einladung Folge oder nicht. Die Reichshilfe konnte angesichts der vielen Nöte des 15. Jahrhunderts (Armagnaken, Hussiten, Türken) zu einer außerordentlich hohen Belastung werden, zumal die Städte als besonders zahlungskräftig galten und zu hohen Zahlungen angehalten wurden.

Wie man sich auch verhielt, die zunehmende Institutionalisierung des Reiches auf den Reichstagen erforderte Entscheidungen über den Status des Einzelnen und es kam – wieder einmal oft in heftigem Konflikt – zu einer

Bewusstseinsbildung über eine Reichsverfassung und zur Begriffsbildung (im Grunde entstand jene Typologie, die wir die ganze Zeit zugrunde gelegt haben, rudimentär erst jetzt in diesem Kontext, aber insoweit ist sie noch mittelalterlich): Nun erst sprach man von den Freien und den Städten des Reiches (von solchen Städten also, die zu Reichstagen geladen und zu Reichshilfe verpflichtet wurden). Ebenso entstand jetzt der Terminus der Territorial- oder meist Landstadt, also der Stadt, die in ein Territorium beziehungsweise Land eingebunden war, das sich durch eine im Spätmittelalter zunehmend flächige Herrschaft auszeichnete – Städte also, die nicht zu Reichstagen geladen wurden, dafür aber im Rahmen der Territorialherrschaften, in die sie eingebunden waren, zu finanziellen Leistungen herangezogen wurden. Und auch andere Stände des Reiches versuchte man zu beschreiben und zu fassen, nicht zuletzt im damals aufkommenden Modell der **Quaternionen**.

E

Quaternionen
Modell, das den Aufbau des Reiches erklärt; das ursprüngliche Programm stammt aus der ersten Hälfte des 15. Jahrhunderts und wurde bis ins 17. Jahrhundert gerne dargestellt. Den sieben Kurfürsten ganz oben folgen mehrere, nicht immer gleiche oder gleich zusammengesetzte Gruppen: Herzöge, Markgrafen, Landgrafen, Burggrafen, Freiherren, Ritter und Grafen, schließlich Städte (manchmal in geistliche und weltliche unterteilt), Burgen, Dörfer und Bauern. In der Version des Hans Burgkmair aus Augsburg von 1510 hält zum Beispiel der Doppel-Adler des Kaisers das *hailig Römisch reich mit seinen geliedern* zusammen; die Stände sind auf seinen Schwingen mit je sechs Federn links und rechts von einem Crucifixus parallel zueinander geordnet.

Bei aller Entscheidungsnotwendigkeit und Begriffsbildung aber blieb die Realität mittelalterlich: Es gab eindeutige Reichsstädte und eindeutige Territorialstädte, bei denen nie eine Diskussion aufkam, wohin sie gehörten, und deren Status sich zwar wandeln konnte, aber eindeutig blieb. Auch für die meisten Freien Städte galt – mit den bekannten Einschränkungen (vgl. S. 82) – diese Eindeutigkeit. Manche waren allerdings so frei, dass sie um die Reichshilfe diskutieren konnten. Daneben standen Städte (vor allem im Norden und Osten Deutschlands mit relativ schwachen Territorien, reichen Städten und einer ausgeprägten Königsferne) – die ein Schwergewicht gegenüber ihrem Herrn besaßen (als Beispiel haben wir schon Braunschweig kennen gelernt), über den Bezugsrahmen des Territoriums hinausgewachsen waren und außerordentliche Selbständigkeit hatten – die von Fall zu Fall einen gewissen Spielraum nutzen konnten. Bremen zum Beispiel kam manchmal Ladungen auf Reichstage nach (und leistete in Einzelfällen auch Reichshilfe), strebte jedoch zu keiner Zeit nach eindeutiger gefestigter Reichsstandschaft (die eine kontinuierliche Übernahme finanzieller Lasten bedeutet hätte, ohne dass sie mehr Handlungsraum und Freiheit gebracht hätte, als Bremen ohnehin schon besaß).

Bibliographie

Die Literatur zur Stadtgeschichte, zu ihren verschiedenen Epochen, Phänomenen und Einzelstädten ist unübersehbar. Eine repräsentative Auswahl zu treffen, die in diesem Rahmen sinnvoll und von Nutzen ist, fällt nicht leicht – sie musste restriktiv ausfallen. Deshalb sind hier vor allem neuere allgemeine Werke aufgeführt, Sammelbände zur Geschichte einer Stadt oder einer Städtelandschaft, zu einzelnen städtischen Phänomenen und Epochen und nur sehr wenig Spezialliteratur, es sei denn, sie ist gesondert im vorliegenden Band zitiert worden.

Wichtige Quellensammlungen

Die Chroniken der deutschen Städte vom 14. bis zum 16. Jahrhundert, 36 Bde., Leipzig 1862–1931 (ND Göttingen 1961–68)

Quellen zur Verfassungsgeschichte der deutschen Stadt im Mittelalter, hg. v. Bernd-Ulrich Hergemöller, Darmstadt 2000

Diestelkamp, Bernhard (Hg.), Quellensammlung zur Frühgeschichte der deutschen Stadt (bis 1250), in: Elenchus fontium historiae urbanum, ed. C. van de Kieft/J. F. Niermeyer, Bd. 1, Leiden 1967, 1–277

Engel, Evamaria/Jacob, Frank-Dietrich, Städtisches Leben im Mittelalter. Schriftquellen und Bildzeugnisse, Köln–Weimar–Wien 2006

Allgemeine und zeitübergreifende Darstellungen

Generell ist hinzuweisen auf zwei Reihen, die vor allem Tagungsbände, aber auch Monographien enthalten: „Städteforschung" des Münsteraner Instituts für vergleichende Städteforschung sowie „Stadt in der Geschichte" des Südwestdeutschen Arbeitskreises für Stadtgeschichtsforschung (Einzelbände daraus werden unten nur ausnahmsweise zitiert)

Deutscher Städteatlas, hg. u. bearb. v. Heinz Stoob, Dortmund 1973 ff.

Dilcher, Gerhard/Bader, Karl Siegfried, Deutsche Rechtsgeschichte. Land und Stadt – Bürger und Bauer im Alten Europa, Berlin u. a. 1999

Ennen, Edith, Die europäische Stadt des Mittelalters, Göttingen 1987

Ennen, Edith, Frühgeschichte der europäischen Stadt, Bonn [3]1981

Isenmann, Eberhard, Die deutsche Stadt im Spätmittelalter 1250–1500. Stadtgestalt, Recht, Stadtregiment, Kirche, Gesellschaft, Wirtschaft, Stuttgart 1988 *hervorragende, umfangreiche und systematisch vergleichende Darstellung der spätmittelalterlichen deutschen Stadt, die in der Bibliothek jedes stadthistorisch Interessierten nicht fehlen darf*

Pitz, Ernst, Europäisches Städtewesen und Bürgertum. Von der Spätantike bis zum hohen Mittelalter, Darmstadt 1991

Planitz, Hans, Die deutsche Stadt im Mittelalter. Von der Römerzeit bis zu den Zunftkämpfen, Köln–Wien 1954, [2]1965

I.

Brogiolo, Gian Pietro/Gauthier, Nancy/Christie, Neil, Towns and Their Territories Between Late Antiquity and the Early Middle Ages, Leiden u. a. 2000

Brogiolo, Gian Pietro/Ward-Perkins, Bryan, The Idea and Ideal of the Town Between Late Antiquity and the Early Middle Ages, Leiden u. a. 1999

Feldbauer, Peter/Mitterauer, Michael/Schwentker, Wolfgang (Hg.), Die vormoderne Stadt. Asien und Europa im Vergleich, Wien/München 2002 *zehn Spezialbeiträge und eine Zusammenschau stellen antike, mittelalterliche und frühneuzeitliche latein-europäische, russische, chinesische, japanische, indische und südostasiatische Stadtbeispiele zum Zwecke des Vergleichs einander gegenüber*

Goehrke, Garsten, Die Anfänge des mittelalterlichen Städtewesens in eurasischer Perspektive, in: Saeculum 31 (1980) S. 194–239

Hofmeister, Burkhard, Die Stadtstruktur. Ihre Ausprägung in den verschiedenen Kulturräumen der Erde, Darmstadt [2]1991

Kolb, Frank, Die Stadt im Altertum, München 1984

Wirth, Eugen, Die orientalische Stadt im islamischen Vorderasien und Nordafrika, 2 Bde. Mainz 2000

II.

Baeriswyl, Armand, Stadt, Vorstadt und Stadterweiterung im Mittelalter. Archäologische und historische Studien zum Wachstum der drei Zähringerstädte Burgdorf, Bern und Freiburg im Breisgau, Basel 2003

Blaschke, Karlheinz, Stadtgrundriß und Stadtentwicklung. Forschungen zur Entstehung mitteleuropäischer Städte. Ausgewählte Aufsätze von Karlheinz Blaschke, hg. von Peter Johanek, Köln u. a. 1997 *gesammelte Aufsätze des Landeshistorikers v. a. Sachsens*; darin: ders., Nikolaipatrozinium und städtische Frühgeschichte (zuerst 1967); Altstadt-Neustadt – Vorstadt. Zur Typologie genetischer und topographischer Stadtgeschichtsforschung (zuerst 1970); Kirchenorganisation und Kirchen-patrozinien als Hilfsmittel der Stadtkernforschung (zuerst 1987)

Brühl, Carlrichard, Palatium und Civitas. Studien zur Profantopographie spätantiker Civitates vom 3. bis zum 13. Jahrhundert II: Belgica I, beide Germanien und Raetia II, Köln–Wien 1990 *betrifft Köln, Metz, Trier, Mainz, Worms, Speyer, Straßburg, Konstanz, Augsburg, Regensburg*

Clarke, Helen/Ambrosiani, Björn (Hg.), Towns in the Viking Age, Leicester–London 1991

Diestelkamp, Bernhard (Hg.), Beiträge zum hochmittelalterlichen Städtewesen, Köln–Wien 1982; darin: Gerhard Köbler, Mitteleuropäisches Städtewesen in salischer Zeit. Die Ausgliederung exemter Rechtsbezirke in mittel- und niederrheinischen Städten; Hagen Keller, Der Übergang zur Kommune: Zur Entwicklung der italienischen Stadtverfassung im 11. Jahrhundert: *die italienischen vergleichend von den deutschen Verhältnissen abhebend*

Eger, Wolfgang (Hg.), Geschichte der Stadt Speyer, 3 Bde., Stuttgart 1982–89

Frankfurt am Main. Die Geschichte der Stadt in neun Beiträgen, Sigmaringen 1991

Gottlieb, Gunther/Baer, Wolfgang u. a. (Hg.), Geschichte der Stadt Augsburg. 2000 Jahre von der Römerzeit bis zur Gegenwart, Stuttgart 1984

Haumann, Heiko/Schadek, Hans, Geschichte der Stadt Freiburg im Breisgau, Bd. 1: Von den Anfängen bis zum „Neuen Stadtrecht" von 1520, Stuttgart 1996

Henning, Joachim (Hg.), Europa im 10. Jahrhundert. Archäologie einer Aufbruchszeit. Internationale Tagung in Vorbereitung der Ausstellung „Otto der Große, Magdeburg und Europa", Mainz 2002; darin: Juke Dijkstra, Das Handelszentrum Tiel im 10. bis 12. Jahrhundert

Herzog, Erich, Die ottonische Stadt. Die Anfänge der mittelalterlichen Stadtbaukunst in Deutschland, Berlin 1964

Humpert, Klaus/Schenk, Martin, Entdeckung der mittelalterlichen Stadtplanung. Das Ende vom Mythos der „Gewachsenen Stadt", Stuttgart 2001 *interpretieren hochinteressante Vermessungsergebnisse in Zähringer-Grundungsstädten in einer dem Mittelalter nicht immer angemessenen Weise*

Jarck, Horst-Rüdiger/Schildt, Gerhard (Hg.), Die Braunschweigische Landesgeschichte. Jahrtausendrückblick einer Region, Braunschweig 2000 *zu den neuesten Erkenntnissen zur Siedlungsgeschichte der Stadt Braunschweig anhand stadtarchäologischer Forschungen:* Hartmut Rötting, Die Anfänge der Stadt Braunschweig; Manfred R. Garzmann, Die Stadt Braunschweig im späten Mittelalter

Keane, Derek/Nagy, Balázs/Szende, Katalin (Hg.), The Ethnic and Religious Diversity of Medieval Towns, Aldershot 2009

Kloft, Matthias Th./Schmieder, Felicitas, Hi sunt vigiles qui custodiunt civitatem. Die Frankfurter Heiligentopographie zwischen Kirche, Bürgerschaft und Rat, in: Dieter Bauer u. a. (Hg.), Patriotische Heilige. Beiträge zur Konstruktion religiöser und politischer Identitäten in der Vormoderne, Stuttgart 2007, S. 229–52

Köbler, Gerhard, burg und stat – Burg und Stadt?, in: Historisches Jahrbuch 87 (1967) S. 305–25

Köbler, Gerhard, Civis und ius civile im deutschen Frühmittelalter, Diss. 1965, zusammengefasst in: Zeitschrift für Rechtsgeschichte, Germanistische Abteilung 83 (1966) S. 35–62

Mainz. Die Geschichte der Stadt, hg. von Franz Dumont/Ferdinand Scherf/Friedrich Schütz, Mainz 1998

Maurer, Helmut, Konstanz in Mittelalter, Bd. 1: Von den Anfängen bis zum Konzil, Bd. 2: Vom Konzil bis zum Beginn des 16. Jahrhunderts, Konstanz 1989

McCormick, Michael, Origins of European Economy, Cambridge 2000

Schirrmacher, Ernst, Stadtvorstellungen. Die Gestalt der mittelalterlichen Städte. Erhaltung und planendes Handeln, Zürich–München 1988

Untersuchungen zu Handel und Verkehr der vor- und frühgeschichtlichen Zeit in Mittel- und Nordeuropa. Bericht über die Kolloquien der Kommission für die Altertumskunde Mittel- und Nordeuropas in den Jahren 1980–1983, 6 Bde., Göttingen 1985–1989; darin: v. a. IM: G. Dilcher, Marktrecht und Kaufmannsrecht im Frühmittelalter; IM: K. Kroeschell, Bemerkungen zum „Kaufmannsrecht" in den ottonischen Marktprivilegien; IV: O. G. Oexle, Die Kaufmannsgilde von Thiel

Vogel, Volker, Zum Parzellengefüge in der Stadt um 1200, in: Heiko Steuer (Hg.), Zur Lebensweise in der Stadt um 1200. Ergebnisse der Mittelalter-Archäologie, Köln–Bonn 1986, S. 257–62 *mit zahlreichen Beispielen archäologisch untersuchter Stadtgrundrisse und Vorschlag dreier Typen der Parzellenaufgliederung*

Vor- und Frühformen der europäischen Stadt im Mittelalter, hg. v. Herbert Jankuhn/Walter Schlesinger/Heiko Steuer, 2 Bde., 1973/74; Göttingen [2]1975; darin I: Gerhard Köbler, Civitas und vicus, burg, stat, dorf und wik

Wagner, Ulrich (Hg.), Geschichte der Stadt Würzburg I: Von den Anfängen bis zum Ausbruch des Bauernkriegs, Stuttgart 2001

Was machte im Mittelalter zur Stadt?: Selbstverständnis, Außensicht und Erscheinungsbilder mittelalterlicher Städte, hg. von Kurt-Ulrich Jäschke/Christhard Schrenk, Heilbronn 2007

Weber, Andreas Otto (Hg.), Städtische Normen – genormte Städte. Zur Planung und Regelhaftigkeit urbanen Lebens und regionaler Entwicklung zwischen Mittelalter und Neuzeit, Ostfildern 2009

III.

Ackerbürgertum und Stadtwirtschaft. Zu Regionen und Perioden landwirtschaftlich bestimmten Städtewesens im Mittelalter, Heilbronn 2002 *zum Problem der kleinen Städte*

Adel und Stadt. Regionale Aspekte eines problematischen Verhältnisses, in: Zeitschrift für Geschichte des Oberrheins 141 (1993) S. 21–154; darin: Gerhard Fouquet, Stadt, Herrschaft und Territorium – Ritterschaftliche Kleinstädte Südwestdeutschlands an der Wende vom Mittelalter zur Neuzeit *als Beispiel einer von territorialfürstlichen und ritterlichen Gründungen geprägten Kleinstadtlandschaft*

Bischof und Bürger. Herrschaftsbeziehungen in den Kathedralstädten des Hoch- und Spätmittelalters, hg. von Uwe Grieme/Nathalie Kruppa/Stefan Pätzold, Göttingen 2004

Blattmann, Marita, Die Freiburger Stadtrechte zur Zeit der Zähringer. Rekonstruktion der verlorenen Urkunden und Aufzeichnungen des 12. und 13. Jahrhunderts, 2 Bde., Würzburg 1991

Bönnen, Gerold, Bischof, Stifte, Stadt, Bevölkerung – Burchard von Worms und seine Civitas am Beginn des 11. Jahrhunderts, in: Wilfried Hartmann (Hg.), Bischof Burchard von Worms 1000–1025, Mainz 2000, S. 311–48

Bönnen, Gerold (Hg.), Geschichte der Stadt Worms, Stuttgart 2005

Csendes, Peter/Opll, Ferdinand (Hg.), Wien. Geschichte einer Stadt. Bd. 1: Von den Anfängen bis zur Ersten Wiener Türkenbelagerung (1529), Wien–Köln–Weimar 2001

Der Name der Freiheit 1288–1988. Aspekte Kölner Geschichte von Worringen bis heute. Handbuch zur Ausstellung des Kölnischen Stadtmuseums 1988, hg. v. Werner Schäfke, Ergänzungsband zur Ausstellung, Köln 1988 *zur Endphase des Freiheitskampfes der Kölner Bürgergemeinde*

Engel, Evamaria, Die deutsche Stadt im Mittelalter, Düsseldorf 2005

Escher, Monika/Hirschmann, Frank G. (Hg.), Die urbanen Zentren des hohen und späteren Mittelalters. Vergleichende Untersuchungen zu Städten und Städtelandschaften im Westen des Reiches und in Ostfrankreich, 3 Bde., Trier 2005

Freitag, Werner/Minner, Katrin/Ranft, Andreas (Hg.), Geschichte der Stadt Halle 1: Halle im Mittelalter und in der Frühen Neuzeit, Halle (Saale) 2006

Fuhrmann, Bernd, Die Stadt im Mittelalter, Stuttgart 2006

Groten, Manfred, Studien zur Frühgeschichte deutscher Stadtsiegel. Trier, Köln, Mainz, Aachen, Soest, in: Archiv für Diplomatik 31 (1985) S. 443–78

Hanse – Städte – Bünde. Die sächsischen Städte zwischen Elbe und Weser um 1500, 2 Bde. Katalog und Aufsätze zur Ausstellung Magdeburg/Braunschweig 1996; darin: Manfred R. Garzmann, Zwischen bürgerschaftlichem Autonomiestreben und landesherrlicher Autorität. Die Städte Magdeburg und Braunschweig im Vergleich

Happ, Sabine, Stadtwerdung am Mittelrhein. Die Führungsgruppen von Speyer, Worms und Koblenz bis zum Ende des 13. Jahrhunderts, Köln 2002

Hill, Thomas, Die Stadt und ihr Markt. Bremens Umlands- und Außenbeziehungen im Mittelalter (12.–15. Jahrhundert), Stuttgart 2004

Kälble, Mathias, Zwischen Herrschaft und bürgerlicher Freiheit: Stadtgemeinde und städtische Führungsgruppen in Freiburg im 12. und 13. Jahrhundert, Freiburg 2001

Keller, Hagen/Behrmann, Thomas (Hg.), Kommunales Schriftgut in Oberitalien: Formen, Funktionen, Überlieferung, München 1995

Koppe, Wilhelm/Koppe, Gert, Die Lübecker Frankfurt-Händler des 14. Jahrhunderts, Lübeck 2007

Oexle, Otto Gerhard, Die mittelalterliche Zunft als Forschungsproblem, in: Blätter für deutsche Landesgeschichte 118 (1982) S. 1–44

Piskorski, Jan M. (Hg.), Historiographical Approaches to Medieval Colonization of East Central Europe. A comparative analysis against the background of other European interethnic colonization processes in the Middle Ages, New York 2002

Schmieder, Felicitas, „Civibus de Frankinfort . concedimus libertatem ut numquam aliquem vestrum cogamus": Machte mittelalterliche Stadtluft die Menschen frei?, in: Kurt Andermann (Hg.), Freiheit und Unfreiheit. Mittelalterliche und frühneuzeitliche Facetten eines zeitlosen Problems, Tübingen vorauss. 2010

Schulz, Knut, „Denn sie lieben die Freiheit so sehr ..." Kommunale Aufstände und Entstehung des europäischen Bürgertums im Hochmittelalter, Darmstadt 1992

Schulz, Knut, Die Ministerialität als Problem der Stadtgeschichte, in: Rheinische Vierteljahrsblätter 32 (1968) S. 184–219

Schulze, Hans K., Rodungsfreiheit und Königsfreiheit. Zu Genesis und Kritik neuerer verfassungsgeschichtlicher Theorien, in: Historische Zeitschrift 219 (1974) S. 529–50

Schwarz, Jörg, Stadtluft macht frei: Leben in der mittelalterlichen Stadt, Darmstadt 2008

Weitzel, Jürgen, Über Oberhöfe, Recht und Rechtszug. Eine Skizze, Göttingen 1981 *in unserem Kontext vor allem wichtig für die klare Darstellung der Unterschiede zwischen Oberhöfen und römisch-rechtlichen Apellationshierarchien*

Willoweit, Dietmar/Schich, Winfried (Hg.), Studien zur Geschichte des sächsisch-magdeburgischen Rechts in Deutschland und Polen, Frankfurt am Main–Bonn 1980

IV.

Berg, Dieter (Hg.), Bettelorden und Stadt, Werl 1992

Buchholzer-Rémy, Laurence, Une ville en ses réseaux. Nurenberg à la fin du Moyen Âge, Paris 2006

Demski, Rainer, Adel und Lübeck. Studien zum Verhältnis zwischen adliger und bürgerlicher Kultur im 13. und 14. Jahrhundert, Frankfurt am Main 1996

Dilcher, Gerhard, Bürgerrecht und Stadtverfassung im europäischen Mittelalter, Köln 1996; darin: ders., „Hell, verständig, für die Gegenwart sorgend, die Zukunft bedenkend". Zur Stellung und Rolle der mittelalterlichen deutschen Stadtrechte in einer europäischen Rechtsgeschichte

Distler, Eva-Marie, Städtebünde im deutschen Spätmittelalter. Eine rechtshistorische Untersuchung zu Begriff, Verfassung und Funktion, Frankfurt am Main 2006

Dörner, Gerald, Kirche, Klerus und kirchliches Leben in Zürich von der Brunschen Revolution (1336) bis zur Reformation, Würzburg 1996 *mit Augenmerk nicht zuletzt auf die frühzeitige rechtliche Einordnung des Zürcher Klerus unter die Ratsherrschaft*

Ebel, Wilhelm, Der Bürgereid als Geltungsgrund und Gestaltungsprinzip des deutschen mittelalterlichen Stadtrechts, Weimar 1958

Ehbrecht, Wilfried, Konsens und Konflikt: Skizzen und Überlegungen zur älteren Verfassungsgeschichte deutscher Städte, Köln 2001 *gesammelte Aufsätze des bedeutenden Münsteraner Stadthistorikers*; darin ders.: Die Braunschweiger „schichte". Zu Stadtkonflikten im Hanseraum (zuerst 1981)

Elkar, Rainer S. (Hg.), Deutsches Handwerk in Spätmittelalter und Früher Neuzeit. Sozialgeschichte Volkskunde Literaturgeschichte, Göttingen 1983

Elze, Reinhard/Fasoli, Gina (Hg.), Stadtadel und Bürgertum in den italienischen und deutschen Städten des Spätmittelalters, Berlin 1991

Escher, Monika (Hg.), Städtelandschaft – Städtenetz – zentralörtliches Gefüge. Ansätze und Befunde zur Geschichte der Städte im hohen und späten Mittelalter, Mainz 2000

Felten, Franz J. (Hg.), Städtebünde – Städtetage im Wandel der Geschichte, Stuttgart 2006

Fleckenstein, Josef/Stackmann, Karl (Hg.), Über Bürger, Stadt und städtische Literatur im Spätmittelalter. Bericht über Kolloquien der Kommission zur Erforschung der Kultur des Spätmittelalters 1975–1977, Göttingen 1980

Fößel, Amalie/Hettinger, Anette, Klosterfrauen, Beginen, Ketzerinnen. Religiöse Lebensformen von Frauen im Mittelalter, Idstein 2000

Fouquet, Gerhard, Bauen für die Stadt. Finanzen, Organisation und Arbeit in kommunalen Baubetrieben des Spätmittelalters, Köln u. a. 1999

Fouquet, Gerhard/Steinbrink, Matthias/Zeilinger, Gabriele (Hg.), Geschlechtergesellschaften, Zunft-Trinkstuben und Bruderschaften in spätmittelalterlichen Städten, Stuttgart 2003 (Stadt in der Geschichte. 30)

Freitag, Werner (Hg.), Pfarrei in der Stadt als Organisationsprinzip und Kommunikationsraum, Köln–Weimar–Wien vorauss. 2010

Frenz, Barbara, Frieden, Rechtsbruch und Sanktion in deutschen Städten vor 1300. Mit einer tabellarischen Quellenübersicht nach Delikten und Deliktgruppen, Köln u. a. 2003

Gerber, Roland, Gott ist Burger zu Bern. Eine spätmittelalterliche Stadtgesellschaft zwischen Herrschaftsbildung und sozialem Ausgleich, Weimar 2001

Gräf, Holger Th./Keller, Katrin (Hg.), Städtelandschaft – Réseau urbain – Urban Network. Städte im regionalen Kontext in Spätmittelalter und Früher Neuzeit, Köln – Weimar – Wien 2004

Haverkamp, Alfred (Hg.), Information, Kommunikation und Selbstdarstellung in mittelalterlichen Gemeinden, München 1998

Heinig, Paul-Joachim, Reichsstädte, Freie Städte und Königtum 1389–1450. Ein Beitrag zur deutschen Verfassungsgeschichte, Wiesbaden 1983

Hergemöller, Bernd-Ulrich (Hg.), Randgruppen der spätmittelalterlichen Gesellschaft, Warendorf 1990; neubearb. 3. Aufl. 2001

Holtz, Eberhard, Reichsstädte und Zentralgewalt unter König Wenzel: 1376–1400, Warendorf 1993

Jetter, Dieter, Das europäische Hospital: von der Spätantike bis 1800, Köln 1986

Johanek, Peter (Hg.), Die Stadt und ihr Rand, Köln–Weimar–Wien 2008

Johanek, Peter (Hg.), Sondergemeinden und Sonderbezirke in der Stadt der Vormoderne, Köln–Weimar–Wien 2004; darin Schmieder, Felicitas, *Des gedencke der rat, ob sie eynis malis der stad bedorfften.* Geistliche Bürger, Ausbürger, Beisassen als besondere Gruppen in der spätmittelalterlichen Stadt Frankfurt am Main

Jütte, Robert/Kustermann, Abraham P. (Hg.), Jüdische Gemeinden und Organisationsformen von der Antike bis zur Gegenwart, Wiesbaden 1998; darin: Alfred Haverkamp, „Concivilitas“ von Christen und Juden in Aschkenas im Mittelalter

Kießling, Rolf, Die Stadt und ihr Land. Umlandpolitik, Bürgerbesitz und Wirtschaftsgefüge in Ostschwaben vom 14. bis ins 16. Jahrhundert, Köln–Wien 1990

Kintzinger, Martin, Das Bildungswesen in der Stadt Braunschweig im hohen und späten Mittelalter. Verfassungs- und institutionengeschichtliche Studien zu Schulpolitik und Bildungsförderung, Köln–Wien 1990

Kurze, Dietrich, Pfarrerwahlen im Mittelalter. Ein Beitrag zur Geschichte der Gemeinde und des Niederkirchenwesens, Köln–Graz 1966 *stellt die nahezu zahllosen Möglichkeiten vergleichend gegenüber, wie sich das Verhältnis Herrschaft – Bürgerschaft – Pfarreipatronat entwickeln konnte*

Matheus, Michael (Hg.), Stadt und Wehrbau im Mittelrheingebiet, Stuttgart 2003

Maurer, Helmut, Die Ratskapelle. Beobachtungen am Beispiel von St. Lorenz in Konstanz, in: Festschrift für Hermann Heimpel, 3 Bde., Göttingen 1972, 115.225–36

Maurer, Helmut (Hg.), Kommunale Bündnisse Oberitaliens und Oberdeutschlands im Vergleich, Sigmaringen 1987

Meckseper, Cord (Hg.), Stadt im Wandel. Kunst und Kultur des Bürgertums in Norddeutschland 1150–1650. Ausstellungskatalog, 4 Bde., Stuttgart 1985

Meier, Ulrich, Mensch und Bürger. Die Stadt im Denken spätmittelalterlicher Theologen, Philosophen und Juristen, München 1994

Melville, Gert/Oberste, Jörg (Hg.), Die Bettelorden im Aufbau. Beiträge zu Institutionalisierungsprozessen im mittelalterlichen Religiosentum, Münster 1999

Migration in die Städte. Ausschluss – Assimilierung – Integration – Multikulturalität. Migration vers les villes. Exclusion – assimilation – intégration – multiculturalité, hg. von Hans-Jörg Gilomen, Zürich 2000

Moeller, Bernd, Kleriker als Bürger, in: Festschrift für Hermann Heimpel, 3 Bde., Göttingen 1972, II, S. 195–224

Moeller, Bernd, Pfarrer als Bürger, Göttingen 1972

Moeller, Bernd/Patze, Hans/Stackmann, Karl (Hg.), Studien zum städtischen Bildungswesen des späten Mittelalters und der frühen Neuzeit. Bericht über Kolloquien der Kommission zur Erforschung der Kultur des Spätmittelalters 1978–1981, Göttingen 1983

Monnet, Pierre, Les Rohrbach de Francfort. Pouvoirs, affaires et parenté à Taube de la Renaissance allemande, Genf 1997

Monnet, Pierre/Oexle, Otto Gerhard, Stadt und Recht im Mittelalter/La ville et le droit au Moyen Age, Göttingen 2003; darin: Eberhard Isenmann, Ratsliteratur und städtische Ratsordnungen des späten Mittelalters und der frühen Neuzeit. Soziologie des Rats – Amt und Willensbildung – politische Kultur

Padberg, Britta, Die Oase aus Stein. Humanökologische Aspekte des Lebens in mittelalterlichen Städten, Berlin 1996

Paravicini, Werner (Hg.), Höfe und Residenzen im spätmittelalterlichen Reich, 3 Bde., Ostfildern 2005–2007

Paravicini, Werner/Wettlaufer, Jörg (Hg.), Der Hof und die Stadt. Konfrontation, Koexistenz und Integration in Spätmittelalter und Früher Neuzeit, Ostfildern 2006

Porsche, Monika, Stadtmauer und Stadtentstehung. Untersuchungen zur frühen Stadtbefestigung im mittelalterlichen deutschen Reich, Hertingen 2000

Praxis der Gerichtsbarkeit in europäischen Städten des Spätmittelalters, hg. v. Franz-Josef Arlinghaus u. a., Frankfurt a. M. 2006

Pundt, Marianne, Metz und Trier. Vergleichende Studien zu den städtischen Führungsgruppen vom 12. bis zum 14. Jahrhundert, Mainz 1998

Reitemeier, Arnd, Pfarrkirchen in der Stadt des späten Mittelalters: Politik, Wirtschaft und Verwaltung, Stuttgart 2005

Richefort, Isabelle (Hg.), Les relations entre la France et les villes hanséatiques de Hambourg, Brême et Lübeck. Moyen âge – XIX siècle/Die Beziehungen zwischen Frankreich und den Hansestädten Hamburg, Bremen und Lübeck. Mittelalter – 19. Jahrhundert, Brüssel u. a. 2006

Rüther, Stefanie, Prestige und Herrschaft. Zur Repräsentation der Lübecker Ratsherren in Mittelalter und früher Neuzeit, Köln–Weimar–Wien 2003

Schmieder, Felicitas, „... von etlichen geistlichen leyen wegen" – Definitionen der Bürgerschaft im spätmittelalterlichen Frankfurt, in: Jahrbuch des Historischen Kollegs 1999, S. 131–65

Schmieder, Felicitas, Einigkeit und Adelsferne. Überlegungen zu Entstehung und Abgrenzung der Frankfurter städtischen Oberschicht (im Vergleich mit rheinischen Bischofsstädten), in: „Ihrer Bürger Freiheit". Frankfurt am Main im Mittelalter. Beiträge zur Erinnerung an die Frankfurter Mediävistin Elsbet Orth, hg. von Heribert Müller, Frankfurt am Main 2004, S. 75–88

Schmitt, Sigrid (Hg.), Städtische Gesellschaft und Kirche im Spätmittelalter, Stuttgart 2008

Schreiner, Klaus, Die mittelalterliche Stadt in Webers Analyse und Deutung des okzidentalen Rationalismus, in: Jürgen Kocka (Hg.), Max Weber, der Historiker, Göttingen 1986, S. 119–50

Schreiner, Klaus, Iura et libertates. Wahrnehmungsformen und Ausprägungen „bürgerlicher Freyheiten" in Städten des Hohen und Späten Mittelalters, in: Hans-Jürgen Puhle (Hg.), Bürger in der Gesellschaft der Neuzeit. Wirtschaft – Politik – Kultur, Göttingen 1991, S. 59–106

Schreiner, Klaus, „Kommunebewegungen" und „Zunftrevolution". Zur Gegenwart der mittelalterlichen Stadt im historisch-politischen Denken des 19. Jahrhunderts, in: Franz Quarthal/Wilfried Setzler (Hg.), Stadtverfassung, Verfassungsstaat, Pressepolitik. Festschrift für Eberhard Naujoks zum 65. Geburtstag, Sigmaringen 1980, S. 139–68

Schubert, Ernst, Fahrendes Volk im Mittelalter, Darmstadt 1995

Schubert, Ernst, Die Quaternionen. Entstehung, Sinngehalt und Folgen einer spätmittelalterlichen Deutung der Reichsverfassung, in: Zeitschrift für historische Forschung 20 (1993) S. 1–63

Schuster, Peter, Das Frauenhaus. Städtische Bordelle in Deutschland 1350 bis 1600, Paderborn 1992

Schwinges, Rainer Christoph (Hg.), Neubürger im späten Mittelalter. Migration und Austausch in der Städtelandschaft des alten Reiches (1250–1550), Berlin 2002; darin: Barbara Studer, Frauen im Bürgerrecht. Überlegungen zur rechtlichen und sozialen Stellung der Frau in spätmittelalterlichen Städten; *und die vergleichende Zusammenschau der Bürgerrechte deutscher Städte durch* Eberhard Isenmann, Bürgerrecht und Bürgeraufnahme in der spätmittelalterlichen und frühneuzeitlichen Stadt

Stadtluft, Hirsebrei und Bettelmönch. Die Stadt um 1300. Ausstellungskatalog, Stuttgart 1992

Stercken, Martina, Städte der Herrschaft. Kleinstadtgenese im habsburgischen Herrschaftsraum des 13. und 14. Jahrhunderts, Köln–Weimar–Wien 2006

Störmann, Anton, Die städtischen Gravamina gegen den Klerus am Ausgang des Mittelalters und in der Reformationszeit, Münster 1916

Visualisierung städtischer Ordnung. Zeichen – Abzeichen – Hoheitszeichen, Nürnberg 1993

Willoweit, Dietmar, Vom guten alten Recht. Normensuche zwischen Erfahrungswissen und Ursprungslegenden, in: Jahrbuch des Historischen Kollegs 1997, S. 23–52

Namenregister